本书的出版得到了国家自然科学基金项目（71573124、72071111）、苏高校哲学社会科学研究重大项目（2019SJZDA036）、江苏省社会科学金项目（18EYB015）和南京航空航天大学出版基金（NR2018050）、教材建设项目基金的资助。

光明社科文库
GUANGMING DAILY PRESS:
A SOCIAL SCIENCE SERIES

· 经济与管理书系 ·

# 大型客机协同研制的创新管理模式

菅利荣　刘思峰 | 编著

光明日报出版社

图书在版编目（CIP）数据

大型客机协同研制的创新管理模式 / 菅利荣，刘思峰编著．－－北京：光明日报出版社，2022.3
ISBN 978－7－5194－6521－6

Ⅰ．①大… Ⅱ．①菅… ②刘… Ⅲ．①航空运输企业—大型—旅客机—产学研一体化—创新管理—中国 Ⅳ．①F562.6

中国版本图书馆 CIP 数据核字（2022）第 051954 号

## 大型客机协同研制的创新管理模式
### DAXING KEJI XIETONG YANZHI DE CHUANGXIN GUANLI MOSHI

| 编　　著： | 菅利荣　刘思峰 | | |
|---|---|---|---|
| 责任编辑： | 宋　悦 | 责任校对： | 郭嘉欣 |
| 封面设计： | 中联华文 | 责任印制： | 曹　净 |

出版发行：光明日报出版社
地　　址：北京市西城区永安路 106 号，100050
电　　话：010-63169890（咨询），010-63131930（邮购）
传　　真：010-63131930
网　　址：http://book.gmw.cn
E - mail：gmrbcbs@gmw.cn
法律顾问：北京市兰台律师事务所龚柳方律师
印　　刷：三河市华东印刷有限公司
装　　订：三河市华东印刷有限公司
本书如有破损、缺页、装订错误，请与本社联系调换，电话：010-63131930

| 开　　本： | 170mm×240mm | | |
|---|---|---|---|
| 字　　数： | 323 千字 | 印　　张： | 17.5 |
| 版　　次： | 2022 年 3 月第 1 版 | 印　　次： | 2022 年 3 月第 1 次印刷 |
| 书　　号： | ISBN 978－7－5194－6521－6 | | |
| 定　　价： | 99.00 元 | | |

版权所有　　翻印必究

# 前 言

大型客机被誉为"工业之花""制造业的皇冠",是一个国家经济、技术、制造、管理水平的综合体现,代表着一个国家综合制造能力的层级与水平,是一个国家强盛的标志,也是我国重点发展的战略性新兴产业。大型客机产业对于有效整合航空制造资源,实现我国航空制造业跨越式发展,带动相关产业结构优化升级,从而实现由"制造业大国"向"制造业强国"的战略跨越意义重大。大型客机设计、制造是一个复杂的系统工程,具有研制周期长、系统组成复杂、待突破的关键技术难度高、成本投入巨大、市场准入门槛高、投资风险大且投资回报周期长等特点,需要研制的单元数目众多,各研制组织和单元之间要求紧密协调和配合。同军用飞机相比,除了考虑安全可靠、性能以外,对于其经济性的考虑也是重要方面。综观大型客机制造的发展现状,在大型干线客机市场上,基本形成了以美国波音和欧洲空中客车为代表的"两寡头"垄断竞争格局;在支线飞机市场上,则形成了以巴西安博威、加拿大庞巴迪公司的双寡头竞争的格局。

我国航空产业经历了近半个世纪的曲折发展,取得了一定的进展,已经具备发展民机的技术和物质基础,大型客机 C919 于 2017 年首飞成功,整体而言,我国大飞机产业仍处于起步阶段,影响和制约中国大型客机产业发展的一些突出矛盾和问题依然存在,一些影响和制约科学发展的问题还比较突出,如产业资源分散,人才资源还比较匮乏,研制基础能力还比较薄弱,核心能力还有待进一步建设和提升,发展大型客机所需的设计、试验、制造、适航验证和客户服务能力还不足,对供应商的管控能力还有待加强等。

本书是在作者近 10 年讲授新生研讨课程"中国大型客机协同研制的创新管理模式"的教学及课题团队科研实践基础上,并吸取国内外大型客机发展的最新成果上凝练而成的。雷云云、王丹丹、骆东、张鹏、欧子恺等研究生参与了该书的撰写、编辑。全书共分 7 章,从大型客机协同研制及产业链发展的整体视角系统地梳理了国际典型客机协同研制及产业链发展的现状及启示、中国民机协同研制的发展历程及机遇，探究了大型客机协同研制的供应商管理，大型客机协同研制的供应链管理，大型客机产学研协同研制的网络型管理，大型客机协同研制的知识产权管理，大型客机协同研制的虚拟产业集群，大型客机协同研制的适航认证体系与获取策略。

本书主要特色是立足于中国大型客机发展的实践需求，吸取国际大型客机发展过程的成功经验及失败教训，并结合相关课题的研究成果，站在顶层设计的战略层面提供了一个大型客机协同研制管理及产业链发展的完善体系。通过该课程的探索性学习，读者会对我国发展大飞机战略性产业所急需解决与突破的技术及创新管理模式有一个总体的认识、系统的把握及一定深度的理解与掌握。拓展读者的思维与知识结构，有助于学科交叉创新与能力提升，培养读者系统地思考问题、分析问题及创新性地解决问题的能力。

本书的出版得到了国家自然科学基金项目(72071111、71573124)、江苏高校哲学社会科学研究重大项目(2019SJZDA036)、江苏省社会科学基金项目(18EYB015)和南京航空航天大学出版基金(NR2018050)、精品教材建设项目基金的资助。此外，在本书的撰写过程中，作者参考了大量的文献和网站资料，同时得到了其他同行及科学出版社工作人员的大力支持。在此，谨向各位文献的原作者、提供文献的各类媒体及相关编辑致以诚挚的感谢。

限于作者水平，加上时间仓促，该书难免存在一些缺点、不足，恳请各位读者批评指正。

作　者

# 目 录
## CONTENTS

**第一章　典型客机协同研制及产业链的发展现状与启示** ……… 1
1.1　空客飞机协同研制与产业链发展的演化历程 ……… 1
1.2　波音飞机协同研制与产业链发展的演化历程 ……… 16
1.3　加拿大、巴西民机协同研制与产业链发展的演化历程 ……… 32
1.4　其他典型国家民机研制与产业链的发展历程 ……… 37
1.5　中国大型客机协同研制的发展历程 ……… 53
1.6　客机协同研制的借鉴与启示 ……… 62
1.7　本章小结 ……… 63
思考题 ……… 64

**第二章　大型客机协同研制的供应商管理** ……… 65
2.1　大型客机协同研制的供应商管理发展现状 ……… 65
2.2　客机协同研制的供应商关系管理 ……… 72
2.3　客机协同研制的团队矩阵式组织结构 ……… 80
2.4　客机协同研制的供应商评价 ……… 84
2.5　客机协同研制的供应商培育模式 ……… 98
2.6　本章小结 ……… 101
思考题 ……… 102

**第三章　大型客机协同研制的供应链管理** ……… 103
3.1　复杂产品供应链管理的模式架构 ……… 103
3.2　典型客机协同研制的供应链管理发展现状 ……… 113

3.3 大型客机协同研制的供应链质量管理流程 …… 119
3.4 大型客机协同研制的供应链风险管理流程 …… 125
3.5 客机协同研制的供应链管理流程启示 …… 135
3.6 本章小结 …… 137
思考题 …… 137

## 第四章 大型客机协同研制的产学研协作网络 …… **138**
4.1 客机产学研协作模式的发展现状 …… 138
4.2 客机产学研协同研制的网络型管理模式 …… 143
4.3 客机产学研协同研制网络的治理机制 …… 150
4.4 本章小结 …… 163
思考题 …… 164

## 第五章 大型客机协同研制的知识产权管理 …… **165**
5.1 知识产权管理概述 …… 165
5.2 国际大型客机知识产权管理的发展现状及启示 …… 168
5.3 客机协同研制的专利体系构建 …… 174
5.4 客机主要部件的协同研制类型 …… 177
5.5 客机协同研制的专利管理策略 …… 179
5.6 本章小结 …… 182
思考题 …… 182

## 第六章 大型客机协同研制的适航认证体系与获取策略 …… **183**
6.1 客机协同研制生命周期的质量管理 …… 183
6.2 适航认证概述 …… 189
6.3 美国适航认证体系 …… 194
6.4 欧盟适航认证体系 …… 205
6.5 中国适航认证体系 …… 215
6.6 本章小结 …… 225
思考题 …… 225

### 第七章　大型客机协同研制的虚拟产业集群 …………………………… **226**

   7.1　国际大型客机协同研制的组织管理模式演化 ……………………… 226

   7.2　大型客机的产业集群发展现状 ……………………………………… 236

   7.3　典型大型客机项目的虚拟产业集群分析 …………………………… 243

   7.4　借鉴与启示 …………………………………………………………… 263

   7.5　本章小结 ……………………………………………………………… 267

   思考题 ……………………………………………………………………… 267

### 参考文献 ……………………………………………………………………… **268**

# 第一章 典型客机协同研制及产业链的发展现状与启示

形成一个完整的、具有国际竞争力的大型客机产业链,是实现大型客机产业全面协调可持续发展的根本保证,也是国家综合实力的体现。纵观世界大型客机产业发展历程,本质上为航空产业链不断优化的过程。大型客机的产业链,可以分为研发、制造、总装、销售、服务和金融租赁六个环节。而空客和波音正是集中资源抓住了核心的研发和总装环节,从而控制了整个产业链。产业链实际上是一个价值创造的过程。这个过程由一系列活动连接起来,涵盖了从原材料加工到售后服务之间的每个环节,这些环节相互关联并相互影响。随着分工的不断向纵深发展,产业内不同类型的价值创造活动逐步由一个企业主导分离为多个企业。这些企业相互联系构成上下游关系,形成产业链,协同创造价值。

## 1.1 空客飞机协同研制与产业链发展的演化历程

空客创建于1970年,是一家集法国、德国、西班牙和英国等4家航空制造公司为一体的国际化飞机制造企业。2001年,欧洲宇航防务集团(由原空客集团的三家伙伴公司法宇航、德宇航和西班牙宇航合并而成)和英国的英宇航将其所有在原空客集团的资产全部转移到一个新的合资公司,由欧洲宇航防务集团和英宇航分别占股80%和20%,于是空客公司成为一家独立的整合的企业。2006年下半年,英宇航出于发展战略考虑,将其所持有的20%股份转让给欧洲宇航防务集团,这样空客公司就成为欧洲宇航防务集团的独资公司。

空中客车公司是一家真正的全球性企业,总部设在法国图卢兹,至2019年统计,全球员工约134000人,公司在美国、中国、日本、中东和印度设有全资子公司,在汉堡、法兰克福、华盛顿、北京和新加坡设有零备件中心,在图卢兹、迈阿密、汉堡、北京和新加坡设有培训中心,在全球各地还有 150 多个驻场服务办事处。空客还与全球各大公司建立了行业协作和合作关系,在 30 多个国家拥有约 1500 名供应商网络。空中客车公司的现代化综合生产线由非常成功的系列机型(由 107 座到 525 座)组成：单通道的 A320 系列(A318/A319/A320/A321)、宽体 A300/A310 系列、远程型宽体 A330/A340 系列、全新远程中等运力的 A350 宽体系列,以及超远程的双层 A380 系列。截至 2019 年 5 月 22 日,空中客车公司已经交付 12000 架飞机,拥有超过 300 家客户/运营商。

### 1.1.1 空客飞机研制的演化历程

1. 空客飞机研制型号的演化历程

从 1970 年至今,近 50 年内空客公司共研制了 7 大系列(A300/A310/A320/A330/A340/A380/A350XWB)50 多个型号的民用客机,如表 1.1.1 所示。

表 1.1.1　空客 50 年中研制的民用飞机系列

| 名称 | 项目启动时间 | 首飞时间 | 取证时间 | 交付时间 | 其他改进型号 |
|---|---|---|---|---|---|
| A300 | 1969 年 5 月 | 1972 年 10 月 | 1973 年 5 月（法德）1974 年 5 月（美） | 1974 年 5 月 | A300-B1/A300-B2-100/A300-B2-200/A300-B4-100/A300-B4-200/A300-C4/A300C/A300F/A300FFCC/A300B10/A300-600/A300-600R/A300-600C/A300-600F/A300-600ST |
| A310 | 1978 年 7 月 | 1982 年 4 月 | 1983 年 3 月 | 1983 年 3 月 | A310-200/A310-200C/A310-200F/A310-300/A310-300F |
| A320 | 1982 年 3 月 | 1987 年 2 月 | 1988 年 2 月 | 1988 年 3 月 | A320-100/A320-200/A321/A321-100/A321-200/A319/A318 |
| A330 | 1987 年 6 月 | 1992 年 11 月 | 1993 年 10 月 | 1993 年 12 月 | A330-200/A330-300/A330-200F |

续表

| 名称 | 项目启动时间 | 首飞时间 | 取证时间 | 交付时间 | 其他改进型号 |
|---|---|---|---|---|---|
| A340 | 1987年6月 | 1991年10月 | 1992年12月 | 1993年2月 | A340-200/A340-300/A340-313X/A340-313E/A340-300E（X）/A340-400/A340-500/A340-500HGW/A340-600/A340-600HGW |
| A380 | 2000年12月 | 2005年4月 | 2006年12月 | 2007年10月 | A380-800/A380-800F/A380-700/A380-900 |
| A350XWB | 2005年10月 | 2013年6月14日 | 2014年9-11月 | 2014年12月 | A350-800/A350-900/A350-900R/A350-900F/A350-1000 |

由表1.1.1可知，在1969年5月启动第一个项目至今的50年中，空客共启动了 A300/A310/A320/A330/A340/A380 和 A350XWB 等7个民用客机系列研制项目，包括各系列本身型号，共有56个型号，其中 A300 有16个，A310 有6个，A320 有8个，A330 有4个，A340 有11个，A380 有5个和 A350XWB 有6个。其中，因空中客车的 A350 计划惹来国际租赁金融公司和通用电气金融航空服务公司两大客户的批评，A350 计划受阻，2006年7月17日，空中客车宣布将其经重新设计的飞机命名为 A350XWB，空客民用客机系列研制型号的演化历程，如图1.1.1所示。

也就是说，空客在研制大飞机的过程中，以平均7年一个新系列、不到1年一个新型号的研制速度，向世界展示它的大飞机研制水平和力量。每个系列通常在基本型研制成功后，根据市场需要立即转入缩短型、加长型、远程型、货运型和客货两用型等改进型号的研制，这就使空客的改进型号特别多，但也不是每个系列都有那么多改进型号，有的也不是连续的，相隔时间很长，主要是根据市场需求来决定改进型号的研制。

从表1.1.1可看出，每一个新系列的民用客机从项目启动至首飞的时间平均值为49个月(4年1个月)，从飞机首飞至首次取证时间为13个月，从取证至交付为3个月，从项目启动至交付为65个月(5年5个月)。从表1.1.1和图1.1.1还可看到，对新系列客机的研制有一"始慢后快"并趋于稳定的现象，从 A300 到

A310 时隔 9 年，从 A310 到 A320 时隔 4 年，从 A320 到 A330/A340 时隔 5 年，从 A330/A340 到 A380 时隔 13 年，其中 A330 和 A340 项目同时启动，从 A380 到 A350XWB 时隔 5 年。这就足以说明空客公司研制大飞机的能力随着研制型号的增加，研制能力越发成熟，研制时间呈缩短趋势；从另一个侧面看，也反映了空客飞机受到市场的喜爱和欢迎程度，通过多年的发展，空客已树立良好的声誉和较高的威望。

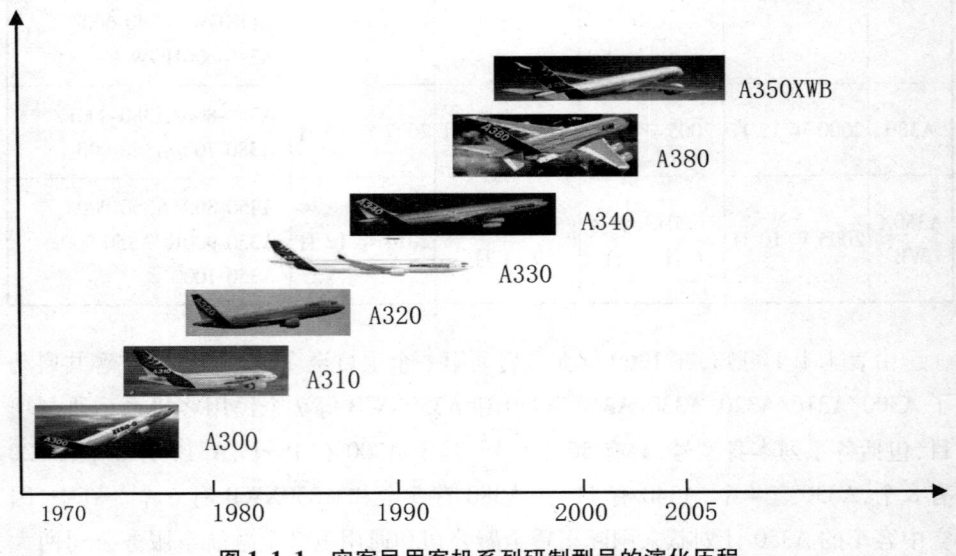

图 1.1.1　空客民用客机系列研制型号的演化历程

### 2. 空客飞机研制的技术特点

设计制造大型客机需要突破许多关键技术，特别是发动机、材料和电子设备等方面的技术，而空客恰恰在这三个方面走在了世界的最前端。成熟的发动机供应商、先进的复合和金属材料技术、通用性的全数字电传操纵系统为空客研制客机提供了技术保证，随着技术的不断改进，低油耗、低噪声、低排放和高安全性已成为空客飞机研制技术的发展方向。一切为用户着想是空客研制飞机的出发点，这也体现在空客飞机的技术特点上，如宽体机身的设计为乘客提供了更好的舒适性；一个飞机型号搭配多种品牌的发动机以供用户选择；为各种飞机型号的驾驶舱配备相同的操控设备、仪表和基本座舱，以高通用性设计降低人员培训成本、维修成本和备用航材库存；通过加强机型间成品和零部件的可通用性，为用户在维修上提供便利，并加快了研制和交付速度。空客研制民用客机的技术演进情况如图 1.1.2 所示。

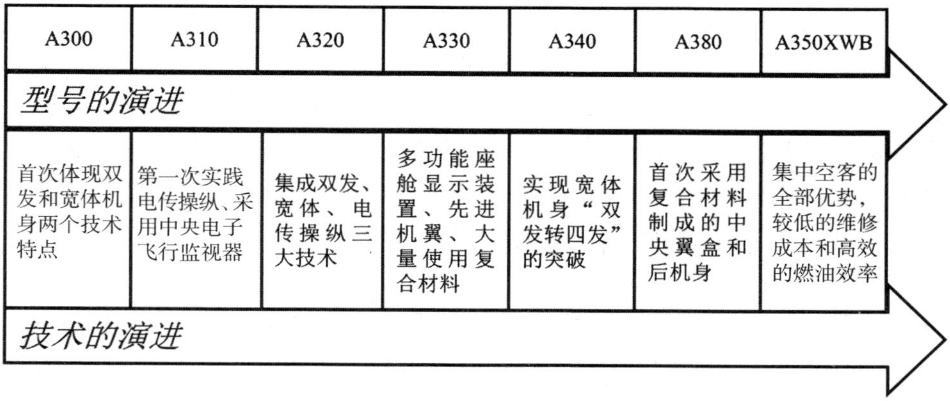

| A300 | A310 | A320 | A330 | A340 | A380 | A350XWB |
|---|---|---|---|---|---|---|

*型号的演进*

| 首次体现双发和宽体机身两个技术特点 | 第一次实践电传操纵,采用中央电子飞行监视器 | 集成双发、宽体、电传操纵三大技术 | 多功能座舱显示装置、先进机翼、大量使用复合材料 | 实现宽体机身"双发转四发"的突破 | 首次采用复合材料制成的中央翼盒和后机身 | 集中空客的全部优势,较低的维修成本和高效的燃油效率 |
|---|---|---|---|---|---|---|

*技术的演进*

**图1.1.2　空客飞机的技术演进**

### 3. 空客飞机的技术演进

空客在飞机研制过程中不断采用新技术,并努力追求创新,在其飞机研制过程中,每个系列机型都采用了具有突破性的创新技术:A300是世界上第一款双发动机宽体客机,也是第一架只需两位飞行员驾驶的宽体飞机;A310是第一架采用电子飞行仪表与驾驶舱中央电子飞行监视器的客机,另一个创新在于使用电子信号,取代以往由钢索操作的控制面;A320系列飞机双发150座级客机,是第一款应用全数字电传操纵(fly-by-wire)飞行控制系统的民航客机,第一款放宽静稳定度设计的民航客机;A330/A340系列飞机采用更轻、强度更高的金属合金和复合材料,能够降低机身重量和提高飞机机体的寿命,另外,机翼在气动性能方面也进行了优化,确保了所有条件下最佳的起飞和着陆性能,提高了飞机在巡航速度飞行时的燃油效率;A380采用了更多的复合材料,改进了气动性能,使用新一代的发动机、先进的机翼、起落架,减轻了飞机的重量,减少了油耗和排放,座公里油耗及二氧化碳排放更低,是首架每乘客(座)/百公里油耗不到3公升的远程飞机,降低了营运成本,而且A380飞机机舱内的环境更接近自然,客机起飞时的噪声比当前噪声控制标准(ICAO)规定的标准要低得多;最新型飞机A350XWB集中了空中客车公司的全部优势,A350XWB有60%的结构采用多种先进的、经过技术验证的轻质混合材料制造,如最新的铝锂合金和碳纤维修增强塑料(CFRP),先进的设计和制造技术再加上借鉴了A380的"偏倾前缘"技术,使得全新的A350XWB复合材料机翼具备了非比寻常的高、低速效率,第三代铝锂合金的应用,不仅由于材料密度降低减轻了机体重量,同时还可以采用与现有的铝合金零件相同的技术和方法对新材料的零部件进行修理,而在每座/公里成本方面,A350XWB具有无可争辩的优势,与同类竞争机型产品相比,A350-800的每座/公里成本要低5%,而

A350-900 则达到 7%，A350XWB 飞机拥有的不断的技术创新、较低的维修成本和高效的燃油效率，将为航空公司带来最大的收益。

当波音客机还在用常规的机械操纵系统时，空客就将军用飞机的电传操纵系统移植到民用飞机上。当复合材料在军用飞机上局部使用时，空客已注意到这种材料在大客机上使用的必要性和重要性，毅然在 A380 飞机上大量采用先进的复合材料，并推广到其他机型，通过最大限度地减轻结构重量来降低飞机运营成本，并满足大机身带来的舒适性。实践证明，空客对于新技术的运用和转化是十分成功的，有效地推动了飞机的研制和制造水平，同时也提高了飞机的研制和制造效率，并显著降低了飞机用户的运营成本，从而得到了全球用户的认同，可以说，正是空客强大的创新能力才让空客具备了进军和夺取世界市场的资本。

### 1.1.2 空客飞机产业链的演化历程及其趋势

1. 萌芽期（1970—1978）

出于应对美国航空业对欧洲市场的侵占，法、德两国认为欧洲要想在民机市场有一席之位就必须克服国家间分歧和有限市场进行联合研制，共同分担研制费用、共享资源和共同开发市场。于是，1967 年 7 月，法、德、英三国决定研制一种命名为 A300 的客机，并于 1970 年正式成立一个以项目为基础的经济利益联合体，即空中客车工业公司，它是一个集法国、德国、英国以及后来加盟的西班牙为一体的欧洲航空工业集团，总部设在法国图卢兹。A300 作为空中客车公司研制的第一种与美国波音公司竞争的干线客机，空客公司积极围绕 A300 项目依托法国、德国、英国和西班牙等国的航空工业公司进行产业配套，具体包括零部件厂商、发动机厂商、航空机载系统及设备厂商以及这些配套厂商的二次配套承包商，并根据协议和技术专长进行分工，A300 的具体生产分工如下：法国宇航公司生产含驾驶舱的机头段、控制系统，中机身下半部分和发动机挂架，并负责最后总装；英国宇航公司生产机翼主体；德国空中客车工业公司生产机身的其余部分和垂尾；荷兰福克—联合航空技术公司（福克公司）生产机翼前后缘和各活动翼面；西班牙宇航公司生产客舱门、起落架舱门和平尾；发动机采用普拉特·惠特尼公司和通用电气公司的产品。此外，除了各种航空产品的配套，还有各种服务的配套，如为空客 A300 进行配套的航空维修、航空技术研发和人员培训的完整产业体系，初步形成航空配套材料与特种零部件研究、设计、试制能力以及飞机维修、航空物流、航空租赁、航空金融等相关服务业的初步培育。A300 的研制生产是空客公司在产业链配置上的初步探索，如图 1.1.3 所示。通过一系列的磨合运转，为后续机型的研制生产开拓了思路并积累了经验。

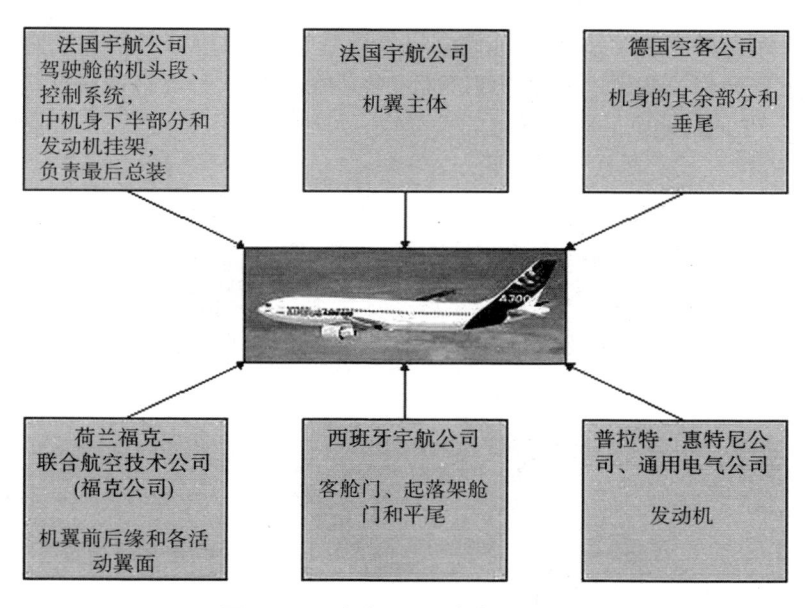

图 1.1.3 空客 A300 的产业链构成

2. 成长期(1978—2000)

1978 年,空客通过免费租借 A300 的方式打开了美国市场,这一年,空客还开启了 A310 的研制工作,对于空客来说,这是一个崭新的发展阶段。在 1978 年至 2000 年间,空客共进行了 5 个系列(A310、A320、A330、A340、A380)30 余个型号客机的研发制造工作,伴随着空客的发展壮大,空客的产业链配置也日趋合理完善,国际合作和分工更加科学有效。这个时期,空客公司仍处于经济利益体式的组织管理架构,空客公司的产业主体仍分布在欧洲大陆,法国和德国在空客中的股份各占 37.9%,英国占 20%,西班牙占 4.2%,四个国家公司利用自身技术专业特长提供产业链配套,实现协同研制,如图 1.1.4 所示。主要分工仍与研制 A300 时基本一致,并在德国增设了一条 A320 系列客机的总装线,主要负责 A318、A319 和 A321 的总装。1988 年,空客与印度达成合作协议,由印度的 HAL 公司制造供应登机门,开始尝试与欧洲以外的国家开展产业链合作。1998 年,在中国北京建立培训中心,培训工程师、机组人员和飞行员,这也是空客横向拓展产业链的一个尝试。通过这一时期的努力,空客发展成为具有完整产业链条的工业化创新型产业集团,并在各国政府的推动和集聚效应的作用下,吸引其他零部件、机载设备、机场空管设备等生产商,逐步形成空管设备、飞机零部件、发动机零部件、机载设备、航空维修、物流配送、人员培训等七大产业群。空客在此基础上,纵向完善产业链,并不断向价格链上附加值高的环节(研发)转移,同时,横向拓展产业链,向产

7

业链各个环节的相关业务拓展,如建立机体维修、发动机维修和部件维修的综合维修体系以及形成技术培训和管理培训的多元培训体系,最终形成横纵融合的网络式航空产业集群。

法国：37.9%
飞机的研究、设计和开发,机头和中机身的制造,多种型号机型的总装,飞机的飞行和地面测试

中国：1998年,北京建立培训中心

德国：37.9%
前、后机身的制造,垂直尾翼的制造,A318、A319和A321机型的总装

空中客车工业公司 AIRBUS

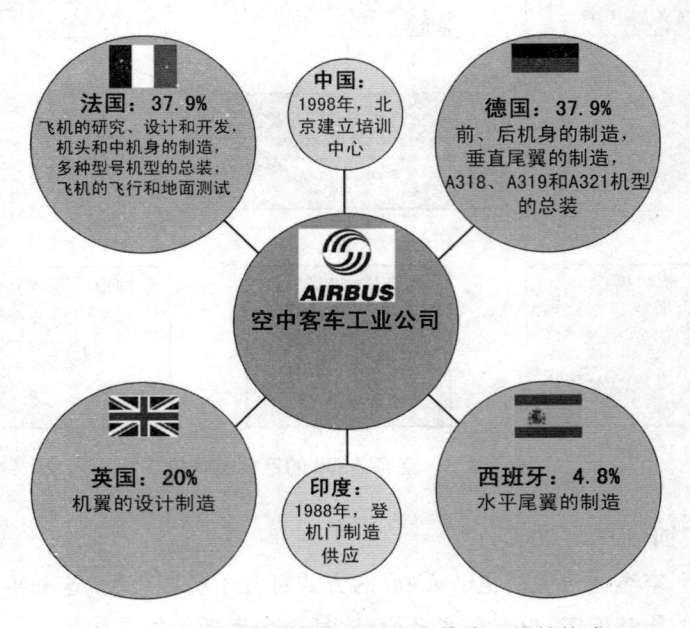

英国：20%
机翼的设计制造

印度：1988年,登机门制造供应

西班牙：4.8%
水平尾翼的制造

**图 1.1.4　成长期阶段空客公司主体产业链的构成**

3. 成熟期(2000 年至今)

这一阶段,空客完成了从一个经济利益联合体集团到一体化的股份公司的转变。在经济利益联合体集团体制中,空中客车的转包合同都是各伙伴公司根据本国的利益选择转包商,而一体化的空客通过基于欧洲的新全球发展战略和风险共担的方式,迅速发展成为一个真正意义上的全球化企业。据目前较完整的统计,空客已形成以特大型企业为核心,主系统承包商与分系统承包商和部件供应商关系更为紧凑的航空产业体系,如图 1.1.5 所示。在美国、中国、日本和中东设有全资子公司,在汉堡、法兰克福、华盛顿、北京和新加坡设有零备件中心,在图卢兹、迈阿密、汉堡和北京设有培训中心,在全球各地还有 150 多个驻场服务办事处,空客还与全球各大公司建立了行业协作和合作关系,在 30 个国家拥有约 1500 名供应商网络。空客主制造商的专业化程度不断提高,建立了专业化的优良中心,形成独具优势的产业组织结构;整机制造企业集中度高,是寡头垄断;发动机等直接为整机配套的系统供应商相对集中;零部件配套企业数量众多,相对分散。整机制造企业在全球采购飞机系统和部分主要组件,大部分零部件则由主机承包商在

国际市场上采购。例如,在A380项目中,空客从项目一开始就通过供应商和分销商的全球供应链,向全世界采购高达10亿欧元的产品。在最新的A350XWB项目中,空客将约50%的飞机结构工作外包给风险共担合作伙伴,外包工作量几乎是先前飞机项目的两倍,建立起一个强大的风险共担的合作网络。

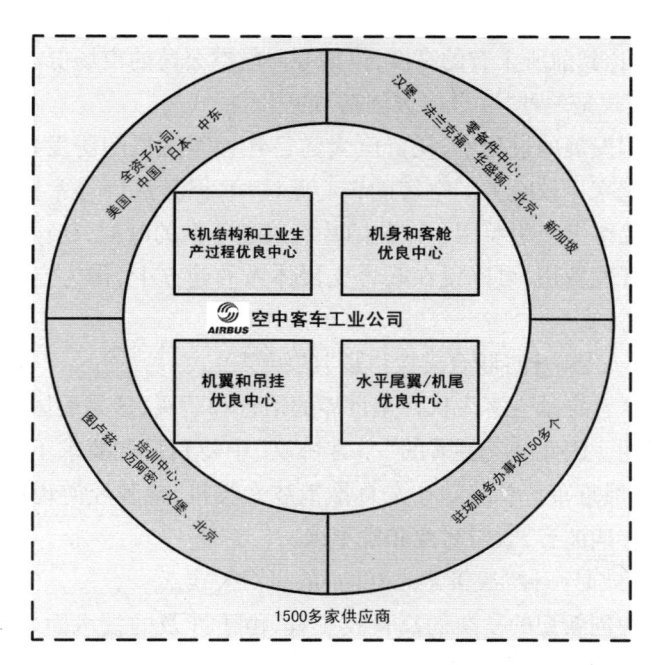

图1.1.5 空客公司主体产业链的构成

### 1.1.3 空客飞机研制与产业链发展的特征与优势

1. 空客飞机研制与产业链发展的特征

(1)空客模式是一种"飞机技术创新"的组织模式

因为航空工业是由创新技术拉动的,不是靠工业规模拉动的。因此空客公司最基本的组织内涵是"推动创新"而不是阻碍创新。空客的起步也是源于设计师和总经理齐格勒对自己方案的自信和执着,认为能够比协和更代表民机行业的未来,从而在公众热点和政府投入都集中协和式飞机研发的时候,一直在坚持空客的研发。无论是空客模式,还是波音模式,首先都是航空工业的创新型组织,这是最基本的要求。

从空客赶超、压倒波音、波音又反超空客,近20年来欧美两大民机巨头的竞争历史看,技术创新的竞争是大飞机领域竞争的核心。就以应用复合材料减轻机体重量为例,这是最突出的竞争领域,波音的减重措施还是比较保守的铝锂合金,而空客公司挑起的"复合材料之战",在A380的中央翼盒这种关键的机体材料上,空客敢于采用复合材料,成功地减重3吨,相当于可以多载客30~50人,飞机的经济性大幅度提高。在空客的新技术压力下,"保守的波音"在即将出厂的787机型上,全部机身几乎都采用复合材料,这样787全机复合材料的应用比例高达50%以上,经济性将达到前所未有的高度,以期夺回航空公司的市场份额。

(2)空客模式是一种"联合支援创新"的组织模式

在空客公司发展的过程中,耗资巨大的是各种新飞机的研发费用,单独一个欧洲国家承担起来比较吃力。空客的核心是法国,但是法国经常要游说德国,法德联合以后还要继续吸引英国。在英国政府兴趣不大的时候,德国甚至要补贴英国霍克公司的开发费用,可以说在联合支援体系的建立上,作为空客股东的欧盟各国是煞费苦心的。

(3)空客模式是一种"联合支援市场"的组织模式

欧洲各国联合推动空客飞机在全世界的销售和购买,这是美国政府和波音公司一直所忌惮的。因此欧美签署的"空客协议"中特别强调要求不得让欧洲各国官员推销飞机,但是布什总统却在亲自推销波音飞机,他曾经游说印度政府放弃一批空客飞机转购波音,欧盟对此非常不满。

(4)空客模式是一种"决策意志互助"的组织模式

飞机是一种创新型的复杂的高科技工程,由于涉及的技术面非常广泛,很容易遭到失败,即便是技术比较成熟的欧美强国也经历过很多飞机型号的失败下马,上马飞机工程,先有失败的心理准备是很自然的。"二战"后,空军强国英国在彗星、协和上的连续挫折,导致英国在喷气航空时代的停滞,甚至让著名的BAE公司面临破产,也让英国今天在空客中甘当第三股东。空客模式,是欧洲多国之间的集体决策,可以让一个决策方在犹豫不决的时候,有大胆先行的,也有甘为后盾,在决策意志和资源支持方面互为补充、互相帮助。比如最畅销的A320在立项阶段是大胆的法国先行投入,随后是德国、英国的跟进,这是战后欧洲的一次大联合,是欧洲整体意志的体现,是一种在高风险公司上的决策互助模式。

2. 空客飞机研制与产业链发展的优势

(1)区位优势

大型客机的零部件生产一般都分布在好几个国家的工厂,甚至横跨几个大洲。生产好的部件需要运送到分装工厂初步组装,最后才进行总装。而便利的水路铁路和航空交通运输条件,为民机零配件及时运输及民机制造产业发展的供应链物流管理创造了条件,提高了民机制造的生产效率。空客公司主要负责空客飞机的设计、制造、总装和测试的16个研发中心和制造厂主要分布在法国、德国、英国和西班牙四国沿河沿海的地区,河运海运条件方便,便于各国生产的零部件在各个国家分组装后运到图卢兹进行总装。由于主要部件在英国布莱顿、德国汉堡和西班牙波多里尔以及法国圣纳泽尔的工厂分别生产,它们需要量身定做的滚装船从汉堡运送机身以及从布莱顿运送机翼至图卢兹,巨型滚装船往返在德国、英国、西班牙和法国的水域中,它一个月要在这几个生产基地间来往四次。且主要的研发中心和制造厂集中于法国和德国,形成了以图卢兹和汉堡两大航空制造产业集群。空客飞机制造是由欧洲四个国家的这16个工厂分工合作完成的。具体分工如下:

机翼制造中心:布莱顿工厂和菲尔顿工厂;

前机身和后机身制造中心:汉堡工厂、诺登汉姆工厂、布来梅工厂和法勒尔工厂;

机头和中段机身制造中心:圣纳泽尔工厂、南特工厂和莫特工厂;

垂直尾翼制造中心:施塔德工厂;

水平尾翼和19/19.1段机身制造中心:赫塔费工厂、伊列斯卡斯工厂和雷亚尔岗工厂;

发动机挂架和短舱制造中心:圣埃卢瓦工厂;

航空电子制造中心:图卢兹工厂、汉堡工厂、菲尔顿工厂和赫塔费工厂;

客舱和货舱以及客户定制改装制造中心:汉堡工厂、图卢兹工厂、布来梅工厂和劳普海姆工厂。

正是这些空客的研发中心和制造厂位于海港交通便利的城市,才使得周围城市的飞机制造相关的零部件分组装后经过水路运输到总部进行总装,使总机得以顺利及时地完成,同时由于海运和河运的成本较低,这也降低了空客飞机制造的成本。

(2) 制造能力优势

欧洲航空制造工业有着悠久的历史,如喷气式发动机是由英国和德国分别在第二次世界大战前夕发明的,具备各类与航空制造相关的人才和技术工人,科技人员素质高,同时拥有像奔驰、宝马、巴斯夫、英国石油公司(BP)、利勃海尔、飞利浦、阿尔斯通、蒂森克虏伯等一大批著名企业,科技制造实力雄厚,融资渠道非常便利。而空客民机制造基地位于工业基础雄厚和科学研究基础扎实的欧洲,有着雄厚的科技经济实力,发达的工业制造基础,尤其是飞机等相关制造业基础条件。如图卢兹在经济和工艺方面占优势,工业呈现多样化,拥有化学工业和飞机与机器制造业,再加上加龙省四分之一的工业就业人口在宇航企业。与宇航有关的电力、电子、机械、金属加工及第三产业分布在省内各地,电子行业大约有15000名职工,软件业有700家企业。据资料显示,法国电脑专家的25%集中在图卢兹,电力和电子工业是该省第二大就业部门。国内外的大公司、大企业,如马特拉、汤姆逊、西门子、摩托罗拉等均在图卢兹设有生产企业。上加龙省的贸易公司约达13600家,其中图卢兹有9000家。而位于德国的汉堡是德国北部大城市,也是最重要的海港和最大的外贸中心、德国第二金融中心,拥有雄厚的科技力量、丰富的资源以及发达的工业。德国企业500强中有39家落户汉堡。良好的港口条件和区位优势有效地拉动了临港工业的发展。汉堡的临港工业区既包括传统的造船业、提炼业和外国原料精加工业,也包括航空工业、电子工业、精密机械与光学仪器制造、机器制造和化工等新型高科技产业。临港工业利用港口在运输、成本、劳动力、物流和信息等方面的优势得以充分发展。而工业的发展也为港口提供了充分的货源。现在汉堡已成为德国第二大工业基地。

(3)科技人力资源优势

在空客的总部及欧洲各研发和制造厂所在地都设有大量的高校和科研机构。例如,总部图卢兹拥有400多所科研单位、17000多名科研人员,以航空航天、信息、生物技术和经济学研究著称。图卢兹拥有众多的试验中心,他们是该地区技术能力和专业特长的集合体。他们可以帮助航空航天领域的中小型工业企业、大型工业集团、民用军用企业以保证其材料、加工过程或被测试机器的性能、安全性和可靠性。

图卢兹的高等教育发达,是仅次于巴黎的法国第二"大学城"。图卢兹的4所大学、25所高等专业学院以及众多科技机构,为世界航空航天产业培养了众多的人才。图卢兹是法国航空航天人才的教育培训基地,法国最重要的3所航空航天大学——图卢兹国立高等航空航天学院(SUPAERO)、法国国立民航大学(ENAC)和法国航空工业大学(ENSICA)均设于此。此外,航空航天谷内还有6所大学和12所工程师学校能够提供与航空、航天和机载系统相关的培训,并且设有13所航空航天专业博士院。分别可培养飞行器和运输工具工程师,航空安全系统电子工程师、航线驾驶员,卫星通信、航行和监视专业硕士,飞行安全/飞行操作、飞行安全/航空器操纵等专业人员,航空维修专业硕士和直升机工程学专业硕士。空客在民机制造所遇到的各种科技技术智力等问题都需要所在地提供大量的科技技术人员和高层次管理人才为其解决,而这些高校、科研机构充分利用他们的科技资源为其提供科技与智力支持,有效地促进了空客的快速健康发展。

(4)产业集群优势

目前在欧洲以空客公司为首的民机制造业形成了多个民机制造业相关配套

产业集群区,如空客的 16 个研发中心和主要的部件制造厂就是位于以空客总部图卢兹和德国汉堡为中心的航空产业集群带内。空客公司除了整机设计、制造和集成组装外,关键环节技术方面的复杂电子系统和关键部件的飞机发动机均由法国制造或集成制造,这一切形成了以法国图卢兹地区为中心的航空产业集群,该航空产业集群是法国最大的产业集群,其主要有两个特点:

第一,航空制造核心企业成为产业集聚的主要推动者。图卢兹航空产业集群内,有众多在航空航天和机载系统领域取得世界领先、欧洲先导优势的公司,表1.1.2 列举了这些公司的名称,并对它们的业务范围做了归纳。可以看出,以空客总部、法国空客总部和空客军机公司总部为代表的航空制造核心企业,以及从事公务机制造的达索航空和生产螺旋桨飞机的 ATR 是法国航空谷的主系统集成商。

表 1.1.2　图卢兹航空产业集群内主要航空航天与机载设备制造公司

| 业务领域 | 公司名称 | 公司业务描述 |
| --- | --- | --- |
| 航空制造 | 空客/法国空客总部（Airbus/France Airbus Headquarters） | 空客 A300/310/320/330/340 和 A380 的设计与总装 |
| | 空客军用飞机总部（Airbus Military Aircraft Headquarters） | 欧洲军用飞机 A400M 的设计与开发 |
| | 达索航空（Dassault Aviation） | 世界公务飞机的领军者,军用飞机制造(幻影战机、阵风战机) |
| | 区域运输飞机公司（ATR） | 40～70 座涡轮螺旋桨飞机（ATR42/72）的世界领军者 |
| | EADS 索卡塔公司（EADS Socata） | 欧洲民用和军事轻型飞机领军者 |
| 航天 | EADS 阿斯特里姆（EADS Astrium） | 世界卫星系统设计与制造领先者之一 |
| | EADS 空间运输（EADS Space transportation） | 欧洲空间运输和轨道基础设施专家 |
| | 法国国家空间研究中心（CNES Space center） | 空间项目的工程管理 |
| | 阿尔卡特阿莱尼亚空间（Alcatel Alenia Space） | 空间系统与轨道基础设施重要公司 |
| | 十二生肖国际（Zodiac International） | 民机应急离机滑梯的世界领先者 同温层气球和卫星超级绝缘体的制造 |

续表

| 业务领域 | 公司名称 | 公司业务描述 |
| --- | --- | --- |
| 国防 | 泰勒斯机载系统（Thales Airborne Systems） | 国防机载系统与装备的开发与集成 |
| | 罗克塞尔推进系统（Roxel Propulsion Systems） | 战术（核武器）导弹的推进系统 |
| 推进器与发动机装置 | 斯奈克玛固体推进器（Snecma Solid propulsion） | 火箭发动机推进器、热学结构合成材料的欧洲领先者 |
| | 西马克（SME） | 战略和空间固体推进、汽车安全烟火装置 |
| | 微涡轮（Microturbo） | 中小功率涡轮的欧洲领先者 |
| | 透博梅卡（Turbomeca） | 直升机用涡轮世界领先者 |
| 机载系统 | 飞思卡尔半导体（Freescale Semiconducteurs） | 世界机载半导体设计与生产的领先者 |
| | 西门子威迪欧汽车（Siemens VDO Automotive） | 舱内电子、传感器、发动机电子装置世界机载电子设备领先者之一 |
| | 阿尔斯通运输（Alstom Transport） | 欧洲电气推动系统（铁路运输）的领先者 |
| | 泰勒斯航空电子（Thales Avionics） | 世界航空电子方案、驾驶舱电子系统和设备领先者之一 |
| | 罗克韦尔·柯林斯法国（Rockwell Collins France） | 航空电子、通信和无线电导航系统 |
| 设计、试验与维修 | 定性及电磁和红外测试法国防务装备采购局 DGA（CEVAP/CEV/CEAT/CELM/CAEPE） | 民用和军用飞机的试验中心与工业车间 |
| | 法国航空航天材料研究（French Aerospace Materials Research） | 航空与航天研究、设计与试验中心 |
| | 法国航空工业（France Air Industries） | 多产品维修的世界第二大供应商 |
| | EADS 索加玛维护服务（EADS Sogerma Maintenance Service） | 飞机的维护、修理与翻新 |
| | CEA/CESTA 研究中心 | 模型化、尺寸计算、设计与热机环境测试, 定性及电磁与红外测试 |

第二，众多子系统承包商集聚于集群区域内。在该群1200余家公司和机构、94000名从业人员中，有超过1000家公司、55000名员工从事全面和专业分包生产。也就是说，有83%的公司为子承包商、58.5%的员工从事分包生产，这些公司拥有各项技能和创新工艺，如：工具制作、维护、精密机械加工、航空电子、合成材料、塑料加工、铸造、航空金属板材、快速样机制作、表面处理、机载电子设备、布线、螺丝类、空气和冷却系统、内部布置、工程学、设计和施工、制造黏合等。各配套公司与空客保持着很好的互相协作，他们根据空客各部件的装配需求，及时做出反应并充分利用其制造航空产品的优势，为空客公司生产相应的零部件实施配套。它们的集聚使图卢兹形成了以航空制造业寡头空客公司为龙头带动的完善的产业链，最大限度地提高了生产效率、降低了成本，实现了相关产业的资源共享等一系列好处，增强了空客在民机制造的竞争优势。表1.1.3列举了航空航天谷内的一些这类公司，并对它们的业务范围进行了简单的描述。

**表1.1.3　图卢兹航空产业集群内主要航空设备子承包商**

| 公司名称 | 公司业务描述 |
| --- | --- |
| Actielec | 电磁波传输、公共汽车与长途汽车车载系统和汽车电子诊断的领先者 |
| Alema | 航空分部件与工具的设计和施工 |
| Creuzet Aeronautique | 结构与发动机的复杂机械零件 |
| Ezameca | 航空金属板材、航空管道、机械焊接 |
| Goodrich | 机身建造与组装 |
| Labinal | 电路布线 |
| Latecoere | 欧洲第二大民机结构制造商 |
| Liebherr Aerospace | 航空设备、飞机和直升机气动系统设计与制造 |
| Messier-Dowty | 世界起落架设计与制造的领先者 |
| Potez Aeronautique | 航空分部件制造 |
| Ratier Figeac | 欧洲第一螺旋桨设计公司，欧洲控制系统领先者之一 |
| Saft | 世界飞行器电池生产领先者 |

## 1.2 波音飞机协同研制与产业链发展的演化历程

### 1.2.1 波音飞机研制的演化历程

波音公司(The Boeing Company)建立于1916年7月15日,并于1917年5月9日更名为波音,是全球航空航天业的领袖公司,也是世界上最大的民用和军用飞机制造商。此外,波音公司设计并制造旋翼飞机、电子和防御系统、导弹、卫星、发射装置,以及先进的信息和通信系统。作为美国国家航空航天局的主要服务提供商,波音公司运营着航天飞机和国际空间站。波音公司还提供众多军用和民用航线支持服务,其客户分布在全球90多个国家。

波音公司总部现位于美国芝加哥,就销售额而言,是美国最大的出口商之一,其年销售额达1010亿美元(2018年)。多元化的波音公司由于重视发挥成千上万分布在全球供应商中的人才而极富创新精神,其员工技术娴熟、经验丰富,为波音产品与服务的成功与进步贡献着力量。

20世纪60年代以后,波音公司的主要业务由军用飞机转向商用飞机。近60年来,波音公司研制的一系列优秀型号客机以及民用飞机,如表1.2.1所示。波音始终以飞机运营商和乘客为中心的理念使得公司一直处于世界民用航空领域的领导者地位。波音公司系列产品和服务为航空客户提供出色的设计、效率和支持,使乘客可以随心所欲地选择飞行目的地和飞行时间。

表1.2.1 波音民用飞机系列[1]

| 名称 | 简介 | 服务时间 | 主要型号 |
| --- | --- | --- | --- |
| 707 | 一款非常早期的中至长程、150~250人座级距之四发动机喷射客机系列 | 1958年正式服务 | 707-120/707-220/707-320 707-420/707-020/720[2] |
| 727 | 一款较为早期的100~200人座级距之三发动机喷射客机系列 | 1963年试飞 | 727-100C 客货转换型/727-200基本型/727-200先进型 |

---

[1] 波音707系列、波音717系列、波音727系列已分别于1978年、2006年、1984年停产。
[2] 波音720是以波音707-120为基础的中短程改型喷气式客机。由于更换了发动机,所以赋予该机新的型号。

续表

| 名称 | 简介 | 服务时间 | 主要型号 |
| --- | --- | --- | --- |
| 737 | 生产历史悠久、衍生型众多且使用广泛的100~200人座双发动机单走道喷射客机系列 | 1967年4月9日首飞 | 737-700/737-800/737-900ER/737 MAX7/737 MAX8/737 MAX200/737 MAX9/737 MAX10 |
| 747 | 世界上第一架配置有双层甲板的客机,采用四发动机配置,根据机种与舱等设计差异载客量介于200~500人不等的长程广体客机系列 | 1970年投入服务 | 747-8/747-8货机 |
| 757 | 为了取代727而开发出的中短程双发动机喷射客机系列,载客量介于200~250人之间,单走道设计 | 1982年2月19日首航 | 757-100/757-200/757-300 |
| 767 | 中型双发动机广体客机系列,因为机身大小适中,也经常被改造为政府或军事用途的特殊机种 | 1981年9月26日首航 | 767-2C/767-300ER/767-300货机 |
| 777 | 世界上第一款大型双发动机长程广体客机,其中的777-300版本是世界上机身最长的量产民航机 | 1994年6月12日首航 | 777-200ER/777-200LR/777-300ER/777货机/777-8/777-9 |
| 717① | 原名MD-95,是由麦道在与波音合并之前所开发的中短程百人座级距单走道喷射客机系列 | 1999年9月正式服务 | —— |
| 787 | 用以取代767的中型广体客机系列,根据机种的不同,适用范围介于短途的区域性航线至中长程的越洋航线不等 | 2007年首飞 | 787-8/787-9/787-10 |

  波音700系列飞机于20世纪50年代中期开始设计,到了60年代初制造出了首架波音707客机,且由707开始,经过随后的一步步发展,还出现了727、737、747、757、767、777等一系列以"7"开头的型号客机。到底"7"有什么特殊的含义?

---

① 波音717是在波音777面世后才面世的,在波音717面世之前"波音717"指的是空中加油机KC-135。

17

当初在设计707时,其机翼后掠为45度角。在没有计算机的情况下,工程技术人员拿计算尺算出45度角的正弦和余弦值均为707,波音707飞机因此得名。或许"7"对于美国人而言是个幸运数字,即使后来因技术需要而改变了客机机翼后掠角度,"707"型号也依旧未改变。

(1)波音707

波音707是波音公司研制的四发远程喷气运输机,其最初的型号是美国空军研制的KC-135空中加油机。截至1992年3月31日,波音707共获订货1010架,生产线于1991年关闭,1992年5月交付最后一架军用型。该机装有4台普惠JT3D-7涡扇发动机,单台推力84.48千牛,驾驶舱机组人员4名,载客量219人。作为世界第一架在商业上取得成功的喷气民航客机,707彻底改变了航空业的发展及运作模式。

(2)波音727

由于波音707在一些中短途航线上使用时运营成本会过高,因此,波音公司研发出了继707后的第二款喷气式客机——波音727,如图1.2.1所示,用于中短型航线、高海拔或短跑道的机场起降。其运作成本要比707更低,乘客量为145人(经济、商务两级)或189人(一级),部分零件如机身组件与707相同,主要针对美国内陆主干线市场。波音727采用类似三叉戟的设计,飞机尾部装置了3台普惠JT8D-1型发动机。最后一架727在1984年交付使用。总产量为1832架。1971年,波音727的销量超过了波音707。1974年,第1000架波音727交付,成为历史上第一架销量突破1000架的喷气式民用客机(最初设想的销售指标只是250架)。

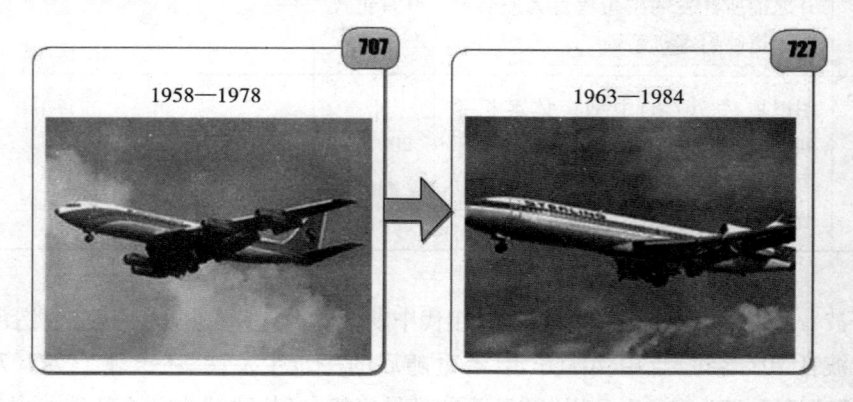

图1.2.1 中短途航线上运作成本更低的波音727

(3)波音737

主要针对中短程航线需要的波音737系列飞机,如图1.2.2所示,具有可靠、简捷,且极具运营和维护成本经济性的特点。波音737自投产以来40余年销路长久不衰,成为民航历史上最成功的窄体民航客机系列。

图1.2.2 波音737

1964年,波音737计划展开,初期的波音737采用了波音707/727的机头和机身横截面。机身可以容纳一排6个座位。737-100最初的设想是一种只有65到80个座位的小容量短途客机,但是在启动客户——德国汉莎航空公司的坚持下,最后737-100的设计容量被提升到100座级。由于737-100在市场上并不算受欢迎(只生产了30架),波音公司于1967年推出了机身延长的型号——737-200,以配合美国市场的需要。

1981年,波音公司决定继续设计737系列改进型号(737-300/737-400/737-500)。737-300比737-200略长,应用了波音757与767的现代化驾驶舱设计,机舱设计则来自波音757,座位数102~145;737-400为737-300的加长型号,载客量为150~180人;737-500为737-300的缩短型号,续航距离较长,座位数104~132。此系列波音737已于2000年停产。

1993年,为了与空中客车A320竞争市场,波音公司启动了新一代737项目(最初称737-NG,NG是"Next Generation"的缩写,意指"下一代")。1993年11月,波音737-700项目启动,直接取代737-300;1994年9月5日,波音737-800项目启动,737-800是737-700的机身加长型号,直接取代737-400;1995年3月15日,斯堪的纳维亚航空公司订购了35架波音737-600,737-600为737-700的缩短型号;1997年11月10日,波音737-900项目启动,737-900为新一代737机身最长的型号;2011年8月30号,737MAX项目启动,737MAX是装配了新发动机的737系列衍生机型。

波音737最早期的型号装配了涡轮喷气发动机，其中737-200装配的普惠JT8D型号的低涵道比涡轮风扇发动机单台推力71.2千牛；后期的737-300/-400/-500使用了CFM国际发动机公司的高涵道比涡轮风扇发动机，型号为CFM56，单台推力为88.97千牛；737MAX采用了优化后的LEAP-1B发动机，也是由CFM国际发动机公司制造。

(4) 波音747

20世纪60年代初，波音公司当时的客户——泛美航空公司希望波音能够提供一种比波音707大两倍的客机。于是波音把原来的运输机的设计加以修改，研制出新一代客机——波音747，如图1.2.3所示。早期的波音747装配了4台普惠JT9D-3涡轮风扇发动机，全机双层机舱，但是不久即改为宽体机身的设计。20世纪60年代末，民航进入超音速时代，波音公司因为考虑到波音747将来可改作货机用途，所以在设计波音747时将驾驶室置于上层，方便作货机用时可使用"揭鼻式"前端货门，但超音速民航最后因为燃料、飞机价格、噪声等问题而最终只成昙花一现。波音747的销售量远超预期，为波音公司带来了可观的收入。原本只做机员、头等休憩处的上层机舱被加长，成为商务舱。

图 1.2.3　比波音707大两倍的波音747

波音747又称"珍宝客机"（Jumbo Jet），是世界上最易识别的客机之一，亦是全世界首款生产的宽体民航客机。自1970年投入服务后，波音747一直是全球最大的民航机，垄断着民用大型运输机的市场。到A380投入服务之前，波音747保持了全世界载客量最高飞机的纪录长达37年。

(5) 波音767

20世纪80年代，随着B707、DC8、B727等200座机中远程客机的退役，波音公司生产了双发动机半宽体中远程运输机——波音767，如图1.2.4所示，用来争夺新形成的市场。

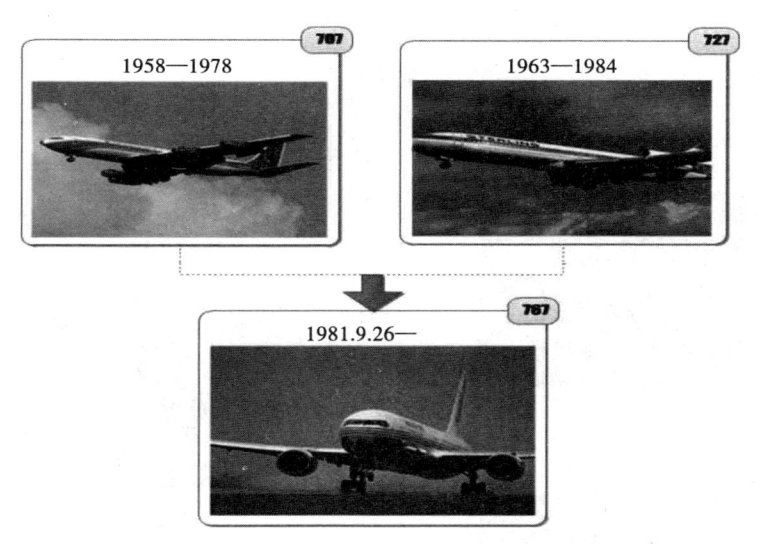

图 1.2.4　争夺 20 世纪 80 年代 200 座机中远程客机由于退役而形成的市场的波音 767

波音 767 家族是完整的飞机家族,在 200~300 座级市场上具有最大的通用性。767 双发飞机的尺寸介于 757 单通道飞机和较大的 777 双通道飞机之间。在 240~300 座级的市场上,767-400ER 延程飞机的运营经济性明显优于竞争机型,业载能力、洲际航程、乘客舒适性以及与其他波音喷气客机的共通性,让这款飞机极具市场魅力;作为倍受欢迎的 767-300ER(延程)双发客机的衍生机型,767 货机中融入了为 767 客机研发的航电设备、气动、材料和推进方面的全部技术进步,它的设计提供了卓越的燃油效率、运营灵活性、低噪声水平和全数字式驾驶舱。在航空运输界,767 以盈利能力和舒适性著称。与包括 A330-200 在内的尺寸相当的飞机相比,767 的每磅油耗排放的污染更少,再加上显著降低的油耗,767 是真正"清洁的"优胜者。767 飞机家族的排放优于各类排放物的行业标准,如氮氧化物、碳氢化合物、烟尘和一氧化碳。

(6) 波音 757

20 世纪 70 年代中期,由于石油价格猛涨,燃油消耗占航空运输使用成本提高,波音决定研制 200 座级低油耗的新机型——波音 757,如图 1.2.5 所示,用以取代当时燃油消耗较高的波音 727、部分波音 707,并在客源较少的航线上作为波音 767 的补充。

波音 757 是波音公司生产的 200 座级单通道双发动机窄体中程民航运输机。最初定名为 7N7(N:窄体)。在获得英国航空公司和美国东方航空公司的 40 架启动订单和 42 架意向订货后,波音公司在 1979 年 3 月正式启动了 7N7 研制计划。

1979年末,7N7正式更名为波音757。波音757飞机选择了普惠和罗尔斯·罗伊斯公司的发动机,额定推力36600~43500磅。

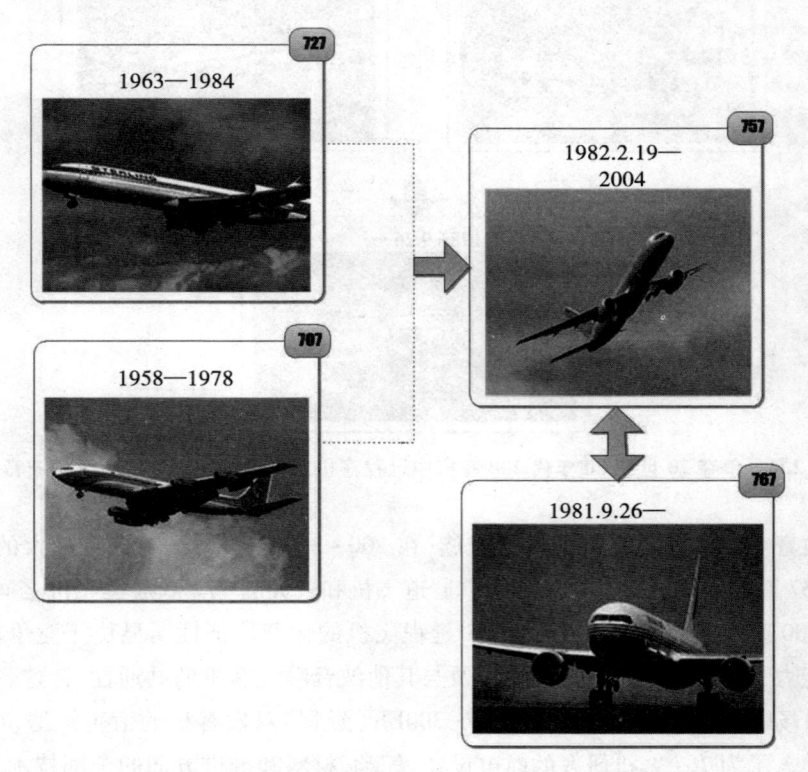

**图1.2.5　取代727、部分707并在客源较少的航线上作为767补充的波音757**

(7) 波音777

波音777如图1.2.6所示,是用于与包括空中客车A330、A340及A350竞争的机型。当时747与767之间留下一个市场空隙,随后波音公司提出了767-X的开发计划。然而,767-X方案并不受航空公司欢迎,航空公司需要的是一款全新的飞机,于是波音将整个发展计划重新定位。1990年10月,项目正式启动,波音公司名为767-X的777研发计划正式对外公开,并获得美国联合航空的订单。

波音777飞机系列深受全世界乘客和航空公司的青睐。领先市场的777家族包括6个机型(具有点到点直飞和绕开拥挤繁忙的枢纽机场能力的5个客机型号,以及1个货机型号)。在中型飞机类别中,777的业载和航程能力最大,增长潜力也最大,同时其运营成本更低。波音777在大小和航程上介于B767-300和B747-400之间,具有座舱布局灵活、航程范围大和不同型号能满足不断变化的市场需求的特点。

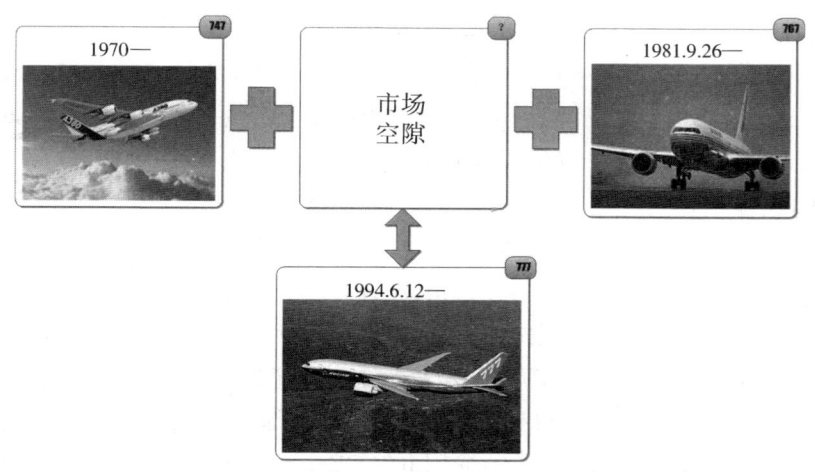

图1.2.6　填补波音747与767之间留下市场空隙的波音777

波音777具有左右两侧三轴六轮的小车式主起落架、完全圆形的机身横切面，以及刀形机尾等外观特征。波音在777上采用了全数字式电传飞行控制系统（fly-by-wire）、软件控制的飞行电子控制器、液晶显示飞行仪表板、大量使用复合物料、光纤飞行电子网络等多项新技术。虽然空中客车公司用强调四发动机比双发动机更安全的理由来吸引顾客，但波音777还是在与A340的竞争中占据了优势，因为不少航空公司考虑经济性，宁可选用双发的波音777而不是四发的A340。波音777可选发动机的型号为：普惠公司PW4077（最大推力77200磅）或通用电气公司GE90系列（最大推力77000磅）或罗尔斯·罗伊斯公司瑞达800系列（最大推力76000磅）、通用电气公司GE90-94B（推力94500磅）、GE90-110/115B（推力110000~115000磅）。

（8）波音717

1996年12月14日，波音和麦道宣布合作意向，双方的并购以换股形式进行，并购计划在美国境内实施。1997年，麦道公司被波音公司并购后，波音公司继续MD-95的计划，并且在1998年将其改名为波音717，如图1.2.7所示。

图1.2.7　MD-95改名为波音717

波音 717 是波音公司设计给 100 人座级距市场的最小型双引擎喷射客机。717 主要承袭 DC-9/MD-80，但最大的不同是 717 配备线传飞控系统（fly-by-wire）。机上配备的罗尔斯·罗伊斯 BR715 型推进器，飞机完全由 BAE System 公司的电子控制系统所操控（Full Authority Digital Engine Control-FADEC）。

(9) 波音 787

20 世纪 90 年代后期，波音 767 在与空中客车 A330 的竞争中处于下风，民用飞机市场份额不断流失给空中客车公司，波音公司决定研发其取代产品。2005 年 1 月 28 日，波音公司确定了正式的机型代号——787，如图 1.2.8 所示。波音 787 同时也是波音公司 1990 年启动波音 777 计划后 14 年来推出的首款全新机型。波音 787 飞机装配了通用电气和罗尔斯·罗伊斯公司提供的新一代发动机，同时也是干扰阻力最小的发动机，型号为：通用电气 GEnx 和罗尔斯·罗伊斯 Trend1000。

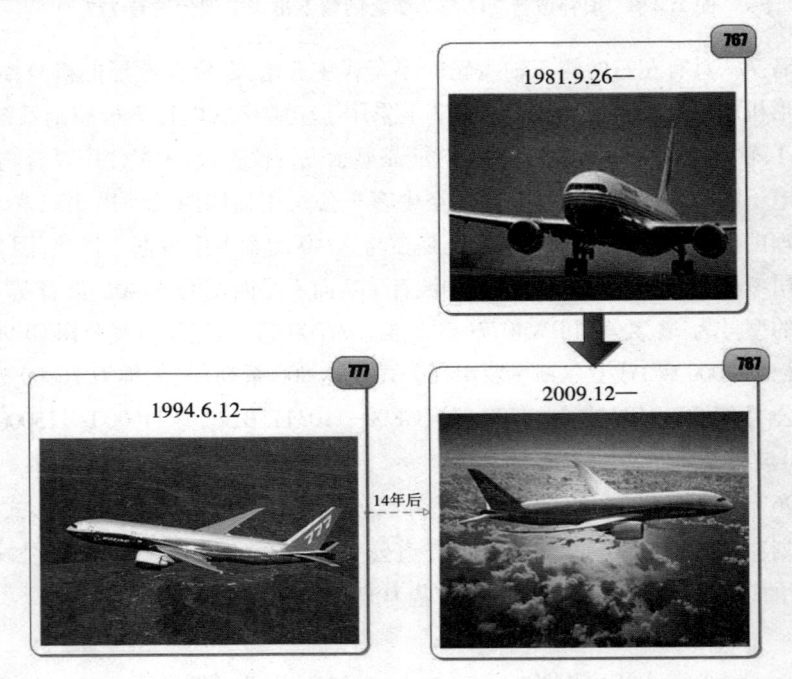

图 1.2.8　启动 777 计划后 14 年来推出的首款全新机型波音 787 取代了波音 767

波音 787 是拥有中型双发动机的宽体中远程运输机，其特点有：一、更轻。大量采用更轻、更坚固的复合材料，飞机重量大大减轻，运行成本也大幅下降。二、更节能。波音 787 要比其他同类飞机节省 20% 的燃料，同时释放更少的温室气体。三、噪声更低。起飞和降落时的噪声要比其他同类飞机低 60%。四、更卫生。波音 787 具有更好的气体过滤设施，从而保证机内空气质量更佳。五、更耐用。

与其他同类飞机相比,使用期更长,检修率要低30%。

### 1.2.2 波音飞机产业链演化历程及趋势

1. 波音飞机产业链演化历程

（1）萌芽期

在研制飞机的整个过程中,波音公司仅依靠自己的技术来完成包括设计、零部件制造以及最终的总机组装工作,例如20世纪50年代的波音707,仅有大约2%的零部件是在外国生产的,产业链仅存于公司内部。

（2）成长期

到了20世纪70年代,波音747的研发制造已经开始走上外包的道路。波音747飞机的400万余零部件中,60%以上并不是由波音公司自己生产的,而是由65个国家的1500个大企业和15000个中小企业提供的。当时,波音公司在全球大约拥有5200家供应商,分布在100多个国家和地区。早期的外包业务多集中在日本、加拿大和西欧的一些发达国家,值得一提的是,波音和日本航空工业的合作堪称上游产业和下游产业合作的典范,这种紧密合作关系使双方获益良多。在这个时期,波音的战略选择是将处于"产业链"上游核心的研发和集成业务保留在本国（本地区）,同时将处于"产业链"下游的简单小型零部件业务外包。

20世纪70年代末,波音与意大利、日本方面合作,生产了波音767。此次以国际合作研制生产的方式,更好地满足了用户的要求。在767的生产过程中,日本民用运输机部（日本三菱、川崎和富士重工组成）及意大利阿莱尼亚公司参与了波音767计划并承担全部研制费和工作量的30%,格鲁门公司、加拿大飞机公司、林·坦柯·渥特公司参与转包,波音公司则主要承担飞机最后总装。

在同一时期,波音公司几乎以相同的方式用以研制波音757飞机。757总装是由波音伦顿工厂完成的。在波音757的生产中,波音公司生产了53%的零部件和最后总装,其他的生产转包给费尔柴尔德公司、罗克韦尔国际公司和阿芙科公司。该飞机的零部件由波音设在美国华盛顿州奥本和斯波坎的工厂、俄勒冈州波特兰工厂、堪萨斯州威奇塔工厂,以及近700家外部供应商提供或完成。

到了20世纪90年代,波音公司在研制波音777时扩大了外包的范围。除去其主要外国供货商：日本三菱重工业株式会社、川崎重工业株式会社、富士重工业株式会社、俄罗斯的伊留申飞机公司,来自全球17个国家的900多家供应商提供了一架波音777飞机上的300万个零部件。日本的三菱、川崎和富士重工还与波音公司签订了风险分担伙伴协议,其中日本方面更是承担了波音777结构工作的20%,波音飞机产业链配置日趋成熟。

(3) 成熟期

波音充分认识到业务外包的重要性。波音认为,如果在供应链上的某一环节不是出于世界领先地位,并且这又不是自己的核心竞争优势,那么就可以把它外包给世界上最好的专业公司来做。"首先确定企业的核心竞争力,并把企业内部的职能和资源集中在有核心竞争优势的活动上"得到了波音公司的认可。

波音787的研制处于产业链演化的成熟时期,在研制过程中,波音公司以更低的成本获得了更高的价值的资源。787数百万个零部件中,波音自身只负责生产大约10%——尾翼和最后组装。其余的生产,依旧由全球的合作伙伴完成。其中涉及美国、日本、法国、英国、意大利、瑞典、加拿大、韩国、澳大利亚、中国等多个国家和地区的供应商。

意大利的阿伦尼亚航空制造公司负责制造主机身48段;日本的富士重工、川崎重工和三菱重工等公司负责制造机翼12段、主机舱45段、中央翼盒11段和机身13段;北美的古德里奇公司负责制造发动机机舱和反向装置;美国的Spirit公司负责制造机身43段,沃特公司负责制造机身47段;全球航空公司负责机尾47段和48段对接装配等工作;法国供应商承担的制造任务,包括起落架结构、机载娱乐系统、电刹车、客舱门等;中国供应商则负责方向舵、垂直尾翼前缘、翼身整流罩面板,垂直尾翼零部件生产。最后,波音公司用超大型的运输机LCA把世界各地制造的十几个大部件运到波音进行对接总装、试飞和最后的交付工作。采用模块化生产后,波音787的组装周期与波音777的组装周期相比,足足缩短了两个星期。

2. 波音飞机产业链演化趋势

(1)进一步加强与日本航空工业的技术合作

众所周知,日本航空工业一直处于世界第一阵营,波音在日本拥有10家一级供应商和若干次级供应商。从波音767的研制开始,日本的航空制造企业就已经承担了重要的零部件制造工作。在767项目中,15%的零部件制造来自日本;这一比例在波音777项目中为20%;到了波音787,这一比例达到了35%。

日本企业不但生产大组件,也有技术互补的考虑,甚至参与了飞机设计。2005年,空客的新机型A350与波音787抢占市场时,曾经向日本的航空制造企业伸出了橄榄枝,但富士重工、三菱重工和川崎重工三大巨头却不约而同地拒绝了空客参建A350项目的邀请。与此同时,日本却在波音787项目中拨出16亿美元的专款补贴。由此看来,相比于空客,波音与日本供应商有着更为紧密的联系,如图1.2.10所示。日本的应用材料走在世界前列,它在飞机波音787项目中将碳纤维用于机体就是一个有力的证明。日本的一些技术专利甚至超越了美国，这使得波音在近20年来与日本供应商不断进行产业链的合作，日本的航空工业也更加充分地融入了波音飞机的产业链中。在波音公司接下来的飞机研制工作中，相信日本航空工业会提供越来越多的世界顶尖技术。在零部件制造中，日本也会更多地参与到大部件、重要部件的研发制造中，而不再是简单的小型零部件制造。

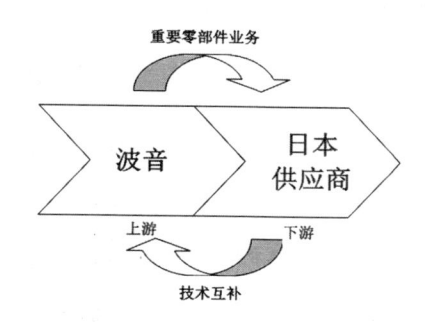

图1.2.10　波音与日本供应商产业链结合

(2) 进一步纵向发展产业链中的中国链条

除了依赖日本供应商以外，波音也一直不断向中国的供应商示好。在波音787项目中，中国企业的身份由波音的"供应商"变身为"伙伴公司"，并分别将哈飞、成飞、沈飞认定为波音787部分零部件的全球唯一供应商。也就是说，中国的供应商已经不再只是参与小部件生产，业务重点也不再只是飞机维修和人员培训。进入21世纪，波音在华的重点业务增加了技术合作，中国航空制造业在融入波音飞机产业链之后，已经由横向的产业链方向大踏步地走入了纵向发展的行列。

如今，波音在中国进行了各种重大投资，包括采购、置业、建立设施、合资兴办企业、成立联盟和提供培训。波音公司将产业链一步步与中国接轨。自1993年以来，波音和中国民用航空总局携手合作，制订了一系列计划支持中国航空基础设施的发展，同时把装机线搬到中国来。在日本供应商受到地震影响的情况下，中国航空制造企业有望获得波音更多订单，成为航空工业前端供应链的核心供应商。在新一代波音737、747、747-8飞机项目研制中，中国作为波音公司的核心供应商，承担了不可替代的角色。

① 新一代波音737项目中中国的角色，如图1.2.11所示。

天津波音：驾驶舱面板、机翼固定前缘装置、机翼固定后缘装置、翼身整流罩、蒙皮壁板、背鳍、尾锥、复合材料内饰板

成飞(成都)：前登机门、翼上紧急出口

上飞(上海)：水平安定面

西飞(西安)：垂直尾翼

沈飞(沈阳)：后机身段

福克(廊坊)：电缆

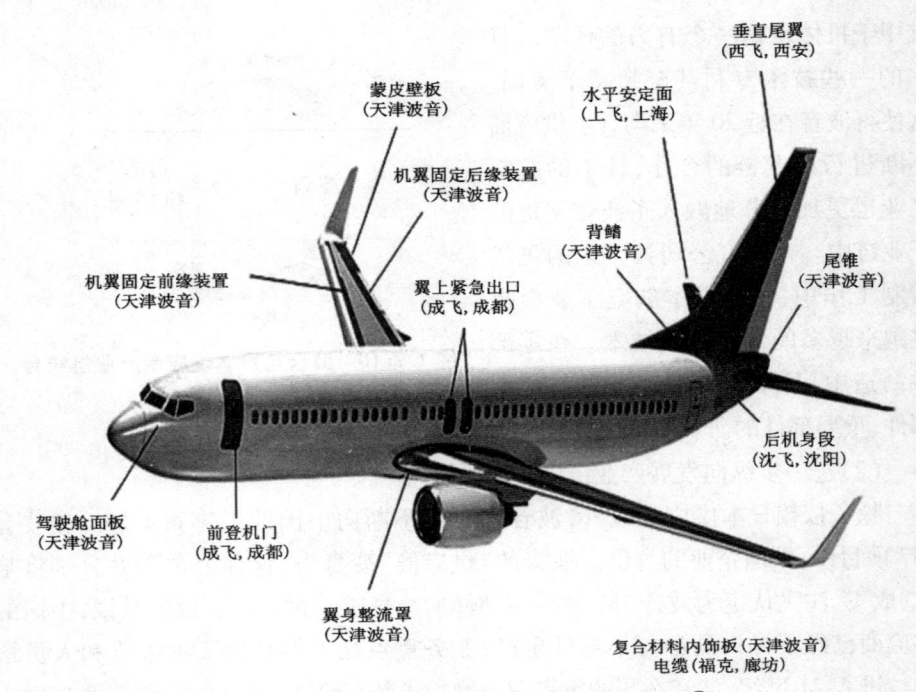

大型客机协同研制的创新管理模式 >>>

图 1.2.11　中国在新一代 737 研制中的角色[1]

②747 波音改装货机项目中中国的角色。

西安：地板梁、零部件、次组件

厦门太古：各种零部件及次组件

③波音 747-8 项目中中国的角色，如图 1.2.12 所示。

天津波音：复合材料部件和面板、后缘楔形结构、垂直尾翼、水平安定面盖板

成飞（成都）：水平安定面次组件和部件、副翼、扰流板

西飞（西安）：固定后缘翼肋、内侧襟翼

江西洪都航空工业集团有限公司：尾部 48 段次组件

2010 年，中国超过日本成为全球大经济体，中国经济在之后几年里持续保持着 8% 的稳定增长。不仅是波音，空客也在中国市场上取得了满意的收获。在中国航空工业"起飞"的重要时期，波音公司看到中国市场上的巨大潜力和无限商机。然而，由于中国的航空工业技术还不够发达，基础设施也不够完善，所以，未来波音产业链在中国市场上延伸，横向的发展依旧会持续一段时间，纵向的发展在政府大力的支持下会不断地出现质的飞跃。

---

[1]　图片来源于网络 http://www.boeingchina.com

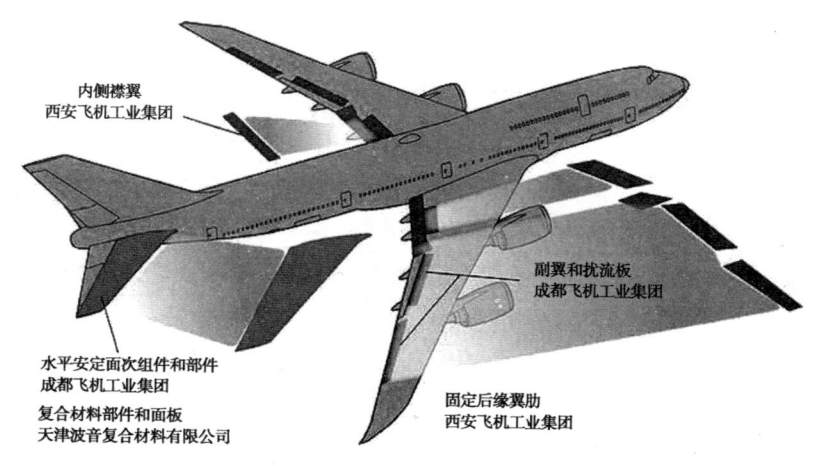

<<< 第一章 典型客机协同研制及产业链的发展现状与启示

图 1.2.12 中国在 747-8 研制中的角色①

现在,波音(中国)投资有限公司位于北京,包括政府关系、销售、市场营销、业务发展、民用航空服务、全球合作伙伴、翱腾、杰普逊和传播事务部门。波音金融在中国香港设有办事处,在北京设有办公室和备件服务中心,在全国各基地设有驻场代表,在中国国内的航空制造工厂设有支持团队,在昆明设有飞行培训中心,并在厦门和天津设有合资公司。波音同时还在香港设有办公室,支持民用飞机集团、空间系统以及波音金融公司的业务运营。

波音公司的产业链已经遍布了中国各省市地区,通过与企业、高校、航空产业基地等建立合作伙伴关系,完成了波音在中国的产业链布局。其中主要分布在北京、上海、广州、哈尔滨、沈阳、天津、厦门、香港等城市,产业链具体分布情况如表1.2.2 所示。

表 1.2.2 波音(中国)产业链分布情况

| 波音(中国)产业链形态 | 具体形态及分布城市 |
| --- | --- |
| 波音机构 | 波音(中国)投资有限公司(北京)、波音(中国)研究与技术部(北京)、波音中国服务中心(北京)、上海波音航空飞行培训有限公司、舟山波音交付中心有限公司 |
| 合资公司 | 天津波音复合材料有限公司、上海波音航空改装维修工程有限公司、厦门太古飞机工程有限公司、舟山波音完工中心有限公司 |
| 主要工业合作伙伴 | 西飞、成飞、沈飞、上飞、哈飞 |

① 图片来源于网络 http://www.boeingchina.com

续表

| 波音(中国)产业链形态 | 具体形态及分布城市 |
|---|---|
| 科研机构 | 清华大学—波音联合研究中心(北京)、中国商飞—波音航空节能减排技术中心(北京)、航空通信技术联合研究实验室(上海)、可持续航空生物燃料联合研究实验室(青岛)、座舱空气革新性环境研究中心(天津)、航空服务研究中心(香港) |
| 企业公民责任 | 放飞梦想、航空俱乐部 |
| 驻场服务基地 | 北京、沈阳、济南、上海、厦门、深圳、广州、海口、昆明、成都、乌鲁木齐 |

表1.2.2中,企业公民责任是波音(中国)为促进波音在华航空产业的可持续发展,实现社会公民与企业共赢所做出的一系列举措。"放飞梦想"波音航空科普教育项目是波音在中国最重要的企业公民行动之一,旨在帮助中国的青少年增进对航空知识的了解,为中国的可持续发展培养全面高素质人才;波音在中国的六所大学启动了"大学生航空俱乐部"项目(北京大学、清华大学、中国民航大学、中国民航飞行学院、华南理工大学以及中山大学),旨在以航空俱乐部为平台,实现和大学之间的合作,为学生提供更多的发展机会,从而推动大学航空航天专业的发展。随着中国航空技术的不断进步及产业的迅速发展,未来,还会有越来越多的项目、研发制造等部门出现在中国。

(3)波音飞机产业链向支线飞机市场延伸

随着世界航空产业一百多年的发展,在全球干线飞机制造市场上,美国波音公司和欧洲空中客车公司"双寡头"的垄断竞争格局已经形成。但是在支线飞机市场上,垄断格局还未出现,波音公司将会努力拓展支线飞机市场,逐步将后起发展中国家如巴西、加拿大等国的航空制造工业融入自己的产业链之中。波音公司将全球作为其大的加工厂,增加了与发展中国家的合作,建立专门的生产基地进行大规模的生产制造,产业链有着明显的专业化趋势。

### 1.2.3 波音飞机研制与产业链发展的特征与优势

1. 波音飞机研制与产业链发展的特征

纵览美国企业,从2003年到2007年,业务外包至海外的比例由5%上升至23%,90%的美国公司内部业务中至少有一项被外包出去。

目前,世界航空制造业进入了全球采购时代。波音的生产模式也随之进化为在全球范围内采购飞机零部件,再汇集到总部生产线进行总装。现在,"飞机销售+生产外包"的全球范围内合作是波音产业链发展的最主要特征。2001年1月,波音国际关系公司(Boeing's International Relations)的组建是实施全球战略性拓展计划的关键。当时,波音公司的负责人表示:"我认为我们已经开始步入一个全球化的、移动性的世界,这对于航空业意义深远。"

通过业务外包,供应商完全接管了"前期设计"和"预制造"环节,大部分的"协调合作"环节被置于"总机组装"之前,这样,波音公司便与供应商分担了风险。波音公司在供应商的方向上分配了资源的配置,从而分散了政策、经济、市场、财务等因素所产生的风险。最初的零部件制造外包带动了后来的研发与服务业外包,波音公司的管理变得更加富有柔性,更加松散自如。波音产业链链条的逐步延伸、国际范围内的明显拓展以及处于航空产业发达国家的供应商对链条上的上、中、下游各阶段产品进行整体纵向一体化大规模投资,使得企业加速了重构优势的形成,降低了自己在设备、技术、研究开发上的投资,间接拥有了更有效、更专业的技术和知识。为了提高竞争力,波音公司寻求全世界最顶尖的技术、最好的人才和最无瑕的制造工艺。全球范围内的业务外包正在推进着波音公司迈向更大的成功。

2. 波音飞机研制与产业链发展的优势

(1)共集资本、共担风险、共同受益

航空工业是个典型的集知识密集、技术密集和资本密集于一身的高技术、高附加值、高速度、高效率、高风险的战略产业,飞机研制项目启动的同时也带来了技术、资金、市场等问题。波音飞机研制采用国际合作的方式,产业链各个阶段的技术均处于国际领先地位,有利于资本的集中、拓宽渠道;投入巨额资金且回收期长的问题摆在波音公司和全球供应商面前,风险也得到了有效的分散,增强了项目整体抵抗风险的能力,这为飞机研制能够持续稳定的发展奠定了基础;对国际合作来说,每个供应商做自己最擅长的工作可以更大程度上把握自己国内的市场、拓宽各自的销售渠道和客户基础,产品的成功概率也会随之大大提高。

(2)区位优势

波音的民用航空服务部、全球客户支持部、备件和后勤支持部、维护及工程服务部、机队增强和改装部以及飞行运营支持部均位于华盛顿州西雅图。西雅图是美国西北部重要的铁路、公路和航空枢纽,拥有16条国际航线和9条来往于英吉利海峡、阿拉斯加和加拿大的航线,一年要运送旅客900多万。作为一大港口,西雅图素有美国大陆通往阿拉斯加和远东的"门户"之称,是美国对远东的主要进出口中心。它和世界上90多个国家有航运往来。2017年,港口年吞吐量为624567TEU(传输扩展单元)。在那里,共有8万多波音员工致力于波音飞机的客户支持、备件和后勤支持、维护等工作,极其便利的交通为波音公司提高了业务的通畅性。

波音民用飞机集团的主要生产工厂分布情况为:波音民用飞机集团在美国华盛顿州的生产工厂主要分布在华盛顿州奥本、弗雷德里克森、埃弗雷特市,另外,波音民用飞机集团总部、单通道飞机(总装)部、737波音公务机生产线位于华盛顿州伦顿;双通道飞机(总装)部、787、747、767、777生产线位于华盛顿州埃弗雷特。另外,波音民用飞机集团生产工厂除华盛顿州外还设立在美国的俄勒冈州波特兰、犹他州盐湖城、田纳西州橡树脊、加拿大的温尼佩格市,同时,在澳大利亚墨尔本和悉尼也设有生产工厂。

波音民用飞机集团华盛顿州以及澳大利亚的主要生产工厂都是临近海域的,其中位于西雅图的伦顿总装厂紧邻伦顿机场和锡达河(Cedar River),而位于西雅图东北近郊的装配基地紧邻波音机场(Boeing Field),且与海港之间有便捷连线,保障了波音飞机零部件的供应和飞机总装的生产。

## 1.3 加拿大、巴西民机协同研制与产业链发展的演化历程

加拿大庞巴迪公司(Bombardier)目前与巴西航空公司并列成为全球最大支线飞机制造商。

### 1.3.1 加拿大民机研制与产业链发展的演化历程

1. 庞巴迪民机研制的演化历程

庞巴迪拥有三十多年的民用飞机研制历史,通过整合旗下的飞机家族,为设计、维护和运行设立了统一的基准,这种具备了通用性的产品有益于运营商促进其家族产品的升级。因为从战略角度来说,如果飞机的基本设计达到一定的成熟度,其衍生机型可以直接引入市场,使产品更新换代变得更快,更便于谋求市场定位。基于这一策略,庞巴迪在支线客机/公务机的研发和销售领域实力强劲,能够提供完整的公务飞机系列产品和支线飞机系列产品,往往能够领先于竞争对手将最新产品投向市场,从而引领世界的支线客机/公务机的发展潮流。

以CRJ(Canada Regional Jet)系列为例,由于支线喷气客机具有舒适性高、速度快及维护方便等优点,庞巴迪在1989年3月正式启动CRJ系列喷气式支线客机的研制计划,自投入服务以来,CRJ系列在速度、经济性及乘客舒适性等各方面受到航空公司的好评,此后庞巴迪进一步根据市场需求,不断开发改进CRJ系列,

先后研制生产了CRJ100的改进型CRJ200、44座CRJ440、70座CRJ701/702、75座CRJ705、90座CRJ900等型号,逐步形成了完整的支线喷气飞机系列。CRJ系列支线飞机项目的成功确立了庞巴迪宇航集团在支线客机领域的霸主地位,并使其成为世界上第三大民机生产商。下图就是庞巴迪宇航公司主要的基本机型、改型及衍生型飞机发展路线图:

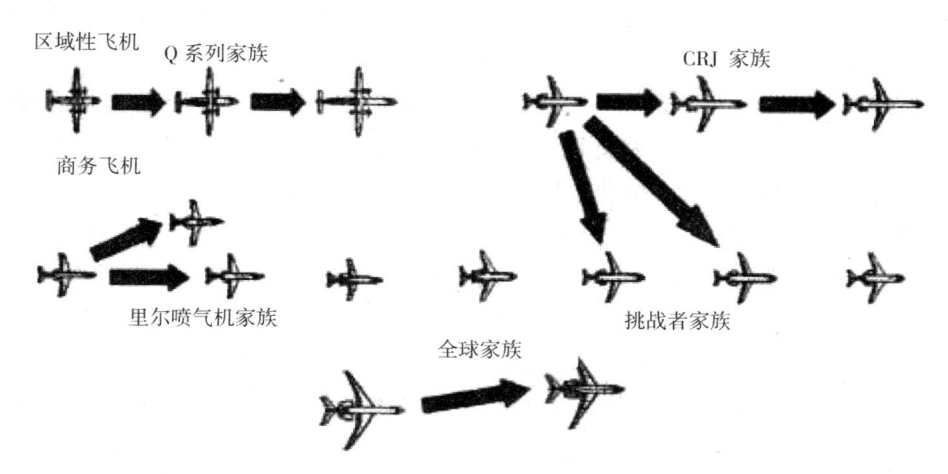

图1.3.1 庞巴迪宇航公司主要的基本机型、改型及衍生型飞机发展路线图

## 2. 庞巴迪民机产业链的演化历程

庞巴迪宇航集团主要研制生产公务机、支线飞机、商用飞机和水陆两用飞机。除此以外还经营特种航空项目和服务,可供北美和欧洲公务喷气飞机旅行者。该集团还提供客户支持和其他服务,如飞机内饰装修、飞行员和维护培训、飞机维护、技术支持和备件服务、服务设施和授权服务提供商的世界网络、为第三方提供部件制造等。庞巴迪宇航集团的收入主要来源于公务机和支线机市场。庞巴迪宇航集团的收入主要来源于公务机和支线机市场,是庞巴迪公司的两大业务板块之一。庞巴迪宇航集团总部设在加拿大魁北克省蒙特利尔国际机场附近的森特维尔,下设8个行政部门和5个业务部门,并拥有7个飞机生产厂,其中主要的四家是位于魁北克省圣洛朗的加空公司、位于安大略省唐唐斯维尤镇的德哈维兰公司、位于美国亚利桑那州威奇托的盖茨利尔喷气机公司以及位于北爱尔兰贝尔法斯特的肖特兄弟公司。

庞巴迪的主要的制造基地位于加拿大的蒙特利尔、多伦多,美国的堪萨斯州的威奇拓及北爱尔兰的贝尔法斯特,这些城市之间有便利的内河运输和海洋运输以及铁路、航空等运输条件,其中蒙特利尔——加拿大第二大城市是世界著名的

33

输出海港,现代化的港口总计有140个大小码头,同时也是加拿大铁路、航空总站所在地。而各制造基地的分工是:蒙特利尔是原加史所在地,主要负责CRJ、"挑战者"604和CL-415的总装;多伦多是德·哈维兰所在地主要负责德·哈维兰的"冲"8系列和"环球快车"的总装;威奇拓的利尔喷气公司负责"利尔喷气"系列飞机的总装,此外,庞巴迪的所有飞机都在这里的庞巴迪飞行中心进行试飞;位于贝尔法斯特的肖特公司负责庞巴迪飞机的部件制造,如"利尔喷气"45的机身。

3. 庞巴迪民机研制与产业链发展的特征与优势

(1)采取正确的市场战略。庞巴迪避开波音和空客的主战场,目标直指支线飞机。在机型整合方面,庞巴迪的民用飞机已经形成了系列化、成套化的产品模式,通过在基本型飞机商业成功的基础之上,相继推出改进型以及衍生型飞机,进一步满足了客户的需求,拓展了庞巴迪的市场份额。

(2)总部所在地形成了地区产业集群。在蒙特利尔,截至2016年,拥有200多家航空航天公司和机构提供4万余个职位,生产从电子组件、引擎等几乎所有的飞机部件,同时能够组装整机。由此,蒙特利尔成为全球为数不多的、在30公里半径内就可以找到供一架飞机所用的几乎所有必要零部件的地方之一。

(3)实施有力的政府支持政策。加拿大政府实施的支持政策包括直接的资本投资、减税、出口补贴、研发计划及财政刺激,这对加拿大飞机产业的发展有很大的促进作用。

(4)大学提供良好的人力资本支持。在蒙特利尔,目前有蒙特利尔大学、康科迪亚大学、麦吉尔大学和魁北克大学等4所综合大学、一系列专科学院、800多个研究所等,蒙特利尔岛的在校生人数密度名列北美第一,优秀的人才质量得到众多企业的赞赏,这为民机生产制造提供了有力的人力智力技术支持。

### 1.3.2 巴西民机研制与产业链发展的演化历程

1. 巴西民机研制的演化历程

巴西航空工业公司(ENBRAER)成立于1969年8月19日。以国家股份为主,少量私人股份为辅,因此在本质上是国家控股的公司,组建之初是国有企业,主要承担本国军、民用飞机的研制、生产和销售。20世纪90年代中期,巴西航空工业公司准确判断市场形势,及时抓住支线航空公司在欧美和亚洲迅速增加航线的机遇,调整主攻方向,开发生产"美国和欧洲工厂完全忽略的产品",集中实力于支线飞机市场。

20世纪80年代末90年代初,巴西面临由债务危机引发的经济危机,加之当时世界航空市场衰退,巴西航空工业公司一度陷入困境。巴西政府在1994年对巴西航空工业公司进行了私有化，引入社会资金和国外财团实现企业股权多元化，为企业发展提供外部市场机会和先进技术支持。目前，巴西航空公司不断加大科技投资，并充分利用国际合作研制和开发新产品，寻求新的融资方式，为企业的进一步发展奠定基础。这种国际合作在三个方面展开，即：融资和财务风险分担，技术和生产能力共享，以及市场开拓。在其新机型 ERJl 70/190 研发和制造过程中，巴西航空工业公司采取了以本公司为主、多国参与、风险共担的合作模式。该项目投资 8.5 亿美元（包括工装和启动费），涉及世界上 16 个航宇企业。

2. 巴西民机产业链的演化历程

巴西航空工业公司制造厂有位于圣若泽杜斯坎普斯的公司总部、伊尔尼奥·吉麦罗工厂、易莱博设备有限公司各工厂，以及位于博图卡图、加维奥·培肖特和塔乌巴特等城市的各处工业设施。其制造基地主要分布在加拿大、美国和英国。

巴西航空工业公司制造厂主要沿河分布，且分布较为集中，这样易形成产业集聚，降低民机制造的生产成本；以圣若泽杜斯坎普斯为中心的航空制造集聚城市间铁路、公路交通便利，同时内河航运发达。再者圣若泽杜斯坎普斯是新兴的航空工业中心，政府积极改善环境吸引外资和本国民企投资，在巴西航空工业公司附近建厂，生产相应的民机制造配套的零部件；同时该市设有航空研究机构和学校，巴西航空工业公司投入大量的资金积极开展各种培训和联合高校培养人才。

3. 巴西民机研制与产业链发展的特征与优势

(1) 强有力的政府政策支持

在巴西航空工业公司产生和发展的每一阶段（作为国有企业和作为私有企业），政府政策支持都起到了决定性作用。在促进和支持本国航空制造业发展的过程中，巴西政府并不局限于对产业发展提供保护，而是以保护性政策为基础，积极为产业的发展壮大提供政策支持。

(2) 国际合作，避免贸易摩擦

从巴西航空工业公司发展的经验看，国际合作在解决研发和市场开拓方面能够发挥重要的作用。从另一方面看，国际合作有利于部分解决政府的政策困境。政府采取的支持特定行业发展的政策措施在国际贸易关系中往往成为竞争对手对其进行反补贴诉讼的主要依据，这会直接影响到企业在国际市场上的发展。而通过建立战略联盟、风险伙伴关系等形式积极开展与国外企业的合作，事实上可有助于减少国外竞争对手针对政府政策支持的反补贴诉讼，避免一些贸易摩擦。

(3) 重视科技投入

巴西航空部于 1945 年组建了航空技术中心（CTA）（现改称航空航天技术中

心)及其附属机构巴西航空技术学院。为了帮助巴西航空工业公司增强产品开发能力,在公司成立后,巴西航空技术中心向公司移交了产品研制项目,退出了直接与飞行型号有关的大多数研制工作,而巴西航空工业公司则从空气动力学、机身制造等领域的研究积累和能力培训中获益。

(4)较完善的科技中介组织

巴西政府积极扶持科技创新的中介组织,通过中介组织了解、掌握企业的发展状况,并将政府的部分职能赋予中介组织。

①巴西创新技术研究协会(ANPEI)

该协会创立于1984年,总部设在圣保罗,属于非营利性机构,由政府、高等院校、科研院所和企业等方面的代表组成,目的是沟通政府与企业之间的联系。主要任务包括:与政府部门沟通信息,促进企业技术创新,主要协助政府实施产、学、研一体化工程;利用自身优势,密切联系企业,做好技术创新中介服务工作,以加速知识创新,实现产业化,协助企业提高技术水平和在市场中的竞争力;为企业提供技术咨询服务,每年为协会会员单位提供一份技术创新总结报告。同时,帮助企业培养管理人才和技术人才;执行政府授予的行政职能,进行ISO9000认证和科技型企业认证工作;为"国家技术创新基金委员会"提出项目拨款建议,帮助企业进行评估和论证工作。

②巴西中小企业服务中心

该中心是非营利机构,以提升中小企业的市场竞争能力为目标,主要在推动行业和地区经济发展、提升贸易能力、提供咨询服务、发展企业文化、促进技术创新和协助企业贷款等方面开展工作,特别是在促进企业技术创新方面,具体的措施包括:为企业提供孵化器,促进新型企业的创建和壮大;为了提升中小企业的技术水平,使其更具有竞争性,服务中心制订了对中小企业进行技术支持的计划。根据该计划,技术研究和开发机构为中小企业提供技术咨询服务,其中70%的费用由服务中心承担,30%的费用由接受服务的企业承担;服务中心与各地高等院校和科研机构共同为中小企业提供简单易行的技术方面的指导与咨询服务;服务中心为中小企业提供一系列形象设计的服务;为推动中小企业吸纳新技术,服务中心与工业小企业研究与开发全国协会共同制订并实施了技术动员计划。由一批专业顾问和技术人员帮助企业进行技术诊断、技术咨询和技术调整,如帮助企业提高产品质量、采用新的生产工艺等。

## 1.4 其他典型国家民机研制与产业链的发展历程

纵观日本、俄罗斯、印度尼西亚三个国家客机研制及产业链的发展历程,存在一些共性及差异。20世纪,三个国家都相继进行了大飞机协同研制的尝试,以"学习仿制—国际合作—自主研发"为探索路径推进着航空工业的发展,各自在全球航空产业中谋得一席之地,然而都因外部因素的影响使得航空工业遭到重创。不同的是,日本积极寻求产业转型,俄罗斯调整战略,试图振兴民机产业,而印度尼西亚由于存在"重制造、轻研发"的问题,注定不利于航空工业的可持续发展,一旦缺乏经济支撑,衰落也成为必然。

### 1.4.1 日本民机研制与产业链发展历程

在第二次世界大战期间,日本的飞机制造业就已初具规模,具有多家生产飞机主机、发动机及其附件和机载设备的基础和能力,经历了"二战"的失败,日本航空工业遭受了重创。1952年开始直到20世纪80年代,日本政府颁布了《日本航空工业企业法》《日本航空工业振兴法》《日本航空工业振兴法修正案》等一系列的法律法规以复兴航空工业。在1959年,为了开发自制的民航机——YS-11,日本政府成立了日本航空飞机制造株式会社("日本飞机制造公司",简称NAMC)。YS-11在1962年试飞成功,在1965—1970年共计交付180架飞机。进入20世纪70年代后,由于1973年至1974年爆发的第一次石油危机造成运输成本上升,以及来自波音公司的狙击,YS-11销售业绩迅速下滑,日本政府最后损失了330亿~360亿日元,自此完全放弃了民用飞机的独立研制。YS-11系列也成了日本唯一独立研制的支线客机。但是,从20世纪80年代开始,伴随着日本参与波音767、777、787等项目的合作研发,其民机产业开始探索转型发展。

1. 日本民机研制的演化历程

第二次世界大战结束,日本作为战败国被禁止从事航空产品的研究和制造,发达的航空工业随之完全解体,人员流散,企业转产。1952年这一禁令被解除,日本航空工业开始恢复,但由于当时日本民用飞机研制经费不足、国内市场小和研制现代航空产品的技术基础仍然薄弱,其后经历了航空修理、组装、仿制、自行研制和国际合作等阶段,最终政府确定了通过国际合作开发民用飞机的方向,通过转包业务参与主要民机机型、关键设备的研制来获取关键技术,逐渐积累资金和研发经验,最终提高自己的研发能力。表1.4.1、表1.4.2、表1.4.3分别展示了日本仿制的主要飞机型号、日本国际合作和自行研制的主要飞机型号、日本国际合作和自行研制的主要航空发动机。

表 1.4.1 日本仿制的主要飞机型号

| 飞机名称 | 仿制厂家 | 技术提供方 | 开始生产年 |
| --- | --- | --- | --- |
| F-86F 战斗机 | 三菱/新明和 | 北美(North American) | 1955 |
| F-104J 战斗机 | 三菱/川崎、新明和 | 洛克希德(Lockheed) | 1961 |
| F-4EJ 战斗机 | 三菱/川崎 | 麦克唐纳-道格拉斯(McDonnel Douglas) | 1969 |
| F-15J/DJ 战斗机 | 三菱/川崎、富士、新明和、日本飞行机公司 | 麦克唐纳-道格拉斯(McDonnel Douglas) | 1981 |
| P-3C 反潜警戒机 | 川崎/三菱、富士、新明和、日本飞行机公司 | 洛克希德(Lockheed) | 1981 |
| SH/UH-60J 大型通用直升机 | 三菱 | 西科斯基(Sikorsky) | 1988 |

注:"/"前为主承包商,其后为转包商。

表 1.4.2 日本国际合作和自行研制的主要飞机型号

| 飞机名称 | 研制生产单位 | 开始生产年 |
| --- | --- | --- |
| YS-11 支线客机 | 日本飞机制造公司 | 1964 |
| P-2J 反潜警戒机 | 川崎/富士、新明和、日本飞行机公司 | 1965 |
| T-2 高级教练机 | 三菱/富士、新明和、日本飞行机公司 | 1973 |
| F-1 对地攻击机 | 三菱/富士、新明和、日本飞行机公司 | 1975 |
| BK117 多用途直升机 | 川崎与原西德 MBB 公司合作 | 1977 |
| B767 干线客机 | 民用运输机开发协会(参与研制)、三菱、川崎、富士(生产),与波音公司合作 | 1980 |
| B777 干线客机 | 三菱、川崎、富士、伊留申(俄),与波音公司合作 | 1990 |

表 1.4.3　日本国际合作和自行研制的主要航空发动机

| 发动机名称 | 用途 | 研制生产单位 | 开始生产年 |
| --- | --- | --- | --- |
| J3 涡喷发动机 | 装备 T1-B，P-2J 飞机 | 日本防卫厅第三研究所、日本喷气发动机公司、石川岛播磨 | 1959 |
| FJR710 涡扇发动机 | 用于短距起落试验机 | 日本航空宇宙研究所、石川岛播磨、川崎、三菱 | 1971 |
| V2500 涡扇发动机 | 装备干线客机 | 日本航空发动机协会、石川岛播磨、川崎、三菱与普惠、罗尔斯·罗伊斯、MTU（德）、菲亚特（意）公司合作 | 1985 |
| F3 涡扇发动机 | 装备 T-4 中级教练机 | 石川岛播磨 | 1987 |

但日本不甘心在航空工业领域长期以来处于"小伙计"地位，1964 年在大型客机的研制方面，日本进行了初次独立尝试——YS-11 项目。为促进日本 YS-11 飞机项目顺利开展，日本政府整合了日本航空制造企业，并组建了日本飞机制造公司（简称 NAMC）。

NAMC 是由日本政府组织为有效实施 YS-11 项目出资联合三菱重工、富士重工、川崎重工、新明和工业、昭和飞行机、日本飞行机等几乎全部的日本航空制造业企业成立的，该公司的组织机构也包括三层，即决策层、职能层、执行层，见图 1.4.1。决策层由政府、三菱、川崎、富士、石川岛播磨及新明和等董事组成，政府负责机型研发项目等的总决策和大部分研发资金的投入；而职能层由三菱、川崎、富士、石川岛播磨及新明和等五家日本航空工业骨干企业构成，负责研发设计、制造部门、商务部门、财务部门等职能；而执行层由当时日本的 24 家航空企业组成，负责飞机机体、系统及零部件的制造。如飞机机体及系统由三菱、川崎、富士、石川岛播磨及新明和负责制造，而所需的相关零部件主要由小丝精密工业公司、住友精密工业公司、帝人制机公司、东京航空计器公司、日本航空电子工业公司、三菱精密公司、横洪橡胶公司、营场工业公司、关东航空计器公司、岛津制作所、神钢电机公司、大金工业公司、东器梅克公司、横河电机公司、三菱电机公司以及横河电子机器公司等相关航空制造企业制造；同时政府和三菱重工负责飞机的销售，三菱重工也掌管飞机的售后服务。

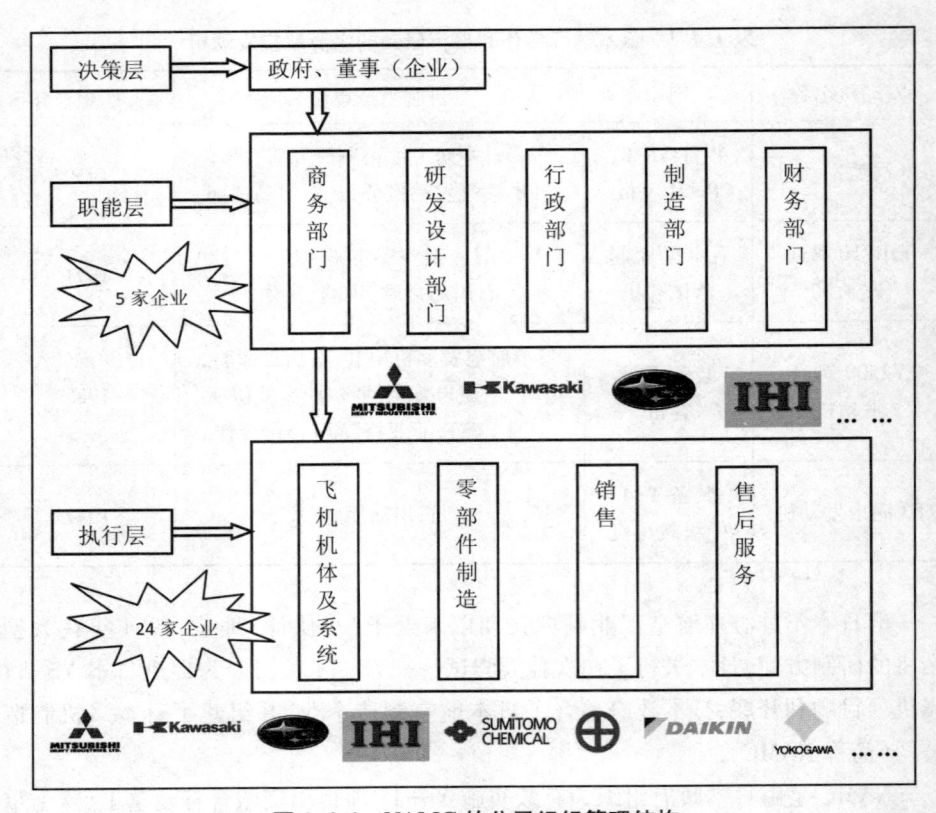

图 1.4.1　NAMC 的公司组织管理结构

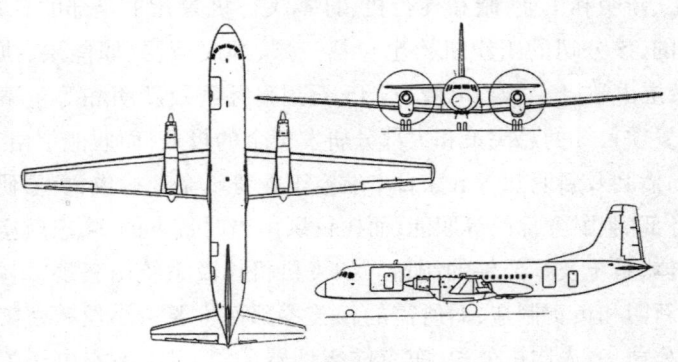

图 1.4.2　YS-11 机型三面图

1962—1974 年,日本飞机制造公司先后研制了 YS-11-100 等 6 种 YS-11 机型(如图 1.4.2)和 YS-11C 等 7 种特殊用途飞行机,其中,在 1965—1970 年这短短的五年时间内,就研制了改良型的 YS-11A、YS-11A-400、YS-11E、YS-11EC、YS-11FC、YS-11M、YS-11NT、YS-11T 等飞机,如表 1.4.4 所示。可知日本研制 YS-11 系列飞机的时间周期比较短,这得益于日本具有雄厚的航空工业基础和国家在财政、政策等方面的大力支持以及积极同欧美飞机制造企业展开航空项目技术合作。

表 1.4.4　日本独立研制的 YS-11 系列飞机简介

| 型号 | 简介 |
| --- | --- |
| YS-11 | 原始机型,正式名称为 YS-11-100 |
| YS-11A | 改良型,旅客型-200、客货两用型-300、货物型-400(日本海上保安厅运输机) |
| YS-11C | YS-11A-400 的航空自卫队运输机专用型式 |
| YS-11E | 航空自卫队的电子对抗训练使用机型 |
| YS-11EC | 航空自卫队的电子情报任务使用机型 |
| YS-11FC | 航空自卫队的飞行试验机 |
| YS-11M | 海上自卫队运输机 |
| YS-11NT | 航空自卫队的飞行训练机 |
| YS-11T | 海上自卫队的机上作业训练机 |

2. 日本民机产业链的演化历程及其趋势

(1) 萌芽期(1953—1959)

早在第二次世界大战期间,日本的飞机制造业就已初具规模,具有三菱重工业公司、川崎重工业公司、石川岛播磨重工业公司、富士重工业公司、日本飞行机公司、昭和飞行机公司、新明和工业公司以及佳木科公司等航空企业 24 家,30200 个职工,其中,三菱和川崎等 7 家航空制造企业具有研制飞机及其发动机能力;而小丝精密工业公司、住友精密工业公司、帝人制机公司、东京航空计器公司、日本航空电子工业公司、三菱精密公司、横洪橡胶公司、营场工业公司、关东航空计器公司、岛津制作所、神钢电机公司、大金工业公司、东器梅克公司、横河电机公司、三菱电机公司以及横河电子机器公司等企业具有研发和制造飞机附件和机载设备的基础与能力。而战后日本仅存的几家飞机制造公司只能靠为美军修理飞机来维持运营,日本的飞机制造业一直处于停滞状态,直到 1952 年航空制造禁令被解除。随后日本政府就制定了"航空工业企业法",采取一系列保护和优惠政策。

(2) 成长期(1959—1971)

1956 年日本政府从技术层面、政治层面、经济层面综合考虑,以一种双引擎涡桨运输机为突破口,发布了《中型输送机国产化计划》,提出开发自制的民航机——YS-11;在 1957 年,通商产业省主导成立"输送机设计研究协会",具体负责YS-11的研制工作,随后日本政府在政策和经济上对YS-11计划给予了极大的扶持,并在1958年航空工业从仿制转向自行研制,政府颁布了《航空工业振兴法》,从投资和税收等方面给予优惠,正式启动YS-11的设计工作。在1959年,日本政府以"输送机设计研究协会"为基础,由日本政府组织,联合三菱重工、富士重工、川崎重工、新明和工业、昭和飞行机、日本飞行机等几乎全部的日本航空制造业公司,由三菱重工主导,成立日本航空机制造株式会社,并先后投入42亿日元,控制了NAMC股份中的55%。

为了更有效地促进民机产业的快速发展和YS-11项目顺利开展,日本政府和NAMC公司加大国内航空企业相对集中分工协作的力度,从多个角度开发航空产品,使规模小而分散在各大公司内的航空企业组织起来,集中力量突破重点项目,加强组织开发,共同承担先进而大型的项目,并重视新产品开发、研究工作;同时积极与欧美国家进行航空项目的合作研制,从事转包生产零部件或提供附件与机载设备以及合作研制新型飞机和发动机,获得比较多的民机制造技术,以减少风险和取得研究、设计、生产、销售及售后服务的整套经验。

在多方的努力下,1962年,日本航空机制造株式会社在新三菱重工所属的小牧工厂完成了YS-11原型机的装配,同年8月30日在名古屋首飞成功,并在1965年获得了美国联邦航空管理局(FAA)颁布的型号证明,由此具备了外销的资格,自此日本民机制造也实现了独立研制,同时在1965年至1970年短短的5年间,日本航空机制造株式会社先后推出了6种YS-11的改型以及为日本航空自卫队开发了7种特殊用途飞行机,共交付了180架飞机,标志着日本航空机制造株式会社达到独立研制和快速发展民机制造业的时期。

(3)衰退期(1971—1982)

进入20世纪70年代后,由于石油危机和当时立志于一统支/干线客机市场的波音公司的阻击,使得YS-11的运营成本直线上升,外销势头急转直下。1974年,最后一架YS-11下线并交付给了日本海上自卫队,YS-11的生产线随之关闭;1982年,日本航空机制造株式会社正式解散,已交付的YS-11的售后服务转由三菱重工负责。

(4)产业转型——从零部件到整机(20世纪80年代至今)

20世纪80年代,波音767项目打开了日本航空产业转型发展的大门。1978年,波音公司确定研发767飞机。当时,日本正计划发展YS-11的后续机型,但最初的5个方案均因找不到合适的发动机而作罢。最终,日本决定研发200~250座的YX-D,并采取国际合作研发的方式。在了解了日方的意图后,波音提议将YX-D纳入767项目,项目所需的11亿美元研发费用由美日意三国以70%、15%、

15%的比例来分担。日本很快同意了波音的提议。三菱重工负责767的后机身和舱门，川崎重工承担前机身、中机身及货舱门，富士重工负责整流装置和起落架，日本飞行机负责主翼架，新明和承担水平尾翼架。波音767项目让日本企业掌握了一部分飞机研发生产的关键技术，民机产业研制能力得到快速发展。

之后，日本企业凭借卓越的产品质量与严守交货周期赢得了波音的青睐，先后参与波音777和波音787项目的研发生产。其中，777项目日本企业获得21%的生产包，787项目获得35%的生产包。三菱重工更是首次承担了主翼的研发生产任务。更重要的是，787项目还为日本企业打开了另一扇门——其擅长的复合材料生产工艺在民用飞机生产领域得以施展拳脚。在碳纤维增强复合材料（CFRP）领域，东丽、东邦（帝人）和三菱丽阳等三家企业分别成为波音和空客公司重要的战略合作伙伴。

除参与波音公司的项目外，日本企业作为零部件供应商还积极参与空客飞机的生产。从A330、A340开始，有8家日本企业先后参与其中。到了A380，更是有三菱重工、富士重工、普利司通、卡西欧等21家企业参与研制。

通过与民机巨头长期合作，日本航空制造企业的技术实力和生产能力得到了明显提高，一些零部件生产企业在世界上处于领先水平。在此基础上，日本逐步树立起重振民用飞机产业的雄心。2003年，日本经济产业省主导制订了《航空航天产业创新计划》，政府出资的新能源产业技术综合开发机构（NEDO）策划了"环保高性能飞机研究开发项目"，意欲推动日本国产客机的研发。三菱重工参与了该计划，在2008年正式确立MRJ项目，专门组建了三菱飞机股份公司。在经过5次延期之后，2015年11月支线客机MRJ（如图1.4.3）成功首飞，三菱重工初步实现了从零部件供应商走向整机厂商的目标。

图 1.4.3　支线客机 MRJ 示意图

由MRJ项目重启的飞机整机研发，被日本政府视为其"重振飞机产业最大，也是最后的机会"。在2015年底公布的《飞机产业蓝图》中，日本政府决定以民用客机研发为契机，全力加强飞机产业链上的薄弱环节，如客户服务、航空金融等，以自身强势的材料、零部件、机体、发动机等产业为基础，实施产业链逆向整合，努力构建全产业链。

### 1.4.2 俄罗斯民机研制与产业链发展历程

俄罗斯航空工业一直以来都是世界航空工业中的一支重要力量。苏联鼎盛时期建立起强大的航空工业体系，能够研制、试验、生产几乎所有类型的现代航空装备。在创造辉煌的20世纪60—80年代，全苏联的航空工业企业、研究机构已达到300余家，整个行业从业人数高达70万人。

但在1991年的一场巨变结束了70年历史的苏联，也使其引以为傲的航空工业深受重创。对基于战略大格局配置的航空工业来说，分裂不但使科研机构、生产企业、技术人员流失，也意味着将技术领先的宝座拱手相让。继承了苏联大部分航空工业的俄罗斯在相当长的一段时间内并没有很好地解决这一问题。由于没有国家订购、不擅长市场经济等原因，俄罗斯航空工业的大部分研究机构、设计局、生产企业相当长的时间内处于破产边缘。

俄罗斯航空工业的衰落已是不争的事实。航空业界对此忧心忡忡，俄政府也并没有等闲视之，都在从不同的角度尝试着把航空工业从泥潭中拖出来，使之重新复苏。包括改装飞机发动机和电子控制系统，采用其他国家生产的发动机；增加政府采购；推进私有化等。

1. 俄罗斯民机研制的演化历程

俄罗斯的民机研制是以政府主导的形式发展的。科研体系主要由以茹科夫斯基中央空气和流体力学研究院、巴拉诺夫中央航空发动机研究院、国家航空系统科学研究院、全俄航空材料研究院和格洛莫夫飞行试验研究院5家国家级航空研究机构为主，另外还有为全行业服务的部门级航空科研机构，以及各企业集团和大学的科研机构等。

国家级科研机构由国家拨款支持，国家拨款约占总经费的四分之三。国家级科研机构主要职责是承担前瞻性航空科研项目的研究，对各设计局提出的设计方案做国家级鉴定，对飞机第一次飞行的可能性和安全性给出最终结论，编制国家航空技术发展大纲，制定适航性标准和其他一些国家规定性文件等。

在科研生产制造方面，苏联的航空工业体制与西方国家不同。科学研究、设计、生产分为三个独立的体系，由苏联航空工业部共同领导，采用生产单位合理分工制。研究单位从事基础研究和应用研究,编制设计手册、材料标准、工艺手册等规范性技术资料,提供设计和生产部门使用。设计局负责型号研制。一般设计局都有自己的试制工厂和试飞基地。研制出的飞机验证合格后直接交给工厂生产。表1.4.5是俄罗斯主要民机研制和生产机构。

表1.4.5 俄罗斯主要民机研制和生产机构

| 分类 | 数目 | 名称 |
| --- | --- | --- |
| 国家级航空研究机构 | 5 | 茹科夫斯基中央空气和流体力学研究院、巴拉诺夫中央航空发动机研究院、国家航空系统科学研究院、全俄航空材料研究院和格洛莫夫飞行试验研究院 |
| 飞机设计局 | 11 | 苏霍伊设计局、米高扬设计局、图波列夫实验设计局、雅克夫列夫设计局、别里耶夫设计局等 |
| 飞机批生产厂 | 12 | 莫斯科航空生产联合企业、伊留申航空联合体股份公司、乌里扬诺夫斯克的"航星"航空生产联合体、伊尔库茨克飞机生产联合体、下戈罗德的"雄鹰"航空制造厂、沃罗涅日飞机制造股份公司、新西伯利亚飞机制造联合体等 |
| 直升机设计局 | 2 | 米里设计局、卡莫夫设计局 |
| 直升机批生产厂 | 4 | 喀山直升机厂联合股份公司、乌兰乌德航空厂联合股份公司、罗斯托夫直升机联合股份公司等 |

因此,俄罗斯的国家政治形势和经济实力对航空产业具有深远影响,这也是苏联解体后,航空产业遭受重创的根本性原因。俄罗斯的民机产业发展明显分为四个阶段。

(1)学习欧洲,迈出民机研制第一步

在1917年革命军队成立伊始,苏联红军就组建了"全俄航空管理委员会"。它的职责就是"整顿烂摊子",振兴苏维埃联盟共和国的航空事业。在20世纪20年代初开始不断引进国外样机,并据此予以解剖消化,进而逐步加强本国设计师的独立设计能力。1924年诞生的三座小客机阿克-1(AK-1)"拉脱维亚射手号",如图1.4.4所示,它是苏联国产旅客机的鼻祖。值得一提的是,虽然苏联民航早在1923年2月诞生,但使用的机种还是德国的容克13(Ju13)。到了1939年,苏联政府已经使它的国内航线总里程从十年前的10700公里增长到了36255公里。在"二战"时,民航一度全部转为军事服务,但就算在最严峻的战争时期,1943年苏联开始着手制造自己未来的民航飞机,其中第一代成功的型号就是后来成为20

世纪50年代苏联民航机主力的伊尔-12和伊尔-14。

AK-1

图1.4.4　阿克-1(AK-1)

（2）发展迅猛，跻身世界一流

战后一年间，近乎瘫痪的苏联民航开始复苏。政府将航空航天产业作为战略产业，一直予以高度重视和大力支持，加之规模巨大的计划经济和广阔的国土面积和社会主义阵营的领头国家地位，苏联的航空工业得到了长足的发展。20世纪五六十年代，苏联航空工业为其民用航空系统推出了两种引以为豪的民用机型：一种为外形优雅的伊尔-18型干线旅客机"莫斯科人"，另一种是号称在世界上最早得到实用的纯涡轮喷气动力旅客机，造成了世界航空界的轰动，成为苏联民航的一块金字招牌。到第一种洲际旅客机开辟了当时全球最长的往返于莫斯科和哈瓦那之间的民航定期班线，苏联民用客机的春天到来了。到苏联民航建立50周年之际(1973年)，全苏已拥有2000架中型以上的民用运输机和直升机，外加大量的农用飞机和轻小型通用飞机。全民航从业人员总数达40万，航线总里程65万公里，拥有4000个国内民用机场和71个国家的境外着陆权。

（3）政局动荡，内忧外患严重

1991年底苏联解体后，俄罗斯一直处于政治、经济、金融的不断震荡之中，国家经济持续下滑，航空业遭受了极为严重的打击，实验设计研究拨款大幅下降，生产和从业人员持续下降，人才外流严重，飞机的飞行试验和技术研究工作也都陷入艰难维持或者中断的状态。虽然俄罗斯的经济体制改革从一开始就把保护和发展航空工业作为国家的基本国策，但是俄罗斯政府在实际的执行方针和力度上却远远偏离上述方针。1991年，俄罗斯生产了150架民用飞机和620架军用飞机。但是到了1998年，总共只生产了13架飞机、50架直升机和49台发动机。2000年，整个俄罗斯航空只生产了21架军用飞机和4架运输机。到了2003年，俄罗斯的11家航空公司只生产了9架民用飞机。如果说,在20世纪90年代苏联还占有着25%的世界民航市场,那么从90年代中期开始,俄罗斯的民机市场份额已经降为零。此外,由于俄罗斯的航空工业有着不同于西方的工业体系和标准,安全标准、机场基础建设标准等均不同于国际通用标准,这也是影响到其民航业发展的严重障碍。

(4) 调整战略,振兴民机产业

苏联解体以来,俄罗斯不断对国防工业进行调整,国防工业管理体制已经变化了十一次。领导国防工业的机关依次有:工业部(1991年)、俄罗斯国防工业委员会(1992年)、国家国防工业委员会(1993年)、国防工业部(1996年)、经济部(1997年),在普京总统上台期间,还委任专门的副总理负责国防工业。航空工业也不断随国防工业管理体制的调整而调整,并制定了一系列政策,使其航空企业积极主动地融入市场竞争中。俄罗斯航空工业走上复兴之路后,一直将民机作为重点发展,大力提高民机的全球市场份额,实现军机、民机齐头并进,取得了不俗的成绩。SSJ-100飞机顺利进入海外市场、MC-21飞机完成首飞、中俄联合研制的CR929远程宽体客机开始进入设计阶段。

**图 1.4.5　SSJ-100 RA-89079 架机在索契机场**

如图 1.4.5 所示的 SSJ-100 是俄罗斯民机产业进军国际市场的探路石,是俄罗斯唯一一款按照西方适航标准设计的客机,采用了以前国产飞机未使用过的技术。SSJ-100 由俄罗斯联合航空制造集团(UAC)旗下的苏霍伊民用飞机公司(SCAC)设计和生产,项目于2000年初启动,2007年9月下线,2011年4月投入运营。俄罗斯航空公司(Aeroflot)是该机的启动用户和最大用户。到2018年9月,SSJ-100 客机共收获518架订单,已经交付136架。而 MC-21(图 1.4.6)项目承载着俄罗斯21世纪民用航空复兴的重任,俄罗斯对其提出了"与 A320neo 和波音737MAX 相比要具备更优越的经济性"这一竞争性要求。MC-21 干线客机是俄罗斯最新民机技术的集大成者,是俄罗斯民用航空产品的重中之重。

图 1.4.6　MC-21 飞机首飞

2017 年 5 月 28 日,MC-21-300 完成首飞。与 SSJ-100 支线飞机项目相比,为有效提升 MC-21 在国际市场的竞争力,MC-21 的国产配件使用比例将超过 50%。CR929 远程宽体客机是中俄联合研制的双通道民用飞机,以中国和俄罗斯及独联体市场为切入点,同时广泛满足全球国际间、区域间航空客运市场需求。CR929 远程宽体客机采用双通道客舱布局,基本型命名为 CR929-600,航程为 12000 公里,座级 280 座。此外还有缩短型和加长型,分别命名为 CR929-500 和 CR929-700。2017 年 9 月 29 日,中俄国际商用飞机有限责任公司(CRAIC)在中国商飞公司举行宽体客机项目命名正式发布仪式。2018 年 11 月 6 日,在第十二届中国国际航空航天博览会上,中俄国际商用飞机有限责任公司(CRAIC)与其母公司、中国商飞公司(COMAC)与俄罗斯联合航空制造集团公司(UAC)联合为 CR929 远程宽体客机展示样机揭幕(如图 1.4.7)。2018 年 12 月 26 日,CR929 项目复合材料前机身攻关全尺寸筒段(15 米×6 米)顺利实现总装下线。这是继展示样机之后,CR929 项目的又一阶段性成果。

图 1.4.7　CR929 远程宽体客机展示样机

## 2. 俄罗斯民机产业链的演化历程及其趋势

俄罗斯航空工业在其发展历程中注重体制改革,强调整合发展之路,积极组建"生产联合公司"和"科研生产联合公司"。生产工厂按部长会议于1974年批准的"生产联合公司条例"建立航空生产联合公司。如飞机生产联合公司,按专业分工从事一定类型和用途的飞机的成批生产,由飞机或直升机批生产的主制厂、分厂和其他有关企业组成。生产联合公司有利于生产的集中化和专业化。集中化,即把生产集中在更大的企业里进行,建立自动化管理系统,保证任务饱满,达到规模效应。专业化,即一个生产联合公司或企业生产同一种产品。苏联各飞机生产联合公司按不同飞行重量的飞机分工(轻型、中型、重型飞机),各发动机生产联合公司按生产的发动机型别分工。公司内有零部件专业化工厂,厂内又按一定工序或生产阶段组织工艺专业化的生产。这样做,首先,有利于提高专业技术水平;其次,企业在联合中可以促进知识共享、信息共享,并且通过相互学习,形成新的知识和技能,从而提高运作效率;再者,联合中通过风险共担,公司能够把握伴有较大风险的机遇;此外,加强了合作者之间的技术交流,能够使他们在各自独立的市场上保持竞争优势,与竞争对手结成联盟,可以把竞争对手限定在它的地盘内,避免双方投入大量资金展开两败俱伤的竞争。

同时,根据部长会议在1975年批准的"科研生产联合公司条例",民机产业积极组建科研生产联合公司。例如飞机科研生产联合公司,由实验设计局及其驻厂设计组和下设的若干个专业设计室与实验室、试制厂、试飞修改基地组成,其主要任务是研制新机种以及改型。科研生产联合体,首先,密切了研制环节与制造环节的联系,利于消除试制企业与科研设计人员之间的误会和争执,进而缩短科研和生产周期;其次,上下游企业之间存在着资源的依赖性和经济活动的互补性,这种纵向联合能够使分散资源和经济活动在联合中得到新的组合和延伸,从而降低企业交易成本,提高资源利用效率,进而提高企业获利能力。

苏联解体后,为了保持其科研、生产和技术潜力,避免内部恶性竞争,降低生产成本,提高产品的市场竞争力,俄政府决定实行民机产业的战略整合,进行规模化经营。通过将数个相关设计局、研究所、工厂、企业联合起来建立大型企业集团的做法,把科研、设计、试验、生产、销售和售后服务紧密结合为一个有机整体进行统一管理。例如,图波列夫航空科技联合体、萨马拉飞机工厂和塔干罗格飞机工厂合并为图波列夫公司;雅克夫列夫设计局、萨拉托夫飞机工厂联合组建了雅克夫列夫公司;等等。

2005年2月22日,俄罗斯国务委员会主席团会议决定组建统一的联合航空制造集团(OAK)。2006年11月13日,俄罗斯联合航空制造集团公司正式组建,公司将注册法定资本967.2亿卢布(约合87亿人民币),其中国家占有90.1%。2007年4月,第一阶段任务结束,完成合并伊尔库特、苏霍伊、伊留申和图波列夫飞机制造公司的股份。

如今,俄罗斯航空工业加强了国际合作,产业链开启了融入全球民机市场的新征程。以SSJ-100项目为例,俄罗斯引入了国际通行的风险合作机制,超过30家国外系统及配件供应商应邀参加。在SSJ-100的飞机部件和系统中,俄罗斯产品的价值仅占全机价值的15%,其余主要系统来自美国、法国、德国和瑞典。俄罗斯还与意大利阿莱尼亚航宇公司建立了全面战略合作伙伴关系,由其帮助苏霍伊民机公司拓展欧洲市场;苏霍伊公司和阿莱尼亚航宇公司还在意大利建立了一家合资企业——超级喷气国际公司(SJI),为全球SSJ-100飞机客户提供维修保障。另外,为了重振航空工业,俄罗斯也在尝试加强与中国的合作,希望通过合作,充分发挥各自的优势,即俄罗斯企业的制造潜能和中国的巨大市场即资金支持,实现共赢。

### 1.4.3 印度尼西亚民机研制与产业链发展历程

在东南亚的众多国家中,印度尼西亚有着最为完整的航空工业体系,这得益于它较早地与欧洲国家合作。印尼的航空工业不仅能够满足国内陆、海、空三军的装备保障要求,还能够独立地研制和生产军用与民用直升机及固定翼飞机,一些机型的技术水平甚至与欧洲保持同步。然而,这种完全依靠国家投资,重制造、轻科研,且在短期内快速发展起来的航空工业,一旦遇到国家的政策调整,或者外来的不可抗力而失去资金支持,其停滞甚至衰落也就不可避免。

1. 印度尼西亚飞机研制的演化历程

印度尼西亚飞机研制的历程,这里以其型号演化进行说明,如表1.4.6所示。印度尼西亚飞机的研制最早是通过与波兰、德国、西班牙等欧洲国家展开航空技术合作、实施技术转让,来提升飞机制造能力,其中生产了PZL-104、Bo105、C212等众多型号的固定翼飞机和直升机,而真正开展民机的研制是1979年国营努达尼奥飞机工业有限公司与西班牙CASA公司合作研制40~44座的CN-235,双方生产的飞机都可以向国际市场出售,该型号也在全球销售状况良好,标志着印尼航空工业已经逐步完善,并具备了独立的科研和生产能力,也使印尼成为亚洲为数不多的能够独立研制和生产飞机的国家之一。

1985年,国营努达尼奥飞机工业有限公司在整合了国内的科研和生产力量之后,改名为印度尼西亚飞机工业有限公司(IPTN)。IPTN总部及主要的生产与科研设施位于万隆,95%的职工均在此处;武器系统分部分设于打横及巴都波隆两地;商务处位于雅加达。而 IPTN 采用的是以政府为主导的金字塔式组织管理模式,具体组织管理机构分为决策层、职能层、执行层三个层次。决策层均由政府指定的董事长及若干董事组成;职能层由两名董事及若干职能处(如商务处)组成,协助董事长工作;而执行层由武器系统分部、制造分部、固定翼飞机分部等组成,如图 1.4.8 所示。这种管理模式,便于利用国家的财政资金、优惠政策,高度集中统一规划和管理航空制造工业,整合航空工业的所有资源,可以在短期的时间内实现相关飞机产品的研制。

1989 年,印度尼西亚飞机工业有限公司(IPTN,原国营努达尼奥飞机工业有限公司,以下简称 IPTN)独立研制了 50～54 座的新一代支线飞机 N250;1994 年,根据市场的变化研制了 60～70 座的 N250-100 型支线飞机,后来还有更加长型的 N-270 计划。N250 研制计划得到了印尼政府的大力支持,其中包括 11 亿美元的研制资金支持,印尼航空工业曾一时之盛。在研制 N250 的同时,印尼政府还在 N250 的基础上提出了一个 100 座级的 N2130 喷气客机计划。

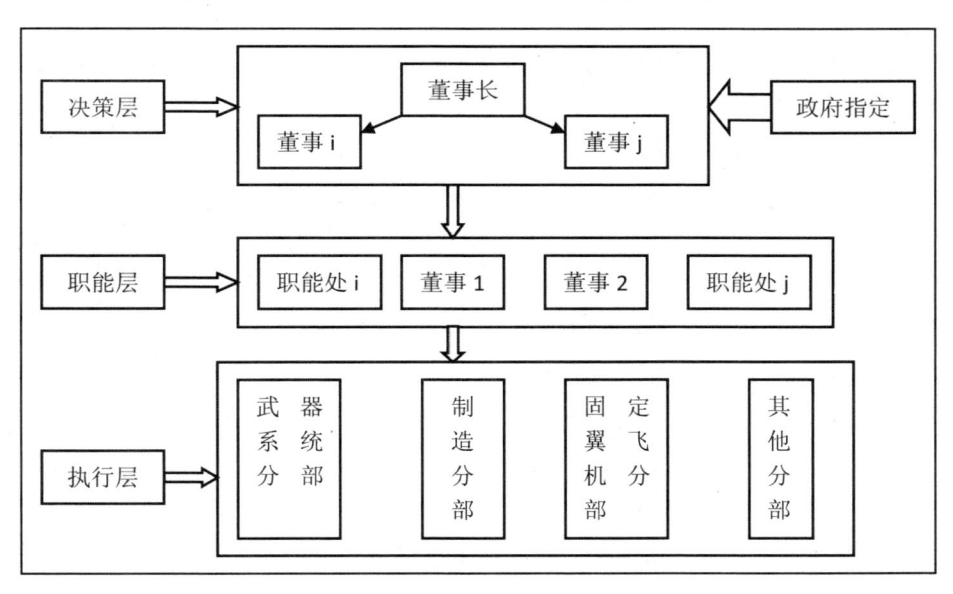

**图 1.4.8　印度尼西亚飞机工业有限公司组织管理结构**

然而,1997 年亚洲金融危机爆发了,印尼政府由于将过多的资金投向航空工业而引起了国际货币基金组织的指责。此后,虽然国际货币基金组织答应向遭受重创的印尼政府提供资金支持,但是严格限定"不得向航空工业投一分钱"。印尼航空工业在美梦正酣之时被人当头一棒,非但大飞机之梦成为泡影,整个航空工业也难逃衰退的命运。

表1.4.6　印度尼西亚飞机主要型号演化历程

| 时间(年) | 背景 | 代表型号 |
| --- | --- | --- |
| 1960—1979 | 与波兰、德国、西班牙等国家合作 | PZL-104、Bo105、C212 |
| 1979—1987 | 与西班牙合作 | CN-235(标志印尼航空工业的逐步完善) |
| 1987—1997 | 独立研制 | N250、N250-100、N270(只造出3架原型机后停止发展)，N2130(计划,后因亚洲金融危机停止) |

2. 印尼飞机产业链的演化历程及其趋势

(1)军用飞机起步,整合航空体系(1946—1976)

印度尼西亚航空工业的起步和发展是基于军方需要和支持,依靠技术转让提升航空制造能力,同时政府加大对航空工业的投资力度,出台了多项政策对航空工业进行整合与改组,为印度尼西亚航空工业生产、制造、研制客机提供了所需的原始资金、政策、技术、人才、管理等方面的资源。印度尼西亚航空工业的起步是从1946年印尼空军下属的空军计划建设局组建开始的,最初其在马格丹(Magetan)组建了一个主要用于制造航空基础材料及空军训练滑翔机的小型工厂,并于1948年成功地制造出RI-X小型飞机。为了加强自身的科研力量,马格丹制造厂在1953年组建了试验分部,负责飞机的设计和测试,并在此后的3年里试验了3种全金属单座飞机。1957年,按照印尼空军的决定,试验分部从马格丹制造厂独立出来,主要负责军用飞机的设计、试验以及后期测试等工作;1958年,试验分部完成了轻型训练飞机"蝗虫89"的设计和试飞工作;1960年,印尼空军组建航空工业筹备委员会(LAPIP),并开始同波兰、德国、西班牙等欧洲国家接洽,这在很大程度上提升了其航空制造能力。而1965年,印尼政府对LAPIP进行拆分和重组,组建了隶属于空军的飞机制造项目执行司令部和隶属于印尼政府的独立飞机工业国家公司(PN),这为航空工业获得国家的资金、政策、人才支持铺平了道路,促使印尼的航空工业正式成为国家工业体系的重要组成部分;同时为了满足航空工业对人才的需要,印尼万隆技术学院(ITB)专门开设了航空机械专业,为航空工业培养各方面的人才。

(2)与欧洲国家合作,联合研制发展(1976—1997)

印尼航空工业的快速成长得益于国家一直把发展航空工业作为一项重要国策,不断加大对航空工业的投资力度,陆续出台了多项政策对航空工业进行整合与改组。印尼航空工业进入发展的快车道是从1974年哈比比接管PN开始,本着重视制造的发展思想,加大力度学习西方先进技术,引进西方有经验的专家,派出大批技术人员到西方学习航空制造技术。公司取得了在小型飞机以及直升机的设计、制造方面的巨大成就,并深入地同欧洲国家开展技术合作,特别是在1979年10月,印尼和西班牙签署协议联合研制的CN235支线运输机,使得印尼具备了飞机独立的科研和生产能力。双方约定在马德里成立航空技术工业公司,负责联合研制事务。根据当时的合同规定,在印尼的万隆和西班牙的加的夫各建一条CN-235总装线,研制费用和设计生产工作由两家公司均摊。具体分工是:西班牙航空制造公司制造机翼中段、内侧襟翼、前机身和中机身。国营印度尼西亚飞机工业有限公司负责生产外翼段、外侧襟翼、副翼、后机身和尾翼。

(3) 金融危机爆发,大飞机梦破碎(1998年至今)

由于地缘政治的影响和国际货币基金组织(IMF)对印尼经济改革的压力,印尼政府宣布停止对IPTN的补贴和减税,印尼航空工业走向衰落。在这个阶段,面对支线客机的成功,IPTN整合了国内的科研和生产力量,并在1985年,IPTN集中技术力量在CN235基础上对支线客机进行改进,提出研制70~90座级别的支线客机的计划,同时印尼政府在N250基础上还提出了100座级的N2130喷气客机计划,印尼政府给予IPTN包括11亿美元的研制资金的大力支持,使得IPTN在很短的时间内获得N250的研制成功,然而由于亚洲金融危机的爆发,国际货币基金组织禁止印尼政府将资金投向航空工业,使得IPTN 100座级支线喷气机N2130成为泡影,整个航空工业也走向衰退。

## 1.5 中国大型客机协同研制的发展历程

大型飞机是指总重量超过100吨的运输类飞机,包括军用、民用大型运输机,也包括150座以上的干线飞机。作为大型战略性高技术装备,大飞机的研制兼有政治、经济、国防、技术四重意义。在政治意义上,大飞机能够反映一个民族、一个国家的能力,在鼓舞民族精神、提高民族自信心方面,其价值不逊于"两弹一星"和太空飞船;经济上,大飞机具有巨大的市场盈利空间;从国防上看,若大飞机研制成功,将使中国实现大型军用飞机的国产化,进一步增强国防实力;从技术上看,大飞机处于产业链的顶端,堪称拉动工业技术链条的"总龙头",其研制必将有力地拉动中国的技术进步和产业升级,强化民族工业的力量,提升中国在国际产业分工中的地位。

### 1.5.1 客机协同研制的探索阶段

20世纪60年代到90年代是世界航空工业发展最快的40年,军、民机都取得了突破性发展。美国波音公司、欧洲空客公司、巴西航空工业公司、加拿大庞巴迪公司这个时期得到了快速发展。相比之下,中国航空工业,由军机制造转为民机制造的发展历程却一波三折。

**1. MA-60(新舟60)**

中国民机的研制起步于1966年,1966年4月,国家下达研制Y-7(运-7)飞机的任务,1968年3月完成全部设计并投入试制。1970年12月第一架原型机首次试飞,之后用两架原型机分别进行机载成品鉴定和飞机设计定型鉴定试飞。1980年完成了换装大功率发动机的论证、设计、生产及鉴定试飞。1982年7月,国家产品定型委员会正式批准Y-7飞机设计定型,同意进行批量生产,设计定型前,共研制生产了8架飞机,用于静力、疲劳试验、飞行试验和使用实验。1984年正式向中国民航局交付,1986年5月正式编入航班投入客运,打破了外国飞机垄断中国民航客运的状况。然而由于Y-7直到20世纪80年代中期才真正形成批量规模,噪声和舒适性早已落后于国际水平,因此民航和乘客都不喜欢Y-7。

运-7运输机是由中国航空工业西安飞机工业公司研制生产的双发涡轮螺旋桨中短程运输机。后来根据Y-7又衍生出一大批机型,1986年开始将Y-7改装成Y-7-100,增加了众多系统同时载客增加到52人,能满足在复杂气象条件下起飞、航行和进场着陆的要求,提高了基本性能和舒适性,该机型于1987年投入运营,曾一度形成过50余架的市场保有量,然而故障率相对较高导致运营成本高,逐渐退出了主流客运市场的竞争。

Y-7-200A机型在继承了Y-7的安全性的同时进行了全新设计,采用了大量的国外技术成熟的产品,使得飞机的可靠性、经济性及维护性得到了很大提高,并于1993年首飞,1998年5月取得了中国民用航空总局颁发的型号合格证,这是国产民用客机首次严格按照与国际标准接轨的中国民用航空规章CCAR-25的规定验证合格的飞机。Y-7-200A提高了飞机的运输量和乘坐的舒适性,载客量也增加至56~60人;之后Y-7-200A又改进成Y-7-200B,再次更换了许多设备,载客52人。

以Y-7-200为基础又改进出MA-60(新舟60)机型,该机部分采用了世界先进水平的航空技术和成品,根据用户的意见与建议,西飞公司对MA-60试验型提出了64项重要改进,提高了舒适性的同时提高了稳定性,MA-60彻底改变了国产飞机外表粗糙的形象,价格仅是国外同类飞机的2/3,直接使用成本比国外同类飞机低 10%~20%。1999 年,MA-60 投入试运营,截至 2008 年,MA-60 已经累计签订购机合同和意向订单 118 架份。

在 MA-60 基础上,2008 年又首飞了 MA-60 的改进型 MA-600,MA-600 在机身结构、机载设备、机舱内装饰等方面进行了全新改进,减轻了重量,提高了可靠性,增加了飞机延程运行的能力。系列机型如图 1.5.1 所示。

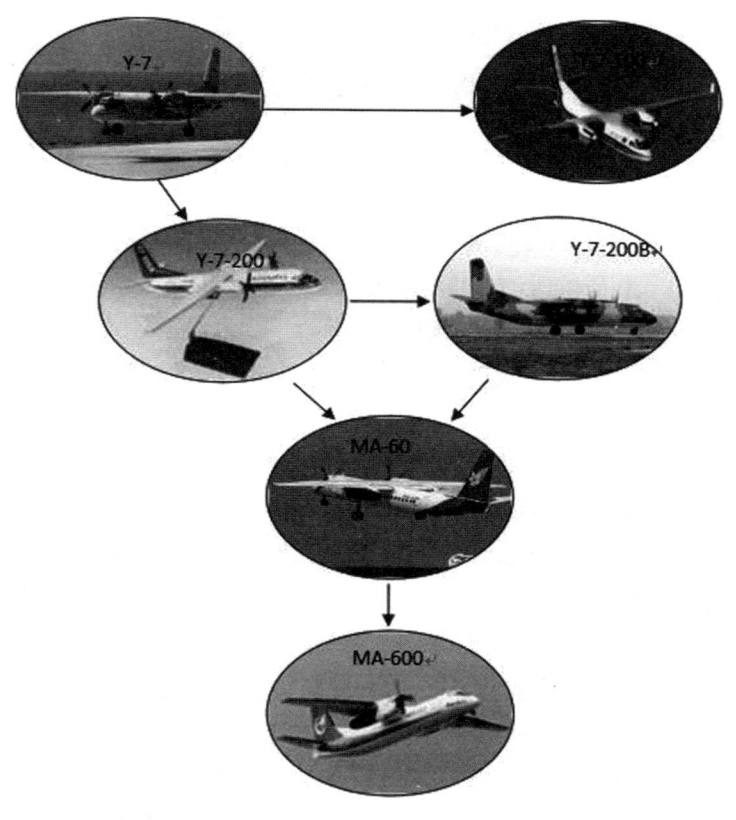

图 1.5.1　Y-7 系列

2. Y-10(运-10)

Y-10(运-10)是中国自行设计、制造的第一架完全拥有自主知识产权的大型喷气客机,如图 1.5.2 所示。Y-10 的研制工作自 1970 年下达任务后开始,1972 年审查通过了飞机的总体设计方案,1975 年完成了全部设计图纸,1976 年 7 月制造出第一架用于静力试验的飞机,于 1978 年 11 月全机静力试验一次成功。1979 年 12 月制造出第二架用于飞行试验的飞机,于 1980 年 9 月 26 日首次试飞一次成功,在国内外引起了强烈的反响,之后进行研制试飞和转场试飞,证明 Y-10 飞机性能良好,符合设计要求。

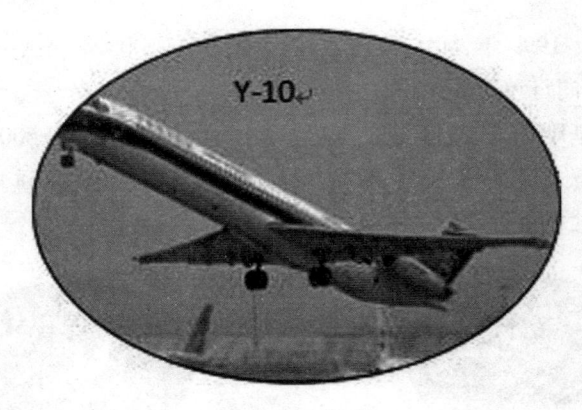

图 1.5.2　Y-10

Y-10飞机由上海飞机研究所设计,据统计,当时全国共有21个省、自治区、市,300多家工厂、科研院所、大专院校参加了Y-10飞机的研制。Y-10基本设计在当时与波音仅相差几年的水平,那时波音和Y-10也都是在试飞测试阶段,距离投入实际使用仍然有一定距离,Y-10的试飞成功,填补了中国航空工业的一项空白,是一项重大科技成果。

Y-10飞机最大起飞重量110吨,最大巡航速度974公里/小时,最大实用航程8000公里。客舱按全旅游、混合、全经济三级布置,可分别载客124、149、178人。在设计技术上,有10个方面为国内首次突破;在制造技术上,也有不少新工艺是国内首次在飞机上使用。经过大量试验和试飞实践,证明Y-10飞机具有较好的操稳特性和安全性,它不易进入尾旋并易于改出尾旋;具有较好的速度特性,其阻力发散马赫数优于同类飞机(注:阻力发散马赫数是指飞机上出现激波,阻力骤增时的马赫数。Y-10飞机出现激波较波音707飞机迟);具有较好的机场适应性,在当时的机场条件下,可使用的国内机场较波音707和三叉戟飞机为多。还具有较大的发展潜力,如改装发动机、加长机身,可提高其经济性;如在机身开个大舱门,可改作客货两用机或军用运输机。同时也是预警机、空中加油机合适的候选机。

然而由于经费原因,研制工作难以继续进行,1982年起Y-10研制基本停顿,1986年财政部否决了3000万元的研制费用预算,Y-10飞机研制计划彻底终止。

### 1.5.2　客机协同研制的国际合作尝试阶段

改革开放为中国航空工业与国外航空企业的合作与交流提供了极好的契机。自20世纪80年代中期始,中国民用飞机的制造走上寻求国际合作发展的道路。

在国际合作的过程中,国内民机制造企业成为国际知名航空公司的供应商。

1.成飞公司的国际合作

1988年7月,成飞(集团)公司与美国原麦道公司签订的转包生产麦道-80系列机头合同,是成飞(集团)公司历史上第一个与国际大公司签订的民机转包合同,此后,公司先后转包生产了麦道90系列机头、MD-11中央翼隔框、波音757垂尾、平尾和48段;空客A320系列飞机的后登机门、A340反推力门;达索Falcon 2000EX公务机T3油箱等零、部件,成为成飞(集团)公司经济的强有力的补充。

2.沈飞公司的国际合作

沈飞公司先后与美国、德国、英国和日本等8个国家13家世界著名飞机公司开展了飞机零部件转包生产业务,产品涉及波音的737、747、757、767、787,空客的A320、A330、A340,庞巴迪的Q300、Q400等,产品结构包括机身部件、尾段、机翼组件、尾翼组件、复合材料组件和各种舱门。

3.哈飞公司的国际合作

2005年4月26日,哈飞与美国波音公司签署了新研制的21世纪梦幻飞机——波音787飞机的复合材料翼身整流罩的转包生产协议,哈飞是唯一的供应商。2008年,哈飞承担GKN发动机短舱复合材料件项目。哈飞也是波音、空客等国际知名航空企业的部件供应商。国内大型飞机制造企业成为国际知名航空公司供应商的经历为国内民机的发展提供了技术、管理、人才的准备。

4.上航公司的国际合作

上航公司与美国合作组装了25架MD-82飞机,如图1.5.3所示。1985年3月31日,上海航空工业公司、中国航空器材公司、美国麦道公司,三方共同在北京正式签订《合作生产MD-82及其派生型飞机、联合研制先进技术支线飞机和补偿贸易总协议》及5个分协议。同年4月8日,国家经贸部批准此协议。4月15日,中美双方同时宣布协议正式生效。协议明确由麦道公司提供总数为25架MD-82飞机的机头、机身尾部、半机翼等大部件和机身零部件,由上航公司按照麦道公司提供的工程图纸、工艺标准进行机身铆接、半机翼对接、机身机翼对接、全机系统安装、功能试验和试飞交付,并生产一定数量的飞机组件、部件作为补偿贸易返销和装机使用等。

按照美国麦道公司的管理体制,联络工程是一个在飞机生产现场起着重要作用的组织,上海飞机研究所组建了以联络工程为主体的MD-82工程部,并承担起代表麦道公司工程部在上海飞机制造厂的MD-82飞机生产现场处理各类工程问题的责任。

图 1.5.3　MD-82

1987年7月20日，首架MD-82飞机获得了由FAA的DMIR签发的FAA单机出口适航证。7月31日，上航公司和麦道公司联合举行首架机的交付仪式。首架机于8月1日起飞，当天投入航班运营。中美合作生产25架MD-82飞机的生产进度为2(1987年)、4(1988年)、7(1989年)、8(1990年)、4(1991年)，后调整为2、4、7、7、5。在完成首架机按时交付以后，陆续进行其余24架MD-82飞机的生产。

1993年，在中国完成29架MD-82飞机和5架MD-83飞机的组装并交付客户以后，项目处于停顿状态。1995年正式实施的MD-90干线项目，计划制造20架MD-90飞机，但是由于1997年波音公司与麦道公司的合并，合并以后的波音公司宣布停止MD-80系列飞机和MD-90飞机的生产线，使MD-90干线项目只生产了2架飞机。随着项目的中止，大批技术人才和管理人才流失。

5. 西飞公司的国际合作

西飞公司与德国联合研制MPC-75飞机。1985年10月3日，在北京正式签署合作研制备忘录，开始进行可行性研究。1987年12月，中方可行性报告上报航空工业部，航空工业部于12月10日下文通知，MPC-75飞机设计定点在西安飞机设计研究所，生产定点在西飞公司，西北工业大学作为分承包单位，负责技术攻关，作为技术储备后盾。

1988年8月，中航技和德国MBB公司签署了MPC-75项目总协议和技术转让合同。1988年10月底，在北京人民大会堂正式成立MPC-75股份有限责任公司(MPCA)，中方有5人为联合公司成员，地点设在当时联邦德国汉堡，负责MPC-75项目预发展阶段的组织、计划、协调、监督、控制等工程技术活动，主要内容包括：飞机初步设计、项目计划与控制、制造工艺和生产准备、适航鉴定和质保准备、市场和销售活动、产品支援准备、成本核算与财务分析等。

截至1993年4月底，西安飞机设计研究所先后有200多人赴德国接受岗位培训和技术转让,合同包括的所有项目均已完成。MPC-75 项目根据中德双方的分工,中方承担的 20% 预发展阶段的设计工作和生产任务,其中强度、结构、气动力、重量、舱门等专业已应用了转让技术和转让软件开展工作。

在航空航天部的支持下,西安飞机设计研究所已将全套技术转让资料与软件向上海飞机研究所进行了推广。在项目进入第二个决策点,由于政治、经济、市场以及资金、发动机选择、第三方合作伙伴等因素的影响,项目无法决策,德方提出项目暂缓。在这种情况下,为了节约资金,我方人员分三批撤回。又因为资金、空客公司要发展 A319 飞机和其他种种原因,最终迫使德方放弃了 MPC-75 项目。

6.中航总的国际合作

中航总与空客合作研制 AE-100 中型客机。1996 年 4 月,中航总和法国宇航公司就合作研制 100 座级飞机签署了初步合作意向书。1996 年 12 月 5 日,空客公司宣布参与 100 座级飞机的研制。1997 年 5 月 15 日,时任国家主席江泽民在与来访的法国总统希拉克出席的仪式上,中航总、AIA(空客公司)和新加坡三方签署了项目合作的框架协议。在新加坡加入了 AE-100 项目之后,项目的名义分工比例为:中航总占 36%,AIA 占 49%,新加坡占 15%。

空客一再提出中方能力有限,控股困难,同时必须支付巨额技术转让费等条件。此时,空客公司上层领导已决定开发 A318 飞机,准备放弃 AE-100 项目,1998 年 4 月,空客集团高层领导换届,新领导于 4 月中旬提出要对 100 座飞机项目进行可行性评估,结论是:100 座级飞机没有足够的市场,经济上不可行。6 月 17 日,AE-100 项目宣告结束。

### 1.5.3 客机协同研制的发展阶段

客机研发与制造是一项投资大、周期长、涉及面广的系统工程。同军用飞机相比,除了考虑安全可靠、性能以外,对于其经济性的考虑也是重要方面。我国航空产业经历了近半个世纪的曲折发展,取得了一定的进展,已经具备发展民机的技术和物质基础,但同时影响和制约中国民机研制与产业发展的一些突出矛盾和问题依然存在,如研制基础能力、技术核心能力及协同创新能力等比较薄弱,航空发动机、材料和机载配套设备等核心技术能力仍然是民机产业发展的制约因素。

1.ARJ21 客机研制

ARJ21 是我国第一款按照国际标准研制的中短程喷气式支线客机,如图 1.5.4 所示,主要用于大城市与中小城市间旅客运输。1999 年 7 月 1 日,国防科技工业体制做出重大改革,原航空工业总公司分为中国航空工业第一集团公司和第二集团公司。两个集团在 2000 年第三届中国国际航空博览会上亮相。在中航第一集团的新闻发布会上正式宣布启动先进水平的 70 座新型涡扇支线飞机（ARJ21）计划。2002 年 4 月，ARJ21 项目经过国务院批准立项，次年 3 月，中国民用航空局签发了该项目机型的受理通知书。历时近 6 年，2008 年 11 月 28 日，ARJ21-700 飞机 101 架机在上海成功首飞，之后 102 架机、103 架机等陆续成功首飞。2010 年 1 月 14 日起，ARJ21 进入了适航验证阶段，直至 2014 年 12 月 30 日，获得了中国民航局型号合格证。又历时两年，2016 年 12 月获得了首个国外适航当局颁发的型号接受证。

**图 1.5.4　ARJ21-700**

ARJ21 新支线飞机是中国首次按照国际民航规章自行研制、具有自主知识产权的中短程新型涡扇支线飞机，座级 78~90 座，航程 2225~3700 公里，主要用于满足从中心城市向周边中小城市辐射型航线的使用。飞机最大起飞重量 40500 千克，最大使用高度 11900 米，最大航程 3700 公里，设计经济寿命为 60000 飞行小时/20 个日历年。经过为期 7 天 16 架次的高原科研验证飞行，中国自主研发的 ARJ21-700 飞机首次在海拔 2184 米的西宁机场完成高原机场的试飞验证任务，全面验证了该飞机经操作系统升级后，已具备在高原环境安全飞行的能力。该型号飞机具有适应性、舒适性、经济性、共通性等特点。

**2. C919 大型客机研制**

C919 大型客机如图 1.5.5 所示，全称 COMAC C919，是中国首款按照最新国际适航标准，具有自主知识产权的干线民用飞机，座级 158~168 座，航程 4075~5555 公里。由中国商用飞机有限责任公司于 2008 年开始研制。C 是中国英文名称"China"的首字母，也是中国商飞英文缩写 COMAC 的首字母，第一个"9"的寓意是天长地久，"19"代表的是中国首型大型客机最大载客量为 190 座。

**图 1.5.5　C919 飞机**

2009 年 12 月 21 日,中国商飞公司与 CFM 公司在北京正式签署 C919 大型客机动力装置战略合作意向书,选定 CFM 公司研发的 LEAP-X1C 发动机作为 C919 大型客机的启动动力装置。2009 年 12 月 25 日,C919 大型客机机头工程样机主体结构在上海正式交付。2010 年 12 月 24 日,中国民用航空局正式受理 C919 大型客机型号合格证申请。2011 年 4 月 18 日,C919 大型客机首次型号合格审定委员会会议在上海召开,C919 飞机研制全面进入正式适航审查阶段。2011 年 12 月 9 日,C919 大型客机项目通过国家级初步设计评审,转入详细设计阶段。2012 年 7 月 31 日,《C919 飞机专项合格审定计划(PSCP)》在上海签署。2012 年 12 月 4 日,历时 19 个月的 C919 飞机七大部件之一的复合材料后机身部段强度研究静力疲劳试验项目全部完成。2013 年 12 月 30 日,C919 飞机铁鸟试验台在中国商飞上飞院正式投用,C919 项目系统验证工作正式启动。在之后的两年中,C919 飞机的各部件陆续到位,2015 年 11 月 2 日,在浦东基地正式总装下线。这标志着 C919 首架机的机体大部段对接和机载系统安装工作正式完成,同时,标志着 C919 大型客机项目工程发展阶段研制取得了阶段性成果,为下一步首飞奠定了坚实基础。

2017 年 5 月 5 日 15 时 19 分,C919 大型客机在上海浦东机场圆满首飞。首飞时,C919 最大飞行高度 3000 米,飞行速度最高 170 节。2017 年 11 月 10 日 11 时 38 分,国产大型客机 C919 飞机 10101 架机从上海浦东机场第 4 跑道起飞,经过 2 小时 24 分的飞行,于 14 时 02 分成功抵达西安阎良机场,顺利完成首次城际飞行。从项目角度,意味着大型客机项目取得阶段性成果,实现了从初始检查试飞转入包线扩展试飞,预示着 C919 大型客机 10101 架机在上海地区的检查试飞工作告一段落,转入西安阎良开展下一步的研发试飞和适航取证工作。直至 2019 年 10 月 24 日,C919 大型客机 101~105 架机共五架机顺利完成首飞。

## 1.6 客机协同研制的借鉴与启示

我国民机产业经历了近半个世纪的曲折发展,取得了一定的进展,但是整体而言,目前形势仍然不容乐观。纵览各国客机协同研制及产业链的发展历程与现状,在一定程度上对我国大型飞机协同研制的发展有较强的参考、借鉴意义。

1.加大政府对大型飞机产业的扶持力度

我国大型飞机产业尚处于幼稚期,在国内民机市场竞争国际化的环境下,在相当长的时间内缺乏自我发展、自我保护和抵御风险的能力,这就更需要政府制定特殊的产业政策来加以扶持。首先,大型飞机制造商是一个地区的"旗舰租客",对于带动整个地区乃至国家的高新技术和经济发展有着不可比拟的作用,需要从战略上高度统一人们对发展民机产业重要性与必要性的认识,并将其确定为国民经济中优先发展的支柱产业。其次,应制订大飞机产业长远的发展规划,在大型飞机的研制过程中,因为其自身的复杂性和系统性,会遇到许多不可预知的政治、技术、经济风险,前期投资巨大,需要考虑多方面的因素,而政府政策的长期支持是最强有力的保障。

2.实行大型飞机产业的战略联合

我国民机企业受历史、政治等因素的制约和影响,形成了大而散的格局。整体而言,数量不少,但是生产运作效率较低,实力较为薄弱,资源重复设置严重,外部市场竞争能力和抗风险能力欠缺。由于布局的分散,国家没有充足的预研经费投入,导致每个单位长期技术储备不足、能力严重不够,又不愿意整合或合作。因此,中国民机产业迫切需要进行结构性大调整,通过纵向和横向大联合,引入竞争机制,扩大产业链的上游和下游。将国内所有优质的资源整合、优势互补,与国内已有的专门制造商协作,合理安排生产计划,进而提高企业运作效率和效益。大型飞机的设计生产需要涉及多个学科,包括空气动力学、材料学、航空电子学等,以及化工、电子、冶金等各个部门,代表着一个国家最高的综合科技水平。大飞机项目的实施也是带动整个国家科技发展、创新能力培养、企业竞争能力的契机。

3.突破关键技术的瓶颈

我国大型飞机在总体设计经验和研制生产能力上力量较为薄弱,高层次技术人才和管理人才更为匮乏,长期将技术发展过多地依赖于转包生产和国际合作。然而转包生产大部分只是局部制造,即使生产干线飞机也仅仅是组装生产和合作生产,很大程度上只涉及民机制造的劳动密集型领域,而其核心技术领域接触较少,而大型飞机的发动机、飞机机载系统与飞机的综合设计技术、复合材料技术等是其中的关键,这些领域长期被欧美和日本所把持,因此,提高我国民机产业的科研技术能力势在必行。我国民机产业只有加强基础研究,争取掌握关键技术,突破瓶颈限制,才能最终形成自己的研发能力,在激烈的竞争中占据一席之地。

4.加强大型飞机产业的国际合作

我国大型飞机产业起步较晚,技术力量薄弱,现在世界上生产的大型客机看重安全性、舒适度、低油耗,而怎样在一定的成本限制内较好地达到各项需求,还是横亘在我国客机产业面前的一道难题,此外进入国际市场还需要冲破一些已进入者设置的政策壁垒,所以有必要利用民机产业国际化的机遇,充分加强国际合作。通过转包生产和协同发展等国际合作形式,积极学习和引进国外民机产业先进的管理方法、先进的设计和制造技术以及质量控制体系。此外,大型飞机研产销售服务基本上已经国际化,本国政府政策"保护"也非常有限,商业竞争却十分剧烈。经营上涉及国际的商业法规和涉及国内外公众切身利益的适航标准和环保法规都必须遵守。民机的研产和经营必然是大规模系统集成全球资源(包括科研、生产、金融等多方面),因此,以最小代价掌握全球优质资源为其所用的能力,是取得竞争优势的重要法宝之一。

5.扩大销售市场以实现可持续发展

从日本的航空工业曲折发展历程中可以看到市场制约大飞机发展的力量。大型飞机生产出来,如何让它持续下去才是最为严峻的考验。大型飞机的前期研发成本相当高昂,现代民机型号研制费高达几十亿甚至几百亿美元之多,对于全新的型号通常需要 8~10 年之久,项目风险大,需要销售 200 架飞机以上,甚至销售 500 架才能收回成本。而现在国际市场基本为波音和空客把持,如果我国不能在安全性、舒适性、油耗上具有优势,将很难分一杯羹。而拓展国内市场,还需要加强基础设施建设,提高国民收入水平等一系列措施的跟进。

## 1.7 本章小结

本章从客机研制型号的演化历程及趋势、客机产业链的演化历程及趋势以及客机研制与产业链发展的特征与优势等视角分析了典型大型客机制造商空客、波音飞机的协同研制及产业链演化历程;梳理了俄罗斯、日本、印度尼西亚、巴西、加拿大等典型国家客机研制与产业链发展过程;探索了中国民机从自行研制、国际合作的不断尝试到协同研制的发展历程,着重介绍了新舟 60、Y-10、ARJ21、C919

等飞机的研制;总结了客机研制产业曲折发展过程中的经验和教训,讨论了国际典型客机研制与产业链发展对我国客机产业发展的借鉴与启示,旨在为我国大型客机协同研制与产业链的发展提供参考。

## 思考题

1. 波音、空客、庞巴迪、巴航等取得成功的国际典型大型客机制造商,它们的客机研制及产业链发展的特征具有哪些相似之处?给我国客机协同研制与产业链发展的启示是什么?

2. 俄罗斯、日本的客机产业经历了"发展—衰退—振兴/转型"的阶段,你认为他们能够重新立足于世界航空制造业前列的关键因素是什么?

3. 印度尼西亚的客机制造产业如今已完全退出历史舞台,这对我国客机制造产业发展有哪些失败教训可汲取?

# 第二章　大型客机协同研制的供应商管理

对于大型客机产业来说,供应商的管理是重中之重。传统的供应商管理是以压缩采购成本、获得经济利益为主要目标,因此企业和供应商之间是价格驱动下的竞争关系,此种管理模式难以满足大型客机协同研制的需求。"主制造商—供应商"模式是市场竞争日趋激烈形势下制造企业寻求提升和保持竞争力的创新结果,波音、空客等世界顶级制造商将大部分产品研制工作转交给供应商来完成,采用了这种风险共担的主制造商—供应商全球合作模式来对供应商进行管控。在此种模式下,"主—供"双方的合作关系远强于转包模式下的合作关系,供应商不仅仅要负责生产部件,更要从一开始就参与项目投资,承担一定份额的风险,并获得按照一定比例的利润。

## 2.1　大型客机协同研制的供应商管理发展现状

### 2.1.1　空客飞机协同研制的供应商管理

空客目前采用了风险共担的主制造商—供应商全球合作模式。与波音不同,空客的"主—供"模式并没有完全实现全球化生产,尤其在核心技术方面,空客始终是以保守的姿态,以稳固自身的核心技术竞争力。以空客的A380项目为例,主要结构部分是由法国、德国、英国和西班牙的主要承包商制造的,但是A380机身的部件却是由多个国家的工业合作伙伴生产的:包括澳大利亚、奥地利、比利时、加拿大、芬兰、意大利、日本、韩国、马来西亚、荷兰、瑞典、瑞士和美国,如图2.1.1所示。其中,A380的总装地在法国的图卢兹,完成后运往德国汉堡进行交付前的准备工作。

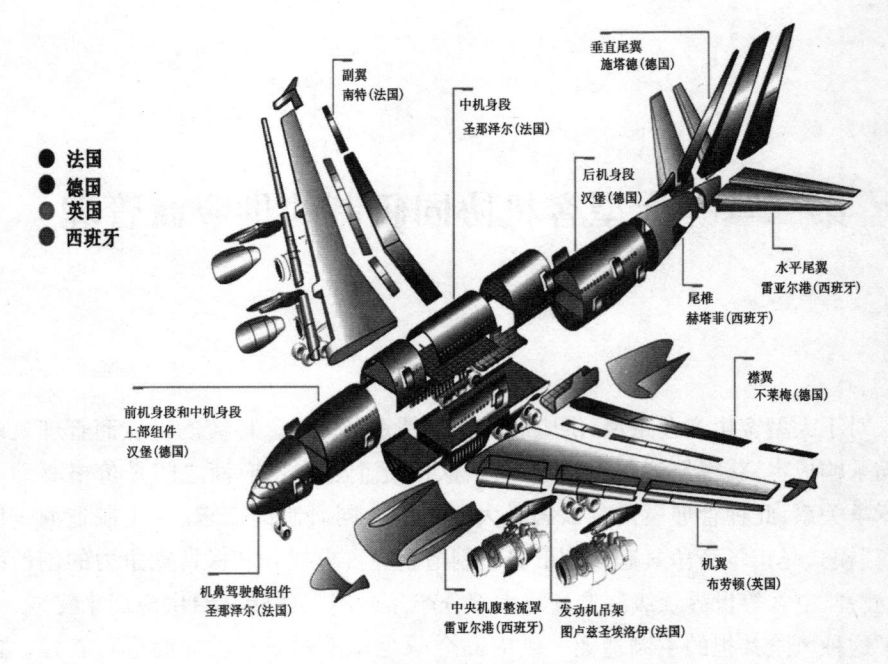

图 2.1.1 空客 A380 项目的核心供应商

值得注意的是，空客是由英国、法国、德国、荷兰、西班牙联合组建的一家研制生产大型民用飞机的公司，而它目前的一级供应商也是这几个成员国的供应商，与把设计和制造任务大比重地交与日本负责的波音不同。与波音相比，空客A380 的外购策略显得不那么激进。尽管早在 20 世纪 70 年代，在空客成立之初就将欧洲各国最杰出的生产商集聚在麾下，但复杂或关键的飞机核心技术还是被紧紧保留在各个核心公司内部。虽然最近几年空客已经逐渐增加了它的外购部分，但这一模式在空客平台的发展中仍然没有实质性的改变。例如，A380 的大型机翼组件，设计是由空客位于美国威迟塔和英国菲尔顿的跨国设计小组负责的，设计完成以后，再由空客传达给承担这部分制造任务的韩国供应商，按照工程设计标准来生产，空客只把较陈旧机型的关键部件外包出去。在 A380 项目中，空客控制着所有部件的界面定义，由于空客的设计是系列化的，所以开发时的一次性成本相对较低，供应商们平行工作，相互之间进行有限的横向交流。

在最新机型 A350XWB 项目的协同研制中，空客形成了以特大型企业为核心，各个承包商和零部件供应商关系更为紧凑的航空产业体系。空客将约 50% 的飞机结构工作外包给风险共担合作伙伴，建立起一个强大的风险共担的协同研制网络，外包工作量几乎是先前飞机项目的两倍。在地域分布上，空客在美国、中国、日本和中东都设有全资子公司，产业布局完全扩大到全球范围，集群企业关系复杂,整机制造企业在全球范围内采购飞机系统和主要组件,零部件供应商数量众多且分散。

### 2.1.2 波音飞机协同研制的供应商管理

由于空客的崛起,美国仅存的大型喷气式客机生产商波音选择了"系统集成模式"以降低单位成本、简化装配流程并加快产品开发进程。在过去,国际间的业务外包主要是由工业抵补协议引导的,这一协议提供了新飞机的保证销量。但现在,设计和制造一架新型的大型商用飞机的成本实在太高,因此基于成本最小化的系统集成模式具有了巨大的经济意义,至少在短期内是这样的。

在产品的开发阶段,波音只提供顶层的界面定义,由一级供应商们共同协作完成详细的界面设计,在出现冲突时由波音作为协调人;在项目的最终阶段,由各个主要一级制造商完成制造任务,波音则作为核心角色——系统集成者。这意味着一级供应商之间,包括其他参与的供应商以及波音,客观上进行了更为频繁的多边信息交流,所有的互动都是通过信息技术平台来连接各个参与者的,如图2.1.2所示。

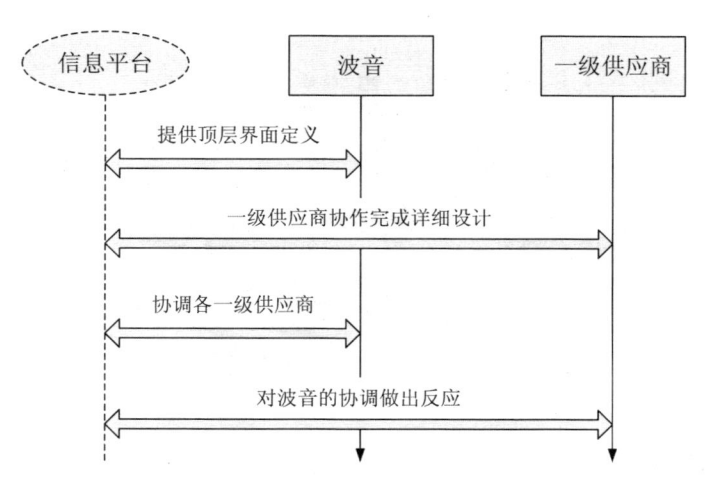

**图 2.1.2 波音与一级供应商的信息交互情况**

现代的制造飞机的过程与以往截然不同。在系统集成的理念下,主导企业(主制造商波音)将风险通过网络扩散给国内和国外的供应商以及生产伙伴。例如,波音787由来自10个国家的43个一级供应商协同研制,系统和装配的大部分是由美国、日本和欧洲的工业合作伙伴设计、研发和测试的,波音只负责整架飞机生产的三分之一工作以及计划在3天内完成最后的总装,如图2.1.3所示。

值得注意的是，波音专业的"系统集成商"角色的某些细节正在逐渐演化，从最初的供应商高度本土化渐渐倾向与外国供应商合作。在 20 世纪 60 年代的 727 项目中，外国供应商只占 2%；到了 90 年代的 777 项目，这一数据升至 30%；再到目前的 787 项目，这一数据达到了惊人的 70%。787 项目比起以往的项目，波音在"系统集成模式"方面都要做得彻底，波音公司以古得里奇公司、霍尼韦尔公司等数家公司作为其主要供应商。这些供应商在产品设计、研发和制造方面比以往承担了更多的责任，成为波音公司的"风险共担合作伙伴"。而且在 787 项目中，第一次将整个机翼的设计和制造任务交给外部的供应商——日本。日本是除美国外供应商工作量最多的国家。一架飞机总价值中，机身、机翼、尾翼、起落架占比达到 41%。787 的机体材料是首次在民运中使用的碳素纤维，由三井财团的东丽纺织供应。一劝财团的川崎重工主要制造机翼之前的部分机身，同时还提供主机翼固定后缘装置并运送至三菱的工厂。富士重工主要制造中心翼盒，以及位于机身中部下侧用来连接机翼与起落架的强化结构。三菱财团的三菱重工则总装机翼。但与此同时，波音也占据了日本大型商用飞机的大片市场，在过去的十年中，日本航空公司 80% 的订单给予了波音。每一次日本参与波音的合作项目，日本政府也会给予一定量的补贴。

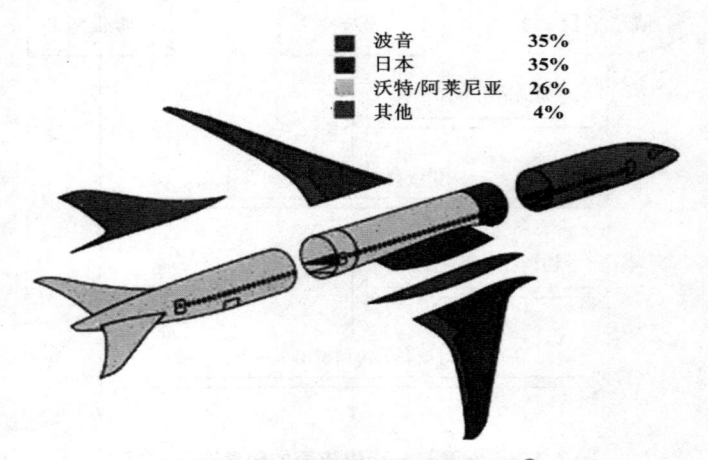

图 2.1.3 787 项目的工作量分配[①]

波音的这一"供应商外移"趋势，如表 2.1.1 所示，也正反映了它想要继续进入新的市场、分散风险、寻求更多财务资源以及降低研发成本的目的。

---

① 图片来源于网络 http://www.aerospace-technology.com

表 2.1.1　波音飞机项目的"供应商外移"趋势

| 飞机部件 | 727 | 767 | 777 | 787 |
|---|---|---|---|---|
| 机翼 | 美国 | 美国 | 美国 | 日本 |
| 中央翼盒 | 美国 | 日本 | 日本 | 日本 |
| 前机身 | 美国 | 日本 | 日本 | 日本/美国 |
| 后机身 | 美国 | 日本 | 日本 | 意大利 |
| 尾翼 | 美国 | 美国 | 其他国家 | 意大利/美国 |
| 机头 | 美国 | 美国 | 美国 | 美国 |

然而系统集成的一个缺点是"外包生产"也将"利润外包"出去了,尽管787最后的总装是在美国国内完成的,但机身大部分分包给国外供应商,通过生产网络共享了大部分的附加值(大约70%)。另一项较长远的缺点是,为了完成最后的总装任务,一些核心技术必须外移。

波音采取全球供应链战略有助于它集中精力于自己的设计研发、最后组装、供应链管理、营销和品牌这些核心业务。这有助于缩短飞机的开发周期,降低公司的供应成本,减少自身投资和削减成本,分散研制风险,提升生产效率,满足全球客户的需求。但这也是一次充满风险的尝试,只要某个环节耽误都会制约整个制造流程,甚至推迟交货日期。

### 2.1.3　中国商飞客机协同研制的供应商管理

2008年5月11日,中国商用飞机有限责任公司(Commercial Aircraft Corporation of China Ltd,COMAC)在上海正式成立并揭牌。随着大型客机项目的启动,供应商管理的问题接踵而至。为了研制出达到世界标准、面向全球市场的产品,商飞公司主动参与国际项目,支持和鼓励国内外供应商之间的合作,并对与国内供应商有合作关系的单位采取优先选择的政策,以便有效地推动我国大型客机项目进入国际市场,提升自己的核心竞争力。COMAC提出了采用"大集成"的 Integrated Digital Environment for Aircraft Lifecycle (IDEAL)平台方式对飞机进行设计及制造。类似于达索公司为波音提供的"全球协作平台"系统,供应商在签订保密协议后可登录平台,集成系统中的协作包括:产品设计协同、产品制造协同。目前国内外合作的供应商达18家,标志着我国在航空核心技术领域正进行着高水平的合作。供应商的管理模式采用的是国家大集团化管理模式,大型客机的研发中心负责提出技术层面的指标和需求,供应商的选择与管理由中国商用飞机有限责任公司总部负责。供应商的选择初期,适航取证的能力是一票否决的关键指标,在中国,目前主流的适航标准是由中国民航总局颁布的中国民航规章(CCAR)条款。COMAC将条款中的要求传递给供应商,生产制造中的流程也由COMAC规定,并写入产品规范中。COMAC的供应商主要分为三类,其中Ⅰ类供应商包括机体供应商、发动机供应商和主要的机载系统设备供应商;Ⅱ类供应商则主要由机载系统设备供应商构成,除此之外还包括发动机的一些相关部件供应商和少数价值量较大的标准件供应商、复合材料供应商;Ⅲ类供应商均由标准件及其他供应商组成。COMAC总部负责所有的供应商选择工作。C919分为38个工作包,由国内外供应商协作研制,COMAC不仅要完成系统级集成,也要完成飞机级集成,进度控制、技术难度远远超过只有24个工作包的ARJ21。C919机体的主要的大型供应商有9家,全部在国内(很多机体结构件在国内只有一家供应商提供生产);国内机载系统的主要供应商有18家,全部由国内外合作完成。机载系统和发动机的价值量占据了整机价值量约55%,这两大部分的供应商核心团队和核心技术目前都在国外。

总体而言,我国大型客机协同研制的供应商管理尚处于初级阶段,由于缺乏经验、技术等方面的原因,管控供应商是一大难题。与波音、空客比较,COMAC在国际大型客机的研制上尚处于弱势地位,飞机的交付时间、数量不确定,对于供应商来说COMAC还不具有足够的吸引力,使得处于相对强势地位的国外核心供应商在研制工作中配合不甚积极,很多供应商对C919的重视程度远不如波音、空客的项目。COMAC与供应商签订的实际上是外贸型合同(单纯的买卖关系),还未形成类似波音、空客与核心供应商之间的风险共担、合作共赢的战略合作伙伴关系。

### 2.1.4 大型客机供应商管理存在的问题

1. 交付期拖延

在供应商管理过程中,最大的问题之一就是交付期拖延。由于交付时间一再地更改,影响到航空公司营运而需进行经济赔偿,预定的客户信心动摇,寻找其他的替代产品,甚至撤销订单,飞机制造公司股票下跌,高层人员变动等一系列恶果。

现在的系统集成可以被描述为一个垂直分解的商业模型,飞机部件和子系统由外部的供应商负责生产,再由一家公司组装成最终的成品。但是只有少数的工业组织能将系统集成作为商业战略,并很好地加以运用,许多公司采用的只是相当接近的方法。在美国,由于复杂的技术或要求苛刻的飞机部件(例如机翼、机身装配、中央翼盒、尾椎等),使得波音变得越来越依赖外部供应商。这一战略实施的主要目标是降低单机成本,特别是在部件或系统的设计和研发过程中产生的一次性成本可以转移给外部供应商的情况下。为了成功地实施这一战略,当务之急是所有部件和子系统接口组装顺利,这样可以减少总装时的任务槽或便于加入各种零部件。很明显,这需要大量整个供应商网络的设计和工程协调,才能确保部件和系统之间零问题的组装。

波音公司最初计划在2008年上半年交付给日本全日空航空公司第一架787飞机,但2008年3月在埃弗雷特组装厂正式开始组装时,发现从世界各地的合作伙伴那里汇集到组装厂的部件经常出现尺寸误差超标的问题,例如,各部分机体竟然无法接合,再加上某些零部件进度拖延以及罢工事件使得波音公司的工厂被迫停工的影响,波音公司已经先后五次推迟了787客机的首航计划。

A380交付的数次延迟是由于大量设备可以客制,例如机载娱乐设备和通信设备可以由客户提供,而A380的电子系统又是高度集成的,所以即便是很小的改变也会影响到整个系统,并且需要比预计更多的时间进行更多的调试。

2. 核心知识外移

系统集成商通过选择技术互补合作伙伴建立这些网络,从而展示先进的工业设计能力。系统集成商通过基于终端销售的利润分配沿供应链扩散商业风险。此系统集成模型背后的经济逻辑类似于国际比较优势的原则,当每个业务单位专业化地生产产品,最大化地利用设计、工程或制造能力时,企业福利作为一个整体达到最大化。

但当一些部件和系统外包给外部供应商生产时,必然会发生一部分认知活动溢出,从而转移显性和隐性知识,如果主制造商不能将核心技术保留在内部,最终会将合作伙伴培养成竞争对手。当主制造商不再拥有独一无二的能力时,这个公司也将不可避免地走向衰落。以787为例,由来自10个国家的43个一级供应商协同研制,但值得注意的是整个产品系统中最具创新意义的部分由日本和意大利完成,分别是复合材料机翼和机身部件。在西雅图附近的埃弗雷特波音飞机制造厂(WA)要完成预计的3~7天的总装任务,还需要开发更新的装配程序,而787项目上真正的创新是建立在美国本土以外对新型复合结构的开发上。然而值得庆幸的是,目前在开发和控制新产品的研制流程时,波音还拥有最重要的工程和管理经验,同时能较为成功地协调大批的供应商。空客将全部的一级供应商以及主要供应商限定在欧洲几个成员国家内也是出于这方面的考虑。

3. 利润外移

世界的主要飞机制造商在进行全球供应商协作时,供应商外移的过程也将"利润外包"出去了,尽管787最后的总装是在美国国内完成的,但机身大部分分包给国外供应商,通过生产网络共享了大部分的附加值(大约70%)。但这是协同研制不可避免的现象。

4. 对次级供应商的管控

由于大型客机具有数百万个零部件,绝大部分由全球的合作伙伴完成,当中涉及多个国家和地区的供应商,随着分解的细化,主制造商对次级供应商的管控难度也在增大。

随着科技的发展,这一问题有望得到缓解。波音和空客与航空公司、设备供应商以及美国航空运输协会(ATA)一起,自1997年以来,共同开发行业标准数据交换协议,以便于收集和交换可靠性和维修数据。现在的航空产品制造商都在积极地使用信息技术工具,例如电子数据交换(Electronic Data Interchange,EDI)、产品生命周期管理(Product Life Cycle Management,PLM)、3D数字模型、射频识别技术(Radio Frequency IDentification,RFID)等,以求更好地与不同地理位置的合作伙伴和次级供应商进行数据共享和信息交流,供应商的合作关系也向下延伸,更多次级水平上的合作交流是今后的发展趋势。

## 2.2 客机协同研制的供应商关系管理

在全球一体化的发展背景下,世界级大型客机制造商均采用了与供应商风险共担的"主制造商—供应商"管理模式,供应商关系管理从简单走向了复杂,从"零和博弈"走向了"合作共赢"。

### 2.2.1 供应商关系管理内涵

到目前为止,供应商关系管理(Supplier Relationship Management,SRM)尚无一个准确的定义,从它的内容、实现目标、功能方面可将其定义为:供应商关系管理是旨在改善企业和供应商之间的合作关系,实现两者"双赢"的企业管理模式的重要环节;一种以"扩展协作互助的伙伴关系、共同开拓和扩大市场份额、实现双赢"为导向的企业资源获取管理的系统工程。同时它又是以多种信息技术为支持和手段的一套先进的管理软件和技术,它将先进的电子商务、数据挖掘、协同技术等信息技术紧密集成在一起,为企业产品的策略性设计、资源的策略性获取、合同的有效洽谈、产品内容的统一管理等过程提供了一个优化的解决方案。

供应商关系管理的内容主要有:评估采购战略:制定出更有效的货源确定、采购和产品开发战略;供应商评估:更可靠、更迅速地发现与评估供应商,降低供应风险,减少存货;供应商选择:通过多种拍卖与招标等技术将供应商的能力与业务需求进行匹配,从而缩短购货周期;内容管理:供应商与产品数据等内容有效共享,供应商的创新信息及时融合到供应战略中,以增强竞争优势;可行的购货计划:全面审查所有与采购申请相关的信息,包括替代材料、经批准的销售商列表和可选供应商的信息等。

### 2.2.2 供应商关系管理演化过程

波音对供应商的管理经验必然对所有后来者有所裨益,它的阶段性的发展过程也是一个完整的客机制造公司的发展历程。但是并不是所有成功的公司都一一经历了这些阶段,空客就实现了"跨越式的发展",打败了其他的对手,在20世纪80年代以后迅速成长为可以和波音对抗的公司。

(1) 原材料供应阶段

原材料供应阶段是最初级的阶段,供应商根据制造商的需求提供产品和服务,制造商选择供应商的标准更多考虑产品的价格和质量,双方进行的多为短期交易,关系随时可能中断。由于一方想要获取更多利益必然要有一方损失利益,存在欺诈等短视行为,双方为了维护自身的利益也几乎不存在内部信息交流。以波音为例,这一阶段从公司成立一直持续到20世纪70年代。

(2) 外包阶段

转包生产是大型客机制造商进行国际合作、竞争的重要领域,在供应链管理的环境下,制造商根据其自身特点去增强核心竞争力,强调在某一领域、某一专门业务上做精做细,而把自己不擅长、非核心竞争力业务转包给其供应商。大型客机制造商通过利用其外部最优秀的专业化资源,从而达到降低成本、提高效率、充分提升其核心竞争力及增强企业对外部的迅速响应能力的一种管理模式。通过转包,主制造商将一些风险转移给了供应商,降低了主制造商的风险性,可以帮助客机制造商加速业务重构和获得其外部资源,降低和控制其成本,节约资本资金,提高利润率和生产率。

而在20世纪70年代横空出世的空客公司,打破了这种按部就班发展的制造商和供应商关系,直接跨越了原材料供应和简单外包的模式。

(3) 风险共担的协同研制阶段

空客是1970年由欧洲四国联合组建的,目的是发展欧洲航空工业以对抗美国的挑战,空客在成立之初就注定了它与美国的同行是不同的发展轨迹。空客是一个由法国、德国、英国和西班牙的国有航空公司组建的财团创办的联合公司,即使公司发展到了现在,也并不是一个独立的属于某一个国家的公司。目前空客

80%的股份属于法、德、西联合组建的欧洲航空防务航天公司,另外20%属于英国宇航公司。所以空客实际上在诞生的时候就已经进入了类似波音协同研制、全球合作的阶段。

空客的供应商是分散于各个国家的网络型组织,各投资成员国都没有规模能跟波音相提并论的飞机制造厂商,但是各国的航空工业企业共同分担了飞机的生产任务,而这一庞大的供应商网络是在短短的35年时间里就组织完成了的。

面对空客模式的挑战,伴随顾客需求的变化、新产品技术难度的增加以及随之而来大大增加的新产品开发预算,实力雄厚如波音公司,也无法独立完成全部新技术的研发。波音在20世纪90年代开始采取了风险共担的协同研制模式,供应商管理从传统的非合作性竞争逐渐走向合作性竞争。

在协同研制阶段,供应商不再是像转包生产方式那样以产能的低端进入、单线式的"外补"式与主制造商进行合作那么简单了,而是采取全程合作、资源互济、风险共担、利润共享的方式与主制造商建立起以产品为纽带的、深层次的"集成"式的合作伙伴关系。简单来说就是从"图纸—制造"到全方位的"联合设计—制造"模式。在该模式下主制造商抛弃了传统的客机制造商的角色,变成"大规模供应链集成商",通过整合全球分散的设计和制造团队从而使其成为一个高度复杂和组织严密的系统;而供应商在承担风险的同时也将分享相应的利润。目前最为极致的例子是波音制造的"梦幻"787大型客机,有6个国家的100多家供应商参与了该项目。这种合作的级别要比转包生产高得多,这是由于转包生产主要是客机主制造商将客机的部分部件以一定价格或其他方式转包给某个供应商生产,而采用风险共担的主制造商—供应商模式,其风险合作伙伴类型的供应商在负责生产部件的同时,由于飞机设计制造的特性,要从一开始就投入一定的研发费用,承担一定份额的风险,待飞机交付、批量生产以后,按照合同约定获取报酬。这种模式更好地适应了客机产品制造业投入大、周期长、资金密集、高风险等的特征,更好地适应和促进了客机制造业的发展。

大型客机研制供应商管理由简单的原材料供应及转包模式发展到今天的风险共担、利益共享的"主制造商—供应商"模式的演化过程,就是不断通过实施各种形式的供应商管理,优化供应链的结构,寻找合作伙伴和优秀供应商,最终达到与供应商建立双赢的战略合作关系,构建战略联盟的过程。

### 2.2.3　供应商关系管理的层级分析

民机产业是典型的知识密集、技术密集和资本密集的高技术、高附加值、高风险的战略性产业。它不仅在整个航空工业的比重越来越大,而且日益成为衡量一个国家科技水平、工业水平和综合国力的重要标志之一。随着航空产业的发展和国际合作的加速,大型客机产业逐步形成了以大型客机系统集成和总装的主制造商为核心,主系统模块集成商、分系统模块集成供应商、部件模块供应商等构成的紧密产业组织体系,通过竞争合作、建立战略伙伴关系或其他内部联结模式实现互动,最终达到降低成本、提高产品质量和安全性、更好地满足客户需求、创造更高的经济效益和社会效益的目的。

按照不同的供应商提供的产品,可以把大型客机制造业的参与企业分为四个层次:以整机制造商为龙头,大部件/子系统供应商为一级供应商,小系统/零部件和专业化零部件为二级供应商,原材料、标准件供应商为三级供应商,如图2.2.1所示。大型客机制造业逐渐形成了以整机系统集成商为核心,主系统模块集成商、分系统模块集成商、部件模块供应商等构成的紧密产业组织体系。

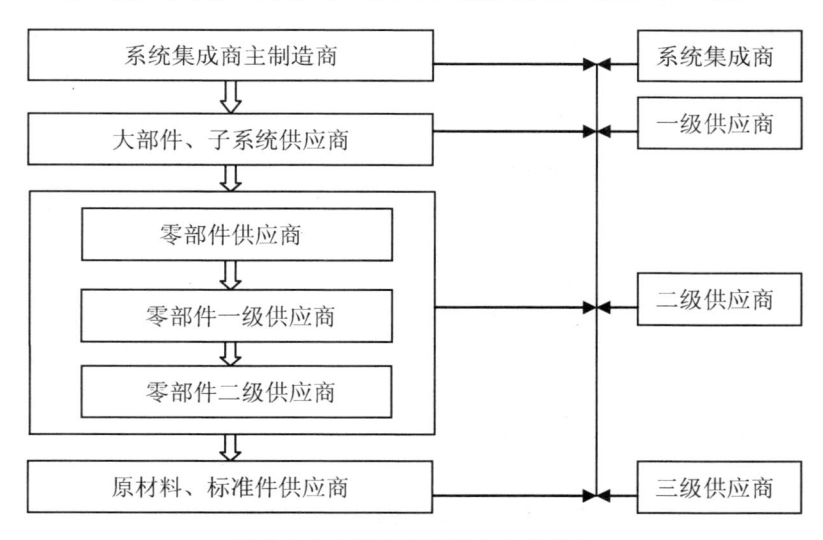

图 2.2.1 大型客机制造业层级关系

顶层:整机制造商掌握顶尖的客机技术、工艺、质保体系,具有市场开拓和客服能力,其主要任务是负责大型客机的总体设计、系统集成和总装,不仅是设计和制造者,也是组织和协调者。

第二个层次,是主制造商的一级供应商,也是各模块的集成商,具备大部件、子系统的研制能力,向主制造商提供部件级系统。与整机制造商建立风险合作关系,在重要结构件、机载设备与重要系统方面具有核心能力,数量较少。开展一个重要的飞机型号项目,需要多家一级供应商承担相关的研制工作。

二级供应商中的小部件和专业化模块供应商,向一级供应商或系统集成商提供模块化产品,比如机翼组合件、机身零部件、舱门等,二级供应商数量较多。

三级供应商是原材料供应商或标准件供应商。这些厂商数量多,既有世界航空航天百强的公司,也有专业化公司,具体提供的产品包括金属薄板、塑料、导管、工艺材料、标准件、电子元器件等。二级及以下层次的供应商统称为次级供应商,但主制造商往往不直接对其进行管理。整体而言,越接近大飞机组装端的零部件技术含量越高,供应商的层级越低,提供的零部件技术含量就越低。由主制造商和一级、二级及以下供应商的协作可以组成客机生产的关系网络,如图2.2.2所示。

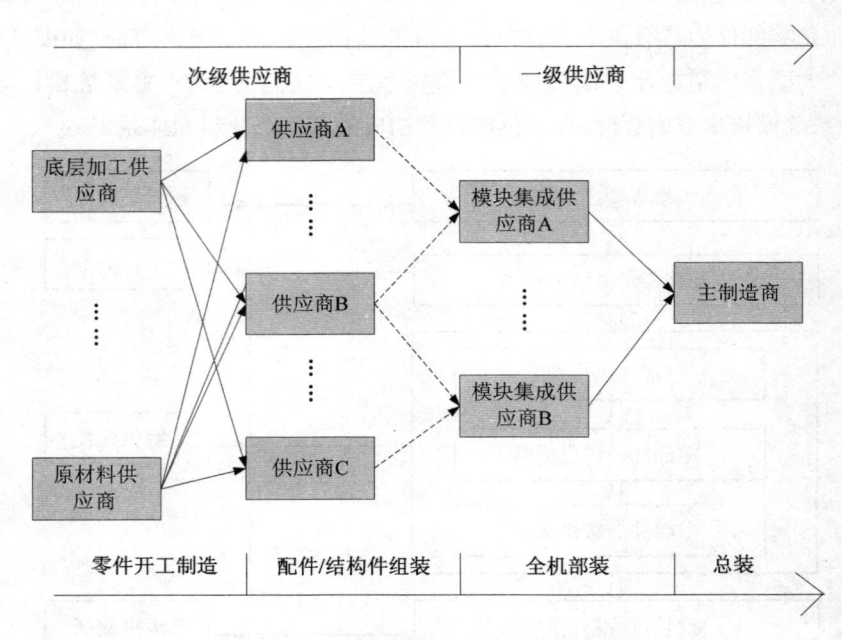

图 2.2.2　大型客机制造业供应商网络关系

模块化设计和制造在方法上着眼于产品系统的功能分解与组合,遵循自上而下的路径。模块化设计在大型客机上的应用使得大型客机产品的开发设计表现出简易性、低成本和高效性的特征。传统情况下系统集成商设计整个界面规则,划分模块,然后各级转包商严格按照系统集成商提供的图纸、工艺、质量以及交付进度要求进行独立的设计和生产,但现在的趋势是,系统集成商只提供较顶层的界面规则和划分模块,再依据合同规定监督、协调和检查其供应商的工作进程和质量。由于不同层级的供应商对主制造商的重要性不同,管理的方式也有所不同。

(1)对一级供应商的管理

早期,欧美大飞机的零部件生产方式几乎都是在整机企业的下属企业或是整机企业内部不同部门进行生产,即一级、二级甚至三级、四级零部件生产企业都属于整机集团的一部分。随着整机企业边界的不断扩大,企业内部组织成本逐渐递增。同时整机企业此时如果再试图为自己生产它在市场上可以采购得到的投入品,规模和范围经济就可能被牺牲掉,另外企业间劳动分工不仅提高了劳动技能、熟练程度和判断能力,而且增加了企业竞争激励,从而极大地提高生产力,降低了零部件的制造成本。因此,欧美大飞机制造商出于降低成本的考虑,逐渐把零部件业务剥离出来实行全球采购,整机企业则集中力量进行飞机设计研发和最后组装等核心技术环节。

目前在世界范围内的趋势是,赋予一级供应商前所未有的设计、开发、生产权限以及项目责任,让这些一级供应商用同样的方式,与它的次级供应商建立关系;同时减少核心供应商的数量,变更交付流程。这样做的好处是极大地分散了开发新产品所带来的风险,也降低了主制造商从设计到最后总装的工作量。以波音为例,在787项目上,波音首次采取了全球供应链的战略,除自己的工厂外,波音只面对全球43个一级供应商,一级供应商数量与过去相比大为减少。一级供应商也把自身所承担的工作包分解,转包给下级的供应商,形成一个相互关联交错的网络。例如,负责波音787发动机研发的罗罗(罗尔斯·罗伊斯)公司和GE公司,同样把发动机挂架、短舱以及反推装置外包给了其他供应商。

一级供应商应当成为主制造商的合作伙伴,从而充分发挥他们的创造力和经验,与主制造商共同将高质量的产品推向市场。一级供应商被选定的时间应当比其他供应商提前,以便使他们能在主制造商的设计决策阶段发挥作用。在产品研发阶段,主制造商仅仅提供高层接口定义,而将供应商之间具体的接口设计工作交给它的一级供应商伙伴去做。在飞机的研制过程中,主制造商与一级供应商应处于一种实时合作环境中,采用相同的设计方法、流程和软件,实时进行各分系统和部件设计,实时进行研制工作的沟通和讨论,当出现冲突时,主制造商应充当协调者。

(2)对次级供应商的管理

主制造商主要依靠管理一级供应商对次级供应商进行间接管理。看起来次级供应商对于主制造商并不显得特别重要,但实际上,次级供应商也是主制造商的风险共担伙伴。在飞机研制的计划中,一级供应商承担了更多的资金和技术风险,而这些一级供应商对于自己的次级供应商也采取了风险共担的合作方式。

次级供应商的管理如果出现问题,会给主制造商带来巨大的麻烦。以波音标号为ZA001的波音787首架试飞飞机为例,当第一个机身装配件从运输机上卸下时,机身的外壳并没有完全连接上,内部结构也没有按要求全部装好,一些辅助支撑结构件和部分结构是用一些临时的紧固件"凑合"连上的。原来早在当年的五六月份，波音就已感觉到有些供应商的进度将远远落在预定进度之后。而由于没有足够的紧固件用于二次结构的装配，精灵航空系统公司（波音的供应商之一）不得不将整个部件先"拼凑"成一个框架，波音再把这个部件运到埃弗雷顿工厂，在那里完成一些二次结构的装配工作。由此可见，如果这些小型的分包供应商在技术上出现问题，多米诺骨牌效应一样会出现在终端的组装模块上。

对于次级供应商的管理，除了通过信息平台，还可以从以下几个方面进行：

①建立次级供应商管理名录。按照全球最新的采购理论，采购管理不仅仅要关注采购执行过程，也要关注采购资源的管理，即潜在供应商库存的管理，以及供应商准入的管理，这样就对供应商管理提出了更高的要求。次级供应商应当从考核通过的名录中选择，如果某一级供应商要求选用不在名录中的次级供应商，应向主制造商进行申报，并通过一系列的审核后录入名录内，才可以选择。

②对某些次级供应商进行整合，厘清适合外包的流程和企业功能。如果将产品的制造风险转移给上游供应商，从外包零部件到外包组装件，增加供应商之间的系统对接，同时面临追赶进度，那么肯定会不可避免地出现零部件供应商衔接上的矛盾。如果一些零部件或者材料较为关键，对主制造商影响较大，可以有选择地对次级供应商渗透整合、收购供应商加大纵向一体化发展，以换得直接管理这些供应商的能力。此外也可以鼓励一些一级供应商对次级供应商进行整合。

### 2.2.4 基于产品类别的供应商关系管理

按照产品生产的技术难度和风险情况，可以得到供应商采购管理维度上的分类，分为四大类：关键（战略）供应商（向后可以发展为战略合作伙伴）、杠杆供应商、瓶颈供应商和常规供应商。战略合作伙伴关系是主制造商与供应商具有平等对话的权利，彼此共担客机制造业研发、制造等环节的各种风险，同时也共享利润。而制造商与供应商对对方的产出贡献主要是通过分工等引起的客机相关产品市场规模的扩大、技术和管理的共同更新提升、产品需求信息等的共享、相互之间组织性质的信任关系等的渠道获得。在战略合作的伙伴关系中，双方抱着共赢的态度进行合作，是使双方创造并分享的总价值最大。

战略伙伴关系的选择应优先关注价值量高，且风险较大的部件。而这些部件往往是大型客机领域进行竞争的核心，例如提高飞机经济性的复合材料，发动机等。克拉利奇定位矩阵是由克拉利奇在1983年开发出来针对产品的技术复杂性、对制造商的重要程度、以及市场竞争情况等因素的简单定位矩阵。克拉利奇发现了四种主要的采购方法或策略，他认为最好的供应策略的选择与供应的风险水平、技术风险及产品或服务的战略性有关。具体划分结果如图 2.2.3 所示。

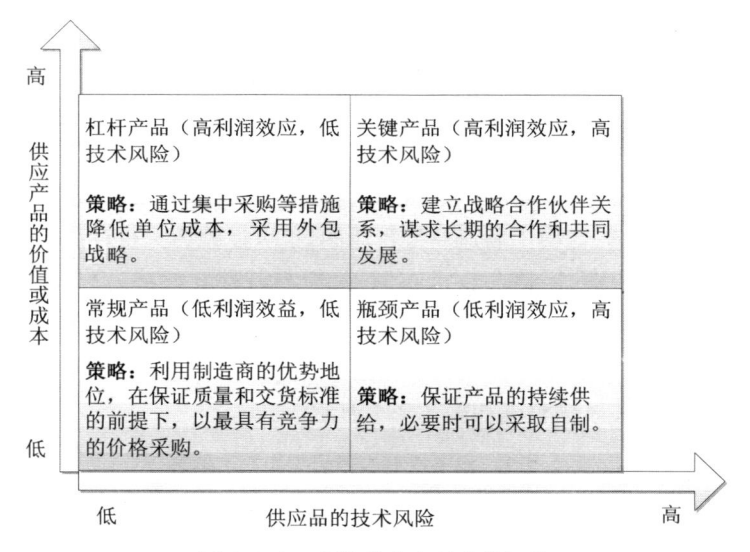

```
高
↑
供
应         │ 杠杆产品（高利润效应，低  │ 关键产品（高利润效应，高
产         │ 技术风险）              │ 技术风险）
品         │                        │
的         │ 策略：通过集中采购等措施 │ 策略：建立战略合作伙伴关
价         │ 降低单位成本，采用外包   │ 系，谋求长期的合作和共同
值         │ 战略。                  │ 发展。
或         │────────────────────────┼────────────────────────
成         │ 常规产品（低利润效益，低 │ 瓶颈产品（低利润效应，高
本         │ 技术风险）              │ 技术风险）
           │                        │
           │ 策略：利用制造商的优势地 │ 策略：保证产品的持续供
           │ 位，在保证质量和交货标准 │ 给，必要时可以采取自制。
           │ 的前提下，以最具有竞争力 │
           │ 的价格采购。            │
低         └────────────────────────┴────────────────────────→
    低           供应品的技术风险              高
```

图 2.2.3 克拉利奇产品定位矩阵

对于不同的产品，应制定不同的管理策略，四种产品类别的特征及管理对策如下：

(1) 常规产品

常规产品是指标准化的产品或零部件，且市场中存在的供应商很多，竞争激烈。例如标准化的螺母、螺栓、铆钉等常用的材料，由于供应商之间转换的费用很低而且市场竞争激烈，主制造商的目标是在保证质量的前提下尽可能地降低成本，可以通过议价采购直接获取。

(2) 杠杆产品

由于较高的利润及较低的风险，市场中存在几个有能力的供应商参与竞争，因此杠杆产品具有一定的替代品，同时由于大量使用，杠杆产品的单位成本管理很重要。例如客机的结构件，是具有杠杆作用的产品。机身、机翼、尾翼等方面的供应商，国内主要的结构件供应商有沈飞、西飞、成飞、哈飞、陕飞、洪都等几家，由于国内的劳动力、材料等价格低廉，主制造商可以优先与其展开外包合作。

(3) 瓶颈产品

瓶颈产品具有独特的规格、相对价值较低的特殊定制品，且需要供应商有相应的技术能力，但由于生产利润低且风险较高，因此供给来源少。例如一些客机上特殊定制的产品，或者一些稀缺的材料等，价值不高但又不可缺少，需要维护供应的连续性，如果可能的话发展内部生产能力或者收购具有供应能力的企业，从

长期的总成本和费用最低的角度考虑。

(4) 关键产品

关键产品主要是客机的核心、关键技术/设备,这类产品由于技术难度高,市场上的供应商很少,处于寡头/垄断竞争地位。关键产品往往是大型客机中的核心部件或者最具竞争性和创新性的部件,如发动机、新型复合材料、机载系统等,对于主制造商的长期发展具有重大的意义,而这些部件往往是我国大型客机国产化的薄弱环节(机头往往由主制造商自行研制,也可以视为关键产品)。这些产品的供应商是核心供应商,但核心技术在国外,应与其建立战略合作伙伴关系。建立战略合作伙伴关系的方式有多种,如联合设计、联合开发、建立合资公司/工厂等。

具体的供应商关系谱整理如表2.2.1所示。

表2.2.1 基于产品类型的供应商关系谱

| 类型 | 特征 | 适合范围举例 |
| --- | --- | --- |
| 常规产品供应商 | 价格竞争 | 标准件/常用材料供应商 |
| 杠杆产品供应商 | 外包,强化合作 | 结构件供应商 |
| 瓶颈产品供应商 | 保证供应 | 特殊材料供应商 |
| 关键产品供应商 | 优化协作 | 发动机供应商 |

通过对传统的竞价采购和建立合作伙伴关系这两种模式的结合有针对性地对四种供应商进行区别管理,避免了传统模式和合作模式的不足。

## 2.3 客机协同研制的团队矩阵式组织结构

大型客机制造业是目前所有制造业中技术和知识密集度最高、上下游关联产业拉动面最广和产品附加值最高的产业。大型客机相关产品研制过程所涉及的设计、制造和装配等工作一般由不同的设计部门、制造和装配厂商以及众多相关的专业系统公司之间密切协作,共同完成。

在网络型管理架构的基础上,选择和构建大型复杂产品如大型客机产品研制的项目组织结构,是一个项目取得成功的关键要素。在经济快速发展的今天,项目组织结构呈现出了多元化、多样性的特点,其中矩阵型组织结构由于具备灵活性和处理复杂问题的能力的特点而被诸多复杂产品制造商所采用。

### 2.3.1 矩阵型组织结构的内涵及特点

网络型管理过程通常是以项目为导向,组织实施研发活动。它将分布在不同地点、不同供应商的多项目小组,通过相互合作,利用网络化的组织结构平台协同完成研发项目。这种网络型的管理模式具有动态性、协作性、分布性等特点,把传统的刚性管理变为柔性管理,把传统的职能式管理变为扁平式管理。研发项目的成功与否,其关键点在于对供应商以及对知识交流的驱动力上:创新组织和鼓励供应商参与到知识交流中来,并且教会其如何做,通过设计流程保证互动得以顺利实施。早期的波音在研制飞机产品时运用了"垂直一体化"的"金字塔"组织管理模式,垂直方向上的职能组织优势突出,但是其代价昂贵、高风险、不平衡等缺点同样明显,如果在垂直层次结构中叠加项目型组织的水平结构,会在一定程度上避免两种结构的缺陷并同时发挥两种组织结构的优势。所以,由智能型和项目型组织综合而成的矩阵型组织结构适用于技术程度复杂且风险程度巨大的大型客机研制项目。

大型客机研制项目的过程中选择矩阵型组织结构具有以下优势。

(1)与水平方向上的项目型组织相比,当项目中多个系统、多个工作包的工作并行时,可通过合理安排技术员工和管理人员的时间,为不同系统及工作包先后提供技术及管理上的支持,从而减少了极大部分不必要的人员重复设置,带来高效的人力资源共享。

(2)在集中制造商内部资源的基础上,对客户的要求及反馈可以做到迅速的反应,因此,能够较好地适应不同环境的变化。

(3)当项目中多个系统、多个工作包的工作并行时,由于矩阵型组织结构较好地解决了制造商内部资源的分配问题,所以使得多个系统、多个工作包的研制进程可以得到一定的保证,可以在一定程度上达到成本、时间等研制目标上的最优。与此同时,还可避免为极力完成某一工作包的工作而忽略或忽视其他工作包的情况。

(4)多个职能部门人员对同一个工作包研制的参与,在制造商内部政策、程序等方面保证了步调的一致,因而领导在对项目的控制上得到了增强,制造商在对项目的信任上也得到了增强。

不可避免的,矩阵型组织结构也存在一定的缺点,当任务划分不清晰的时候,两个方向上的平衡将会破坏,随之将出现内部成员争相邀功、互相推卸责任等不团结的情况,此时,应在矩阵型组织结构中加入知识的协同团队的理念,形成团队矩阵式的组织结构,将在一定程度上规避矩阵型组织结构所带来的风险。

### 2.3.2 知识协同团队的内涵及协同研制的模式

协同团队的内涵是在不同地理位置的工作群体,借助网络、计算机等技术共同协调与协作的工作方式。多个功能单位协同工作时,各单位之间存在着大量相互制约、相互依赖的关系。每个协同单位都有自己独立的结构,它们对产品研制过程中所关注的视角、评价的标准、掌握的资源、具有的知识领域等都不尽相同,产生了相互制约的关系;同时每个协同单位受到资源条件及时间、人力的限制,协同单位之间必须通过一定的合作和协调才能完成对整个问题的求解,由此产生了相互依赖的关系。

大型客机的研制是一项复杂的系统工程,由于其自身的复杂性,大型客机的供应商群体异常庞大,包括大型关键系统供应商,如发动机供应商;大型机体部件供应商,如前机身、前缘缝翼、垂尾供应商;专业机载设备供应商,如液压、燃油供应商;标准件供应商,如橡胶件供应商;复合材料供应商,如透明材料供应商等。在协同研制过程中,供应商的数量多、个体差异大及分布广等原因,给主制造商带来了合作中不可预见的困难及问题,但主制造商与供应商之间的合作关系可以保证大型客机产品的整体一致性、系统性。

主制造商与供应商需要以保证产品质量和供应商质量为基础,在共同目标下通过知识交流的方式进行协同工作,完成大型客机产品的研制。大型客机主制造商与供应商的协同研制模式,如图2.3.1所示。

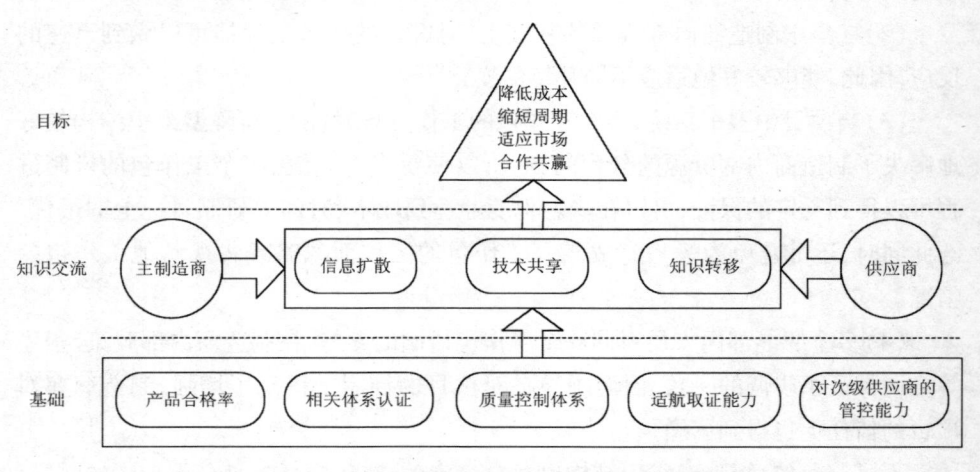

**图2.3.1 大型客机主制造商与供应商协同研制模式**

(1)协同研制的基础。大型客机主制造商在与供应商进行协同研制的工作中,首先要保证产品和供应商的质量。其中具备相关体系认证指的是供应商通过一个第三方机构对其管理体系或产品进行第三方评价,达到专业的标准,如AS9100(Quality Systems-Aerospace-Model for Quality Assurance in Design,Development,Production,Installation and Servicing);具备质量控制体系指的是供应商具有完善、规范的质量控制标准、良好的质量管理结构,质量管理效果明显;具备适航取证能力指的是供应商需要取得由适航当局根据民用航空器产品和零件合格审定的规定对民用航空器颁发的证明该航空器处于安全可用状态的证件;具有一定的对次级供应商的管控能力指的是供应商对其次级供应商的控制需有名录、有控制措施,供应商需负责其次级供应商的产品支援。

(2)协同研制中的知识交流。知识交流是大型客机协同研制过程中的关键,知识交流包含信息扩散、技术共享及知识转移三个关键点。其中信息又包含产品的数据信息、协同研制的进度信息、客户需求反馈信息、原材料采购信息等;技术包括产品的研制技术、数字化管理研制周期技术、零部件及成品的装配技术、复合材料使用技术、提高飞机疲劳寿命的长寿命连接技术等;知识包括大型客机产品研制过程中理论与实践结合的所有信息、技术。

(3)协同研制的目标。大型客机主制造商与供应商形成协同研制的合作关系,旨在保证产品质量的基础上降低研制的成本(包括研发成本、单机成本、物流成本),缩短研制的周期,准时交付,令产品在市场上具备一定的价值、定位及竞争力,并最终取得双方的利益共享、合作共赢。

### 2.3.3 大型客机协同研制的团队矩阵式组织结构设计

借鉴空客、波音的组织管理模式,设计的COMAC供应商网络型管理模式下的团队矩阵式组织结构如图2.3.2所示。从图中可以看出,项目管理部直属COMAC管理;项目管理部下属上飞公司的采购部和供应商管理部;客服公司负责结构件供应商的备件采购管理;成品件供应商的管理则由客服公司与上飞院共同负责。

采购与供应商管理部下有财务部、适航管理部、制造工程部、质量管理/审核部、工装部、法律部等其他职能部门。以项目为载体,将适航管理、产品设计与产品制造环节形成一个团队,其中制造环节需将负责各相关联工作包的供应商结合在一起,使得信息技术知识在工作包的供应商网络中流动。项目的制造阶段之前,适航管理部相关负责人将介入项目团队,参与项目的适航管理相关工作。相应地,来自上飞院的制造工程部会在产品总设计环节中负责产品的工艺及构型等相关工作;质量管理部门负责人需要在制造过程中起到监督、质量评估等作用,特别是在样品合格后的批量生产环节;在制造环节中,工装部负责人需将相关工作包凝聚为一个整体,进行供应商协同研制网络的管理。

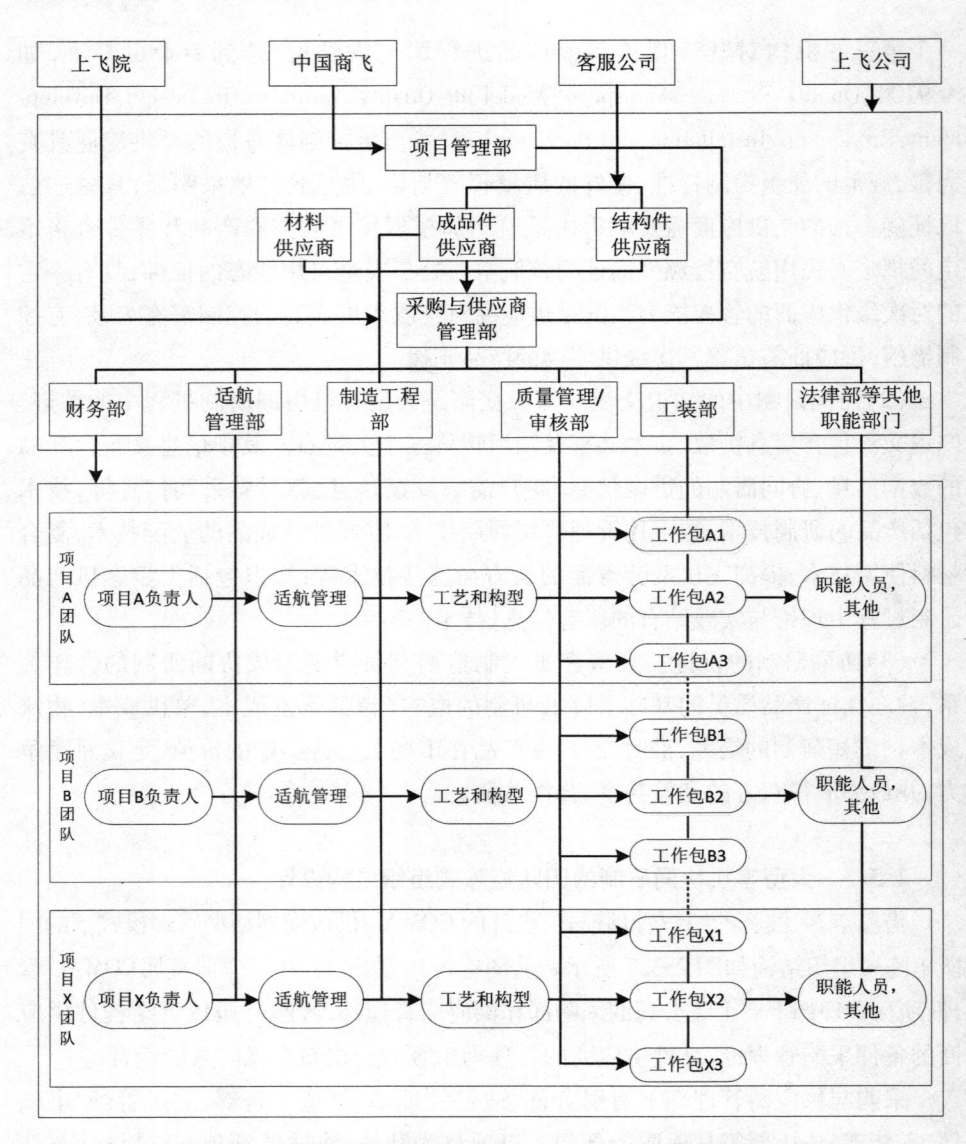

图 2.3.2　大型客机协同研制的主制造商—供应商团队矩阵式组织结构

## 2.4　客机协同研制的供应商评价

随着全球化竞争的不断加剧,对于大型客机制造业而言,供应商作为企业生产资料的提供者和供应链上的重要一环,对于企业的生产经营活动和供应链的正常运转起着至关重要的作用,是主制造商核心竞争力的来源和整个供应链管理中的关键。尤其在主制造商—供应商模式下,大型客机制造商若要持续赢得竞争优势就必须将供应商管理提升到战略的高度,其中供应商评价是一项很重要的工作。

### 2.4.1 供应商评价的影响因素

供应商评价伴随着大型客机从研制、生产、交付及使用的整个周期,客观准确地分析供应商评价的影响因素是对大型客机供应商进行科学、合理评价的前提和基础。

1. 相关的法律法规

大型客机由于研制、生产周期长,过程复杂,供应商评价涉及多个阶段。每个阶段供应商评价的影响因素均不相同。如研发阶段技术指标很重要,进入批产阶段时技术能力已相对稳定,进度指标就显得更为重要。尽管供应商评价的影响因素众多,然而相关法律法规、行业规范等文件规范了供应商行为,降低了供应商管理风险。从这些相关的文件体系中,可以分析出影响供应商行为的因素,为供应商评价提供理论依据。大型客机研制项目的供应商管理普遍涉及的国内外法律法规,如表2.4.1所示。

表2.4.1 大型客机研制项目的国内外法律法规

| 文件名称 | 主要内容 |
| --- | --- |
| 国内民用航空行业标准 | 规定了一系列的行业标准,具体的各项详细标准,比如有《航空发动机设计手册》和《航空制造工程手册》。规定了飞机装配工艺中的螺栓安装、复合材料的铆接、螺纹空心铆钉铆接等,面密度的测定,干膜润滑剂膜层外观试验方法,橡胶零件的尺寸极限偏差和表面粗糙度要求,等等 |
| AS9100系列标准 | 在ISO 9001质量体系要求基础上开发的航空航天标准,其中加入了航空航天行业所建立的有关质量体系的附件要求,以满足国防部(DOD)、美国航空航天局(NASA)以及美国联邦航空管理局(FAA)等监管机构的质量要求 |
| 适航管理规章 | 保障民用航空器的安全性为目标的技术管理标准,政府适航部门在制定了各种最低安全标准的基础上,对民用航空器的设计、制造、使用和维修等环节进行科学统一的审查、鉴定、监督和管理的标准 |
| 波音的先进质量体系(AQS)体系 | 波音公司供应商管理的内部文件D1-9000编排了内部质量管理、供应商质量管理和持续质量改进方法 |

这些法律法规文件为大型客机与不同供应商之间进行合作提供了相应准则，促使供应商持续改进过程，减少非增值活动，以保证高质量产品的生产。

2. 产品研制、生产过程中的影响因素

无论是工程发展阶段的设计、试制与试飞，还是批产与国产化阶段的取证与生产，进度、质量和技术水平、服务合作水平都是对项目的成功开展起着决定性作用的主要因素。大型客机项目产品实现过程及各阶段目标，如图2.4.1所示。

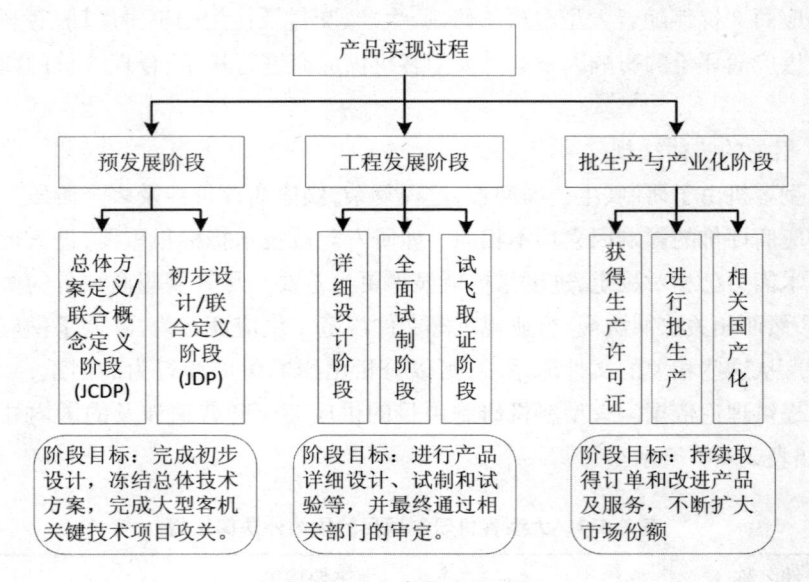

图2.4.1 产品实现过程

无论是预发展、工程发展还是批产阶段，进度的有效控制都是保证项目顺利实施的关键因素，例如预发展阶段的初步设计方案完成、关键技术攻关，工程发展阶段的试制和实验及最终相关部门审核，批产阶段的生产许可证获取等，某个阶段的实施情况脱离进度控制，将导致整个项目的延后，因此需要对供应商进度进行实时的监督和评价。

成本和费用是最终产品竞争力的决定因素之一。因此，在产品实现过程应该注重对费用的控制。成本是企业为获得单位产品所支付的总和，不仅仅指采购产品的价格，更包括为获得该产品所支付的各种变动费用。考察供应商是否具有竞争优势，要看整体成本。此外，供应商应该具有较强的采购成本风险承受能力，同时为建立长期的战略合作关系，供应商应该有着良好的主动降低成本的意愿。

而在产品生产过程，无论是试制还是批产阶段，供应商的质量和技术水平都是必须重视的关键因素。在生产过程中，有必要应用过程控制能力指数对供应进行实时评价,不断检测供应商的生产、制造能力,保证最终产品的质量。

此外,在产品实现过程,尤其是预发展阶段,需要供应商与主制造商不断沟通,因此供应商的合作水平也是关键的评价影响因素。只有供应商的通力配合,才能保证项目的顺利实施。

3. 产品交付与使用过程的影响因素

产品交付阶段的质量控制、运输条件以及服务合作水平都是必须重视的关键控制点,对项目最终成功起着至关重要的作用。产品交付后服务合作水平上升为对供应商考核的主要因素。

(1)产品交付过程

产品交付过程主要划分为产品交付准备、产品交付实施和产品交付后续处理三个阶段。以下以机体供应商为例分析产品交付过程。

①产品交付准备阶段。产品交付准备阶段主要完成产品未完工项目的申请处理、《供应商发运通知单》的发送与处理两项工作。存在未完工项目,机体供应商应向买方质量代表提交未完工项目的工艺文件,由买方质量代表在工艺文件后增加一栏"质量代表验证"工序。机体供应商完成满足买方有关技术及管理要求的全部交付文件,买方总装制造中心的供应商管理部接收《供应商发运通知单》,并在规定时间内予以反馈,同时,由其通知相关部门(包括物流中心、技安环保部、质量管理部和设施保障部)和供应商代表做好提货和接收的准备工作。

②产品交付实施阶段。本阶段主要完成交付产品的包装、储存与运输、交付产品的提货(此步骤存在与否取决于交货地点是否为买方)以及交付产品的接收与检验。机体供应商根据《包装、存储、防护、搬运和接收的通用规定》,完成交付产品的包装、储存与运输工作。买方安排相关部门到合同指定交货地点完成起吊装运作业,并运送到买方。买方物流中心完成交付产品的接收工作。在此基础上,买方质量管理部完成交付产品的检验工作。

③产品交付后续处理阶段。产品交付后续处理主要完成产品交付问题的沟通协调、不合格产品处理、未完工项目的处理以及检验合格交付产品处理等相关工作。供应商管理部根据《材料/零件接收信息单》和交付产品书面评审报告与机体供应商进行协商。物流中心将不合格交付产品和《故障拒收报告(FRR)》送至不合格品审理控制中心(MRCC)。不合格品审理控制中心(MRCC)依据《机体供应商不合格品控制规定》(GYG426-5-2010A)进行处理,对不合格交付产品提出处理意见和纠正措施(原样接受、返修/返工、退回机体供应商或者报废)。对于未完工项目,依据《机体供应商未完工项目在买方区域装配、试验及检验的管理规定》(GYG426-6-2010)进行处理。交付产品检验合格后,买方各相关部门完成相应工作。

（2）产品使用过程

产品在使用过程中涉及的主要是机体的零部件维修。以可靠性为中心的维修,是目前国际上流行的、用以确定设备预防性维修工作、优化维修制度的一种系统工程方法,也是发达国家军队及工业部门制定军用装备和设备预防性维修大纲的首选方法。其基本思路是:对系统进行功能与故障分析,明确系统内各故障的后果;用规范化的逻辑决断方法,确定出各故障后果的预防性对策;通过现场故障数据统计、专家评估、定量化建模等手段在保证安全性和完好性的前提下,以维修停机损失最小为目标优化系统的维修策略。

### 2.4.2 供应商选择的评价体系

供应商作为大型客机主制造商产品和服务的原始提供者,是供应链的源头,也是主制造商的延伸,对其进行科学的评价与选择决定了大型客机的产品质量、交货水平等。合理的供应商评价指标,不但有利于激励供应商达到一定的目标,也可以统一供应商与主制造商的目标。

1. 供应商评价与选择的流程

COMAC在国内供应商评价与选择的流程中,包含了以下五个关键节点:

（1）供应商寻源

一般情况下,供应商调查需要企业采购人员随时关注市场信息,密切关注该行业市场中占有一定份额的知名企业及新出现的企业,同时要监督这些企业的变化情况,对所选供应商进行预审。了解企业有哪些可供选择的供应商,各个供应商的基本情况如何、信用度如何等,都需要在调查中得到结果。这样就能了解资源系统以及正式选择供应商的重要信息。

由于需要投入大量的资金,以及对技术能力和技术成熟度的高要求,与其他行业相比,航空工业有着非常高的进入壁垒,因此合格的供应商,尤其是一级供应商形成了一定程度的不完全竞争,有些关键部件制造甚至是寡头垄断,主要的系统供应商往往达到数十亿美元的年销售额的规模。例如,航空发动机是资本技术密集型产业,同时航空发动机研制周期长、投入极高。在20世纪90年代,国外研制一台100KN级推力的加力涡轮风扇发动机要投资15~20亿美元,研制工程周期约9~15年。世界上能独立研制生产航空发动机的公司并不多,行业集中度非常高。国际上主要有美国通用公司、英国罗罗公司、加拿大普惠公司、法国斯耐克玛公司。而且世界上的著名的大型客机制造商都与近乎相同的供应商有着长期和紧密的合作关系。空客更是将主要供应商限定在欧洲市场。市场声誉实际上是一种隐性的契约关系,这种建立在相互信任基础上的隐性契约是在位企业最重要的无形资产,并且也构成了新进入企业的主要进入障碍。当主制造商没有长期使用过新进入供应商的产品时,新进入供应商的任何承诺和游说都显得缺乏说服力。市场声誉的一个重要性质是,它是一种只能依靠较长时间才能积累起来的无形资产,短期内无法获得。因此至少在飞机的主要部件和系统中,供应商的选择范围是有限的,只有部分结构件、厨房、内饰、座椅及更小的部件才有可能有充分的供应商竞争。

通过了大致的调查过程,可以锁定潜在的供应商进行评价和选择。供应商评价与选择过程可以分成供应商初选、供应商评价、确定潜在供应商、确定合格供应商四步。

(2)供应商初选

供应商信息之间的可比性是很重要的,还应具有时效性和准确性,可以根据飞机项目可行性报告制定供应商信息征询书进行书面调查,如请求信息书(Request for Information,RFI),了解供应商的财务和技术情况,同时也将飞机的主要参数和要求等顶层信息告知供应商。同时进入联合概念定义阶段(Joint Concept Definition Phase,JCDP)。

(3)供应商评价

供应商评价是一项很重要的工作。不仅在供应商合作阶段需要评价,在供应商选择阶段也需要评价。只有通过合理的评价,对供应商进行更加全面的了解,才能为供应商的选择做好支持工作。

在大多数的公司中,供应商评价的基本准则是"Q.C.D.S"原则,也就是质量(Quality)、成本(Cost)、交付(Delivery)与服务(Service)并重的原则。但作为飞机的供应商,还需额外关注技术和适航。首先,供应商持续、稳定的支持能力是最重要的,优先选择成熟可靠的技术,并不一味追求新技术、新指标。客机也不同于航天产品,是需要重复使用、大批量生产的,因此可靠有效的质量体系运行非常必要,不仅要生产出一件精品,更要能生产出一批精品。所谓适航审查,是对新型号飞机按照申请和受理确定的适航标准进行审查,如能通过审查即颁发"型号合格证"(Type Certificate,TC),表示此飞机的安全性设计符合适航标准规定的"最低安全性要求",在法律上意味着通过对航空器安全性设计的批准来履行对公众安全负责的一种政府监管制度。适航证体现的是国家监管,飞机输出国的适航认证能否得到输入国和其他相关国家的认可,要视具体情况而定,但美国联邦航空局(FAA)和欧洲航空安全局(EASA)是国际公认的适航认证机构,也就是说,FAA和EASA颁发的适航证是国际通行的。其次是商务成本,也就是价格,价格包括研发费用和单机成本。研发费用是供应商要求主制造商提供的用于研制交付物的费用,包含研究人员费用、出国费用、试验费用等,有的情况下供应商自己投入研发,但在飞机交付后的批量生产中要求价格优惠。在交付方面,要确定供应商是否拥有足够的生产能力,人力资源是否充足,有没有扩大产能的潜力。最后,也是非常重要的一点是供应商的售前、售后服务的记录,包括适航认证的文件、技术支持、后续的返厂维修等。再对各大类指标的每一项进行细化分解,从而成为一套完整的评价指标体系,以此对供应商反馈的信息进行评价。

(4) 确定潜在供应商

在建立了一套完整的评价指标体系后,由于是具有多指标的综合评价系统,需要较为谨慎地确定权重。可以采用定性、定量以及定性与定量相结合的办法。定性的方法有专家打分法,设置调查问卷让相关领域专家打分,尽可能地包含飞机设计、制造、营销等多个领域的专家,把相应的指标得分化作指标权重,再通过计算得到分数排名。如果是系统供应商,还要结合联合概念定义阶段(JCDP)的评估,有针对性地发放邀标书(Request For Proposal,RFP)。

(5) 确定合格供应商

组织各部门对收到的供应商建议书进行评议,写出评标报告,并组织拟定合同技术条款,准备合同技术条款的谈判,组织相关部门参与合同技术条款的谈判。在公司供应商选择领导小组批准确定供应商后,组织完成与供应商签订合作备忘录(Memorandum of Understanding,MOU)/意向书(Letter of Intent,LOI)的准备工作。如果是系统供应商,还要根据联合定义阶段(Joint Definition Phase,JDP)工作情况,组织各设计研究部完成与供应商签订主合同(Master Contract)的准备工作。

为了寻求合适的供应商进行大飞机协同研制工作,主制造商需要通过招标的方法得到供应商的相关信息,并对多个供应商进行筛选,最终确定中标的供应商,与其签订合约,进而开展协同研制工作。

2. 供应商选择的评价指标体系构建原则

对于供应商的评价依赖于相应的评价指标体系,评价指标是否科学、合理,直接影响了对供应商的评价结果。因此,指标体系的构建必须依照一定的原则进行设计。

(1) 指标体系大小适宜原则

指标体系过大或过小都无法反映出供应商的综合情况,指标体系过大会导致评价的指标层次繁多、指标内容过于细致,从而增加了供应商选择的难度,指标体系过小则无法对供应商进行深入的了解与评价,因此,指标体系需大小适宜,在对供应商充分了解的基础上进行横向的指标对比与重点分析。

(2) 系统全面性、完整性原则

全面性是指所建立的指标体系不但能够反映供应商企业的历史业绩和现况,

而且还能够体现供应商的合作能力和未来发展潜力;完整性是指评价指标不仅能够反映出供应商的运营情况,还要反映出整条供应链效率的因素。

(3)柔性、可操作原则

指标体系的设立应该有足够的柔性,使公司能够根据自身特点和实际情况进行运用。设立的指标要便于衡量,在尽可能客观评价的基础上对各指标进行量化处理,对于难以量化的指标则需要在符合实际的基础上对指标进行合理的定性处理,进而为下一步的评价操作步骤带来便利。

(4)科学、实用性原则

指标体系要能科学地反映供应商的实际情况,既客观又要实用。在指标体系设定的过程中应避免出现指标的冲突、包含与被包含等一系列逻辑上、科学上的问题。

(5)发展性原则

各指标的设定应留有一定的发展空间,使得在主制造商因自身特点或供应链发展中因环境变化等情况下,指标具备可调整、易变化等发展的特点。

3. 供应商选择的评价指标体系建立

依据客机研制、生产、交付及使用整个周期的影响因素,供应商管理的有关规范化文件及客机产业的特色,并借鉴波音、空客的供应商评价体系,初步筛选了大型客机供应商选择的评价指标;在COMAC的支持下,课题团队组织中国商飞有限公司、上海飞机设计研究院、上海飞机制造有限公司和上海飞机客户服务有限公司内的供应商管理部、质量管理部、计划管理部、市场与客户支援部、人力资源部等相关部门的专家开展了两轮德尔菲函询,据此建立的大型客机供应商选择的评价指标体系,如表2.4.2所示。

表2.4.2 大型客机供应商选择的评价指标体系

| 一级指标 | 二级指标 | 含义 |
| --- | --- | --- |
| 质量 | 合格率(定量,%) | (合格产品数/生产产品总数)*100% |
| | 美誉度(定性) | 供应商获得市场信任、声誉、接纳和欢迎的程度 |
| | 质量控制体系(定性) | 是否具有完善、规范的质量控制标准、良好的质量管理结构,质量管理效果明显 |
| | 适航取证能力(定性) | 取得由适航当局根据民用航空器产品和零件合格审定的规定对民用航空器颁发的证明该航空器处于安全可用状态的证件 |
| | 次级供应商管控(定性) | 供应商对其次级供应商的控制是否有名录、有控制,供应商是否负责其次级供应商的产品支援 |

续表

| 一级指标 | 二级指标 | 含义 |
| --- | --- | --- |
| 成本 | 研发成本(定量,万元) | 包括研发费用和产品成本,研发费用包括开发费用、测试费用和人工费用等,产品成本包括采购和材料费用、制造费用等 |
| | 单机成本(定量,万元) | 单架飞机在生产过程中所耗费的全部费用 |
| | 物流成本(定量,万元) | 指供应商交付产品时所造成的物流运输成本 |
| | 价格稳定性(定性) | 供应商提供的产品一年内价格波动的幅度 |
| | 付款优惠性(定性) | 供应商是否就付款方面提供相关优惠政策 |
| 交付 | 准时性(一定范围) | 供应商在研制和生产阶段能否根据项目进度按时交付产品。准时交付率=(按期交付次数/同期内总交付次数)*100% |
| | 柔性(定性) | 灵活应变的产品交付能力,提供产品交货数量、时间发生改变时,供应商能否保证供货 |
| 合作 | 信用(定性) | 供应商对合作项目是否有长期承诺与支持。这里引用穆迪公司制定的信用评级标准 |
| | 信息交流(定性) | 供应商与制造商之间就合作项目进行信息交流的密切程度 |
| | 合作意愿(定性) | 供应商持续改善合作的主动性 |
| 竞争力 | 专业R&D人员(定量,人) | 参与新知识、新产品、新流程、新方法或新系统的概念成形或创造,以及相关项目管理的专业人员 |
| | R&D经费(定量,万元) | 企业在产品、技术、材料、工艺、标准的研究、开发过程中发生的各种费用的总量 |
| | 发明专利拥有数(定量,项) | 供应商拥有的发明专利数量 |
| | 市场占有率(定量,%) | 供应商的产品在一定区域内占同类产品总销售量的百分数,一般把市场占有率的大小作为销售业绩的评定指标 |
| | 技术先进性(定性) | 供应商是否在一个或多个技术领域(或系统)拥有先进技术并处于行业领先地位 |
| | 技术成熟度(定性) | 供应商在一个或多个技术领域(或系统)拥有的技术的成熟程度 |

续表

| 一级指标 | 二级指标 | 含义 |
|---|---|---|
| 服务支持 | 快速反应能力(定性) | 供应商是否具备快速响应机制,拥有24*7热线电话,满足COMAC关于航材采购和技术问题请求的相应要求 |
| | 备件支持(定性) | 供应商能否提供在飞机研制和取证时所必需的系统及备件 |
| | 培训服务 | 供应商是否提供产品安装、试验和维护的相关培训,培训计划是否详尽,包括培训课程支持和对培训设备研制的支持 |
| | 技术支持能力 | 供应商是否及时处理总装现场和试验/试飞中出现的产品质量问题和其他问题。该指标要求供应商出示维修能力清单以及相关的证明文件 |

### 2.4.3 供应商的绩效评价体系

对供应商的高效管理依赖于相应组织结构的建立,波音公司拥有高级别的强大的供应商管理团队。由于我国的大型客机尚在研制阶段,本节以波音为例,分析大型客机的供应商绩效评价体系。

1. 供应商绩效评价的流程

无论是波音总公司,还是波音商业飞机公司及其下属公司,都针对供应商的管理建立了相应的部门。在波音总公司,控制、运营、顾客支持、工程和制造、制造和质量、物料、质量、销售等从不同方面对质量进行管理,针对这些管理配有相应的质量标准和要求。在波音商业飞机公司中,设有专门的质量部门:制造和质量部,此外其他部门也有相关的质量管理职能,如物料管理部需要对物料的接受检查等方面进行监督。在波音商业飞机公司下属的杰普森·桑德森(JEPPESEN SANDERSON)公司设有专门的质量、标准和工业部,飞机项目中设有专门的供应商管理和采购部,波音商业航空服务部设有安全服务部和维修工程部,这些部门承担了相应的质量管理工作。波音公司的供应商绩效评价流程,如图2.4.2所示。

供应商绩效测量(SPM)报告是波音公司用来评估供应商绩效的标准。内部和外部使用者通过波音公司供应商工具手册(BEST)获取绩效报告。

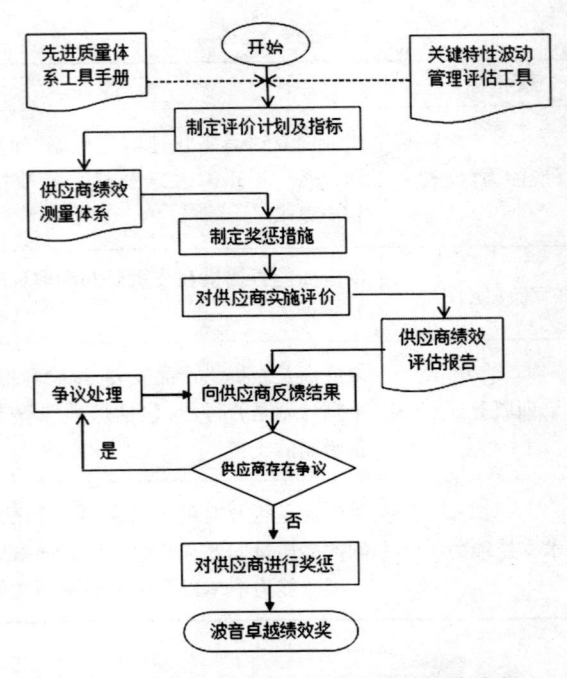

图 2.4.2　波音公司的供应商绩效评价流程

2. 供应商绩效评价维度与指标体系

波音公司从以下三个方面对供应商绩效进行评估：质量、交付期和总体绩效评估等级（GPA），如图 2.4.3 所示。

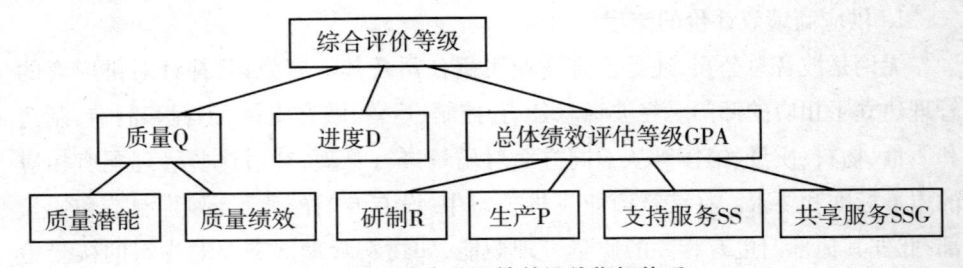

图 2.4.3　波音公司绩效评价指标体系

图 2.4.3 中，GPA 评级是通过研制、生产、支持服务和共享服务四种业务模式进行评价的。在每个业务模式下波音公司针对 80% 以上采购量的最大供应商和具有重要战略意义的小供应商进行评审，主要包括采购（成本/价格）、质量、物流、技术及管理等五个方面，其中，采购（成本）主要从总成本、成本控制能力、成本下降的主动性和合作服务等角度考核，质量主要从质量表现、质量体系、质量协议和合作服务等角度考核，物流主要从物流表现、物流稳定性和物流系统、供应商策

划、执行和与波音沟通的及时性等角度考核,技术主要从当前技术表现、技术要求满足程度,包括产品开发、性能和保障等角度对供应商进行考核,管理主要指供应商满足进度要求的情况。

3. 供应商质量评价

波音公司的供应商质量评价是通过一个百分制的积分系统来评定的,它包括两方面:质量潜能和质量绩效。

供应商质量潜能评价主要包括:基本质量体系、先进质量体系及产品计划和控制评估,而质量绩效主要包括当前绩效及纠正反应措施。各指标主要内容及权重如表2.4.3所示(括号里面为分值)。

表2.4.3 供应商质量评价

| 质量潜能(50) ||| 质量绩效(50) ||
| --- | --- | --- | --- | --- |
| 基本质量体系(20) | 先进质量体系(20) | 产品计划和控制评估(10) | 当前绩效(40) | 纠正反应措施(10) |
| 程序、记录检查标志和运输;制造质量控制;图纸、数字多媒体、说明书;供应商采购;测量测试工具和功能测试;检查方法;质量审查项目和训练;某个特定的产品问题。 | 关键质量特性;变化根据;统计控制与能力;变化控制;AQS流图。 | 产品计划与控制;原材料要求;变化反应时间;工具、测试设备。 | 被拒率;当前零差错率。 | |

4. 供应商绩效评价评分方法及分级标准

GPA评级是通过研制、生产、支持服务和共享服务四种业务模式进行评价的。例如,R(4)+P(4)+SS(1)+SSG(5)=14/4=3.5,为棕色(黄色)GPA等级;综合评价等级=Q(4)+D(5)+GPA(1)=10/3≈3.33,为棕色综合等级。

说明:虽然GPA计算值3.5为棕色等级,但由于2007年以前采用最低等级法,所以计算综合评价等级的时候选取的分值为黄色1分。

其中,金色=5,银色=4,棕色=3,黄色=1,红色=0。

波音公司根据年度开销和业务需求来确定"关键供应商"。波音会经常对关键供应商进行评价。在每年的四月和十月,将对关键供应商全部的项目/场所管理进行评估。每半年将对关键供应商进行一次评估,如果有需要,评估的次数会更多。波音公司根据综合评价等级评分对供应商进行等级划分,如表2.4.4所示。

表 2.4.4 波音供应商等级划分

| 等级颜色 | 级别 | 评估标准 | 评估标准的量化值 |
| --- | --- | --- | --- |
| 金色 | 优秀 | 供应商绩效远远超出期望水平 | 交付时间:在 12 个月内 100%准时交付;<br>质量:在 12 个月内波音 100%接收其产品;<br>GPA:大于或等于 4.8,并且没有黄色或红色等级。 |
| 银色 | 很好 | 供应商绩效满足或超出期望水平 | 交付时间:在 12 个月内 98%准时交付;<br>质量:在 12 个月内波音 99.8%接收其产品;<br>GPA:小于 4.8 大于或等于 3.8,并且没有黄色或红色等级。 |
| 棕色 | 合格 | 供应商绩效满足期望水平 | 交付时间:在 12 个月内 96%准时交付;<br>质量:在 12 个月内波音 99.55%接收其产品;<br>GPA:小于 3.8 大于或等于 2.8,并且没有黄色或红色等级。 |
| 黄色 | 需要改进 | 供应商绩效需要改进才能满足期望水平 | 交付时间:在 12 个月内 90%准时交付;<br>质量:在 12 个月内波音 98%接收其产品;<br>GPA:小于 2.8 大于或等于 1。 |
| 红色 | 不合格 | 供应商绩效不能满足期望水平 | 交付时间:在 12 个月内准时交付低于 90%;<br>质量:在 12 个月内波音接收其产品少于 98%。<br>GPA:小于 1。 |

4. 供应商绩效评价的实施及结果运用

为了实施对供应商的管理,波音公司制定了一系列针对供应商的要求和标准,提供了相应的质量管理工具(如先进质量体系工具手册、关键特性(KC)波动管理评估工具),并建立了供应商绩效测度体系(SPM),形成了系统的、可实施的供应商管理体系。为了更好地促进供应商达到波音公司对供应商的要求,波音公司从质量、交付期和总体绩效三个方面对供应商绩效进行测量,建立了供应商绩效测度体系,并设立了波音卓越绩效奖,有效促进了供应商质量管理达到卓越。

(1)供应商绩效评估(Supplier Performance Measurement)

波音公司供应商工具手册(BEST)是波音公司唯一的、权威的供应商信息来源,是存储供应商相关数据的重要系统。供应商绩效评估报告包含在 BEST 中。

波音各网站按月提供供应商绩效数据。这些数据每月 10 日向 BEST 提供,每月 15 日在 BEST 供应商绩效评估报告中报道。报告中的绩效数据反映了前一个月的绩效情况。(如一月的绩效情况在二月绩效报告中反映)。

(2)供应商绩效评估(SPM)报告

通过点击每一类绩效的超链接,查询每一等级相关数据。当质量数据出现在实施了电子供应商纠正措施通告(Electronic Supplier Corrective Action Notice(E-SCAN))系统的网站上时,BEST 质量等级就会提供相关链接。

(3)等级存在争议时的处理过程

波音和其供应商共同确保绩效数据的真实性。公司进行的评级过程是为了确保 BEST 供应商绩效评估报告能够准确地反映供应商的绩效。如果供应商认为其绩效等级存在问题或遗漏,可以通过正式或非正式过程要求重新评审,推荐使用非正式过程。

非正式过程:供应商和波音公司的购买订单签订人联系,然后购买订单签订人负责将此事件提交给波音和每个过程负责人。

正式过程:供应商通过 BEST 系统反映等级争议问题,然后由购买订单签订人负责处理。

当供应商在 BEST 系统打开绩效分类详细报告并选择了蓝色钻石图标,正式处理存在争议等级的申请就被提交了,随之就会正式处理存在争议的等级。供应商必须提供电话和详细的、关于绩效如何形成争议的解释。一旦开始正式处理,报告将反映出问题处理的现状。新产生的争议问题标为"Contested";被分派给波音代表的问题标为"Assigned";波音代表已经开始处理的问题标为"In-Work";波音代表已经处理的问题标为"Dispositioned"。供应商有权使用评级存在争议的排队系统,记录绩效等级存在的问题(包括质量、交付期和总体绩效评估)。波音公司会在 20 天内处理存在争议等级的问题,从而确保数据与近期绩效报告保持一致,并且波音公司会一步一步改进评估存在争议的等级来满足用户需求。波音公司的代表必须及时更新网站内容,使质量体系与网站描述相一致,从而确保存在争议的绩效能在以后的绩效运营中体现,并能够查询到存在争议的解释。已经处理过的存在争议的绩效问题不包含在新的绩效报告中,供应商等级会被更正。

(4)波音卓越绩效奖

波音公司承认并奖励绩效卓越的供应商。波音卓越绩效奖是年度最高绩效认可项目,它自 2007 年 9 月 30 日取代了波音优选供应商认证项目。

合格标准:连续十二个月,从 10 月 1 日到次年 9 月 30 日,供应商综合绩效等级均为金色或银色;年度合同达到或多于 100000 美元;十二个月中至少有十个月有绩效证据。

奖励:适合展示的奖品;行业内表彰;与供应商公司网站相链接的波音公司外

部网站上表彰;在每季度的波音内部通讯上的"最优等级"表彰;根据绩效水平进行资源选择;有资格参加年度波音供应商评选。

## 2.5 客机协同研制的供应商培育模式

大型客机制造业是典型的协作型工业,一架大型客机从设计、生产到最后的组装需要众多部门的协作,只有主制造商与供应商紧密协作、协同研制才能实现飞机的最终交付,并实现主制造商与供应商的长期的互惠、双赢。我国大型客机的供应商管理尚处于起步阶段,制造商需要积极培育自己的优势供应商,协同提升研发、设计、制造、供应等方面的能力。

### 2.5.1 大型客机供应商培育的基本原则

大型客机产业链的模块化主要是指将大型客机产品系统分解为一系列相对独立的具有特定功能价值的模块。一般来说,大型客机有机体、发动机、飞机分系统和机载设备等四个基本组成部分,其中,大型客机机体主要包括装载旅客和货物、控制飞机姿态以及在地面支撑客机的部分,具体可分为:机身及部件、机身尾段、尾翼及其部件、机翼及其部件、起落架;而发动机主要有双发、三发和四发等机型配置的发动机;飞机分系统和机载设备包括航空电子系统、电源系统、空气管理系统、飞行控制系统、液压能源系统、防火系统、供水/水处理系统以及客舱设备、装饰件等。根据不同的模块,国家和大型客机主制造商有意识地去培育相关产品供应商,而主要培育的供应商是机体设备、发动机、系统设备、材料及标准件等四类供应商。

(1)对于机体设备供应商的培育本着立足国内科研力量,以国内上飞、西飞、哈飞、沈飞、成飞、昌飞、洪都集团、航天科技集团306所、济南特种材料研究所、西子集团等航空工业制造单位为主要依托,同时发挥其他行业包括民营企业的优势,给予资金、技术等方面的支持,培植具有一定科技实力、经济实力的企业参与到民机相关项目的研发、制造、适航验证等方面中来,使其能够长期稳定地为我国大型客机制造提供标准的相关机体设备。

(2)对于发动机供应商的培育,从国家的层面,应积极倡导国内发动机企业与国外先进的飞机发动机制造企业合作,建立相应型号的发动机合资公司,在坚持自主研发、制造的基础上,学习并掌握国外企业相关产品制造技术、管理经验,逐步使其研制走向成熟并取得适航证。

(3)对于系统设备供应商,应根据目前国内外供应商的实际能力,要求和鼓励国外供应商与国内企事业单位合资合作,带动国内相关产业的发展。

(4)对于材料及标准件供应商,应鼓励国内具有基础和条件的各种所有制形式企事业单位(包括民营企业)参与相关飞机型号项目的材料及标准件的研发、制造、适航,国家及主制造商给予航空材料及标准件供应商一定的资金、技术、税收等方面的支持,积极引导其按着质量、适航等相关标准研发、设计、制造符合飞机型号项目需要的产品。

### 2.5.2 基于风险合作多层次价值链的供应商培育

由于各供应商所提供的产品附加值以及产品的关键程度在大型客机中所处的位置是不一样的,附加值和产品的关键程度越高,其对大型客机主制造商影响越重要;所提供的产品附加值和关键程度比较低时,如标准件,其供应商对于主制造商来说,其所处的地位也是比较低的,因此针对供应商所提供产品的附加值和关键程度,培育不同层次风险合作的供应商,与之紧密合作,对于大型客机制造业发展和大型客机项目的成功研制尤为重要。

一般根据供应商所提供产品附加值和关键程度的不同,可将风险合作供应商分为四个层次:普通供应商、优先供应商、合作伙伴供应商和战略联盟供应商,这四个层次随着供应商所提供物资关键程度和附加值的加大、双方合作程度的加强以及双方关系紧密程度的提高,从普通关系向战略联盟关系逐级递升,普通供应商处于最底层,优先供应商处于第二层,合作伙伴供应商处于第三层,战略联盟供应商位于最顶端。培育大型客机制造业的四类供应商,采取不同的措施。

(1)普通供应商

大型客机制造业供应商对主制造商产出水平的贡献相对来说比较小,从分工的角度来看,每个供应商一般只提供一种或几种原材料、零部件或系统及服务,所以此类供应商向主制造商提供的本企业的最终产品或服务对核心企业来说只是一种或几种中间制成品,并且此类供应商的数目较多,竞争更激烈,客机制造业主制造商选择较多,因此此类供应商来对核心企业的贡献较小。对于此类供应商的培育,主要是培育那些材料及标准件供应商,针对国内具有航空制造经验和能力的一些航空制造企业或者民营企业,尤其是需要关注国内此类行业的龙头企业,鼓励其参与到相关飞机型号项目的材料及标准件的研发、制造,国家对其给予一定政策优惠和财政支持,使其快速提升自身实力,主制造商给予那些具有发展实力的企业一定的技术、管理等方面的支持,鼓励其联合研制飞机配套项目,使其参与到世界航空材料及标准件竞争中来,获得竞争优势,占据一定的市场份额。

(2)优先供应商和合作伙伴供应商

一般为客机零部件供应商,且制造商与供应商形成长期的稳定战略合作伙伴关系,主制造商与供应商具有平等对话的权利,他们彼此共担客机制造业研发、制造等环节的各种风险,同时也共享利润。对于优先供应商和合作供应商的培育,国家需要制定更多航空政策优惠和给予更多的财政支持,加大民机产业的自主创新力度,从资金、人力和物力上给予充分的保障,积极培育国内民机供应商的核心能力,如在一些关键材料或部件上,使国内具有很强航空制造能力的企业投入大量的资金、技术、人力进行相关飞机型号、项目的研发、制造,并鼓励其与国外航空制造企业进行紧密合作,或者合资进行项目研发,学习国外先进的技术、管理经验,同时大型客机主制造商紧密与其沟通协商、给其以人力、技术等方面的支持,使其快速提升自身实力,生产符合航空制造标准的产品。

(3)战略联盟供应商

可以在全球范围内通过招标、国家政策激励等方式来培育共担风险、共同发展的供应商,并与供应商建立起互利共赢的战略联盟风险合作伙伴关系,以便充分利用全球的科技资源,在整个供应链上压缩大型客机制造成本,开发出能够满足市场需求、技术先进的大型客机。

为更有效地培育战略联盟供应商,大型客机主制造商可以通过股东投资、友好联盟协议、以供应商的产品供应来换取市场等方式与战略供应商建立"风险共担合作伙伴"关系,使其成为长期的盟友;针对一些投资资金量大、研发难度大、周期长等的大型客机项目,主制造商可以采取股东投资方式,在符合政府要求或获得市场准入的前提下,通过制造商向供应商投资,或者供应商向制造商投资,或双方共同出资建立新的公司,促使供应商生产客机相关产品满足主制造商的需要,以达到有更多供应商为主制造商长期服务的目的;以风险投资吸引供应商参与飞机协同研发制造,来稳定供应源。

### 2.5.3 供应商协同研制的培育模式

目前我国在大型客机发动机与航电系统、飞控、电源、燃油和液压系统等机载设备等方面存在问题,急需培育这些方面的供应商,使其具有独立研发、制造大型客机所需的相关设备,为我国大型客机产业长期稳定发展提供支撑。鉴于目前我国这个方面供应商的现状和世界在这个方面的优势,要改变这种局势,在我国相关航空制造单位自主研发、提升自身实力的基础上,通过实施"国外优势供应商+国内潜在供应商"联合设计、合作生产,促使我国在发动机、航电系统、机电系统等方面有优势的潜在供应商快速成长起来。

在发动机方面,中国商飞支持其发动机的研制部门与CFM(国际发动机公司)合资建立LEAP-XIC发动机总装和试车的生产线、与德国MTU航空发动机供应商联合设计、研制我国具有自主知识产权民机发动机的同时,也应积极寻找单元体供应商、系统供应商、原材料供应商等在内的国内具有发动机及其配套产业研制能力的企业,同时鼓励诸如航空动力、成发科技、ST宇航、中航重机、钢研高纳等国内潜在的发动机供应商与通用公司、普惠公司、罗尔斯·罗伊斯公司、CFM、MTU等世界优秀发动机供应商积极合作,建立相应的合资公司,针对某一型号的发动机展开合作、设计研发。

针对机载设备,要求国外供应商与国内供应商成立合资公司,建立起系统级产品研发、集成、生产装配和实验能力,并形成成套的批产能力和售后服务能力。合资公司外方母公司承担产品的技术责任、系统集成责任和适航取证责任。对于航电系统供应商的培育,支持国内的中航电子等企业与霍尼韦尔、通用公司等国外优秀供应商合资,建立合资企业或者工厂,联合设计、研发核心处理系统、通信和导航系统、座舱显示系统、大气数据系统、惯性卫星导航系统、飞行控制系统、飞行数据系统等方面的系统,促使中航工业在这个方面迅速提升其科技实力、管理经验,获取适航条件,提升批产能力和售后服务能力;对于机电系统方面的供应商培育,中国航空工业与中国商飞支持协调霍尼韦尔(Honeywell)与成发科技合作,成立合资公司联合研发中国大型客机所需要的相关型号的加速处理器(APU)系统;并促使环境控制系统、燃油系统、液压系统方面的国外优势供应商如利勃海尔宇航(Liebherr Aerospace)和派克·汉泥汾(Parker Hannifin Corporation)等公司与中航精机等国家具有该领域潜力和能力的企业通过合资、联合建厂等方式合作,共同开发针对我国大型客机相关型号的环境控制系统、燃油系统、液压系统;同时鼓励国内具有电源系统研发能力的企业如中航精机与Hamilton Sundstrand汉密尔顿·桑德斯特兰德等国外优势的电源系统设计、制造商合作,研发更匹配的电源系统;对于起落架系统和刹车系统,促使中航航电、中航机电、博云新材、西安制动等国内企业与古德里奇、霍尼韦尔等国外供应商合作,联合设计、研发、生产。

## 2.6　本章小结

大型客机制造业是目前所有制造业中技术和知识密集度最高、上下游关联产业拉动面最广和产品附加值最高的产业,在全球一体化的发展背景下,世界级大型客机制造商均采用了与供应商风险共担的"主制造商—供应商"管理模式。"主制造商—供应商"模式意味着产品研制过程所涉及的设计、制造和装配等工作将由不同的设计部门、制造和装配厂商以及众多相关的专业系统公司之间密切协作、协同完成，主制造商通过放弃自己的一部分非核心业务来换取能够真正承担复杂产品研制的战略合作伙伴。

"主制造商—供应商"模式是建立以质量为内在核心，以信息网络为运作平台，依托企业内部管理信息系统，逐步培育战略供应商，并与之建立长期稳定的供需合作关系，谋求供需双赢、共同发展的供应商管理模式。"主制造商—供应商"模式带来的是资源合理配置的最大化，从而使"主—供"双方都各得其所，从中受益匪浅。目前波音、空客等国际大型客机主制造商按照市场规律对供应商的管理形成了比较完善、系统的体系，且仍然处于持续探索、改进中；借鉴国际上航空工业公司的管理运行体制和商用飞机的发展模式，并结合 50 多年的发展管理经验，中国民用飞机研制建立了"主制造商—供应商"模式。由于中国大型客机制造业刚从计划经济中走出来，按照国际惯例和市场规律对供应商管理尚处在初级阶段，对供应商的选择、评价、激励、实施、管理等一系列问题，都急需探索研究。本章在分析波音、空客大型客机供应商管理模式的基础上，结合中国大型客机供应商管理的发展现状，探究了大型客机协同研制的供应商关系管理内涵与演化过程，设计了适用于主制造-供应商协同研制的大型客机团队矩阵式组织结构；建立了大型客机协同研制的供应商评价体系；给出了几类供应商的培育模式，旨在为我国大型客机协同的供应商管理提供借鉴与参考。

## 思考题

1. 比较分析空客、波音在供应商管理方面的异同及其优缺点。
2. 什么是供应商关系管理？
3. 依据产品类别可以将供应商关系管理划分成哪几类？
4. 简述大型客机主制造商与供应商的协同研制模式。
5. 对于主制造商—供应商协同研制模式，可以从哪些方面对供应商进行激励？

# 第三章 大型客机协同研制的供应链管理

大型客机协同研制涉及数量庞大的供应商,面向协同研制供应链的有效管理是突破"双寡头"垄断局面的关键。以美国波音公司为例,它的生产链布局到了全球的70多个国家,形成了一个很长的跨国供应链。欧洲空中客车工业公司在全世界有2100多个供应商,分布于美国、日本以及中国等32个国家,构成了全球供应系统。未来,大飞机项目肯定要实施全球采购,供应链管理已不能局限于采购、成本控制、签订合同等执行工作,而是需要将供应链融合到业务的战略制定中。

## 3.1 复杂产品供应链管理的模式架构

复杂产品是"产品组成复杂、客户需求复杂、制造流程复杂、项目管理复杂、试验维护复杂一类产品"的统称,它们具有系统、复杂的功能和界面,部分部件往往需要定制。由于其高度定制性及自身的复杂性,复杂产品的研制是一项系统工程,同时复杂产品制造企业的供应商群体庞大,因此,主制造商对整个供应链的协调管控是复杂产品顺利生产的关键所在。

### 3.1.1 供应链管理

20世纪90年代,各种高新技术在制造企业中的应用越来越广泛,在这种时代背景下,提高生产率变得十分重要,而相对来说,制造加工过程本身的技术手段对提高产品竞争力的作用开始减小。并且高新技术的迅速发展使得产品更新换代加快,市场竞争日益激烈,与此同时,经济全球化和知识经济的到来,客户需求的个性化愈加突出,市场需求不确定性大大增加。

人们发现,在全球化大市场竞争环境下任何一个出色的企业都不可能是所有业务的最优秀者,必须得和其他上下游企业建立一条经济利益相连、业务关系紧密的价值链条,以实现优势互补,充分利用一切可利用的资源来适应社会化大生产的竞争环境,共同增强市场竞争力,于是供应链管理的思想更加明确地成为新的企业管理理念。

1. 供应链的定义

新经济时代的供应链是一个范围更广的企业结构模式,它以核心企业为盟主,将客户、研发中心、供货商、制造商、分销商、零售商、服务商等,按协同产品商务和双赢模式连成一个网链结构。这种网链结构是一种复杂庞大、交错纵横、综合延伸的网络系统,它既存在着各层面企业阶段横向竞争,更强调供应链上各企业的协同运作。只有伙伴的协同运作,才能实现供应链各环节的"无缝对接",使供应链的整体绩效得以提升。

2. 常见的几种供应链体系结构模型

为了有效指导供应链的设计,了解和掌握供应链结构模型是十分必要的,供应链常见的几种拓扑结构模型主要有以下三种。

(1) 供应链的模型 I —— 链状模型

结合供应链的定义和结构模型,不难得出这样一个简单的供应链模型,如图 3.1.1 所示,称其为模型 I。模型 I 清楚地表明产品的最初来源是自然界,如矿山、油田、橡胶园等,最终去向是用户。产品因用户需求而生产,最终被用户所消费。产品从自然界到用户经历了供应商、制造商和分销商三级传递,并在传递过程中完成产品加工、产品装配形成等转换过程。被用户消费掉的最终产品仍回到自然界,完成物质循环(见图 3.1.1 中的虚线)。

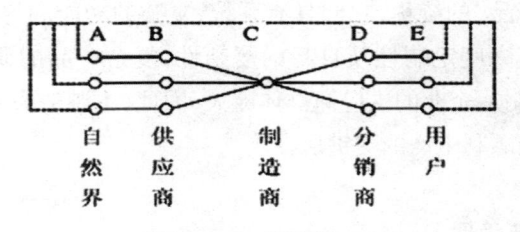

图 3.1.1 链状模型 I

很显然,模型 I 只是一个简单的静态模型,表明供应链的基本组成和轮廓概况,进一步地可以将其简化成链状模型 II,如图 3.1.2 所示。模型 II 是对模型 I 的进一步抽象,它把商家都抽象成一个个的点,称为节点,并用字母或数字表示。节点以一定的方式和顺序联结成一串,构成一条图形上的供应链。在模型 II 中,若假定 C 为制造商,则 B 为供应商,D 为分销商;同样地,若假定 B 为制造商,则 A 为供应商,C 为分销商。在模型 II 中,定义 C 为制造商时,可以相应地认为 B 为一级供应商,A 为二级供应商,而且还可递归地定义三级供应商、四级供应商;同样地,可以认为 D 为一级分销商,E 为二级分销商,并递归地定义三级分销商、四级分销商。一般地讲,一个企业应尽可能考虑多级供应商或分销商,这样有利于从整体上了解供应链的运行状态。

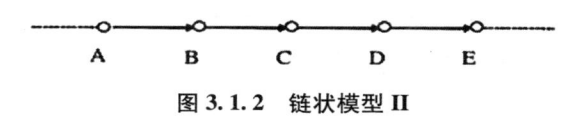

图 3.1.2　链状模型 Ⅱ

在模型 Ⅱ 中,产品的最初来源(自然界)、最终去向(用户)以及产品的物质循环过程都被隐含抽象了。从供应链研究便利的角度来讲,把自然界和用户放在模型中没有太大的作用,模型 Ⅱ 着力于供应链中间过程的研究。

(2) 供应链的模型 Ⅲ——网状模型

事实上,在模型 Ⅱ 中,C 的供应商可能不止一家,而是有 $B_1$、$B_2$、…、$B_n$ 等 n 家,分销商也可能有 $D_1$、$D_2$、…、$D_m$ 等 m 家。动态地考虑,C 也可能有 $C_1$、$C_2$、…、$C_k$ 等 k 家,这样模型 Ⅱ 就转变为一个网状模型,即供应链的模型 Ⅲ,如图 3.1.3 所示,网状模型更能说明现实世界中产品的复杂供应关系。在理论上,网状模型可以涵盖世界上的所有厂家,把所有厂家都看作其上面的一个节点,并认为这些节点存在联系。当然,这些联系有强有弱,而且在不断地变化着。通常,一个厂家仅与有限个厂家相联系,但这不影响我们对供应链模型的理论设定。网状模型对供应关系的描述性很强,适合对供应关系的宏观把握。

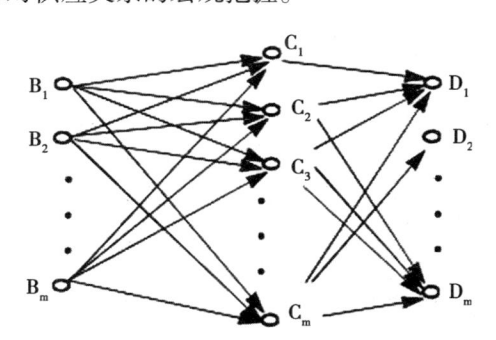

图 3.1.3　模型 Ⅲ:网状模型

3. 供应链管理的概念

供应链管理(SCM)也就是对整个供应链系统进行计划、协调、控制和优化的各种活动和过程。全球供应链论坛(SCF)将供应链管理定义成:"为消费者带来有价值的产品、服务以及信息的,从源头供应商到最终消费者的集成业务流程。"

供应链管理跟我们通常所讲的一个组织内部的管理是不一样的。组织内部的管理体现为一种权利关系,即上级可以指挥下级。而供应链是具有独立法人地位企业的合作链,企业无论大小都是平等的,因此供应链管理主要体现为如何加强合作,加强对资源协调运作和提高管理水平。典型的供应链上有一个起核心作用的企业,核心企业是供应链上信息流和物流的协调中心。它的下游端是从销售商一直到用户,上游端是供应商和供应商的供应商。它获得下游的需求信息,经过组合处理后再传向上游企业(供应商),这是一个中心。第二个是物流协调中心。零部件供应商将各种零部件传递过来,经过核心企业的装配或者其他形式的处理,再经由下游企业传递到用户,如图 3.1.4 所示。显然,信息流和物流必须有机地协调运作,才能使供应链真正获得竞争力,否则,供应链管理的整体效益就实现不了。

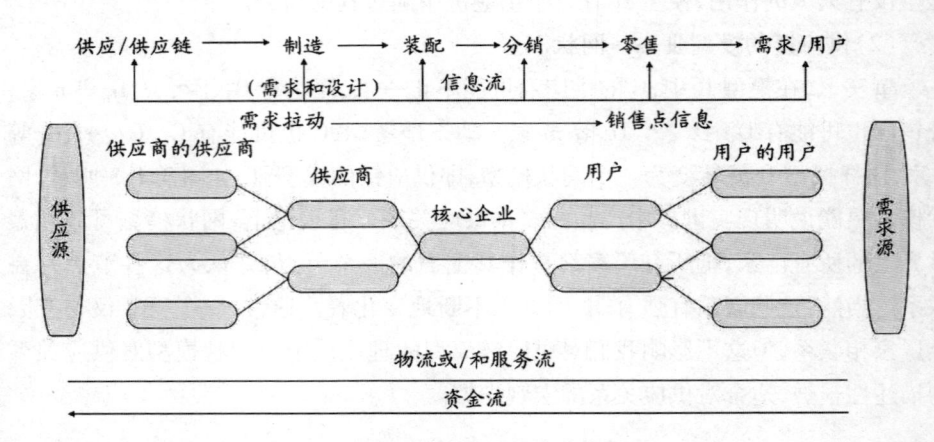

图 3.1.4 供应链的总体结构模型

### 4. 供应链管理的主要内容

实现企业供应链管理,首先应弄清楚供应链管理的主要内容。在这方面,不同学者根据自己的兴趣和理解分别提出了各自的看法。供应链管理主要涉及供应、生产作业、物流和需求四个领域,如图 3.1.5 所示。

由图 3.1.5 可见,供应链管理是以同步化、集成化生产计划为指导,以各种技术为支持,尤其以互联网(Internet)/互联网(Intranet)为依托,围绕供应、生产计划、传统物流、满足需求来实施的,主要包括计划、合作、控制从供应商到客户的物料(零部件和成品等)和信息。在图 3.1.5 所示的供应链 4 个领域的基础上,可从另一角度将供应链管理分为职能领域和辅助领域。其中,职能领域主要包括产品工程、产品技术保证、采购、生产控制、库存控制、仓储管理、分销管理;而辅助领域主要包括客户服务、制造、设计工程、会计核算、人力资源、市场营销。

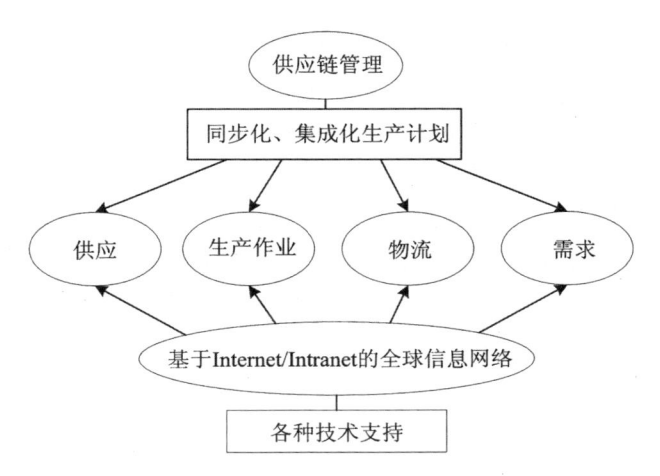

图 3.1.5　供应链管理领域示意

**5. 供应链管理的发展历程**

国际上对供应链管理的研究,大致可以分为内部供应链管理、供应管理、串行结构的供应链管理和网状结构的供应链管理四个阶段。第一、二阶段的研究主要集中在供应链的组成、多级库存、供应链的成本等方面,主要解决供应链的操作效率问题。第三、四阶段的研究主要把供应链管理看作一种战略性的管理体系,着重研究供应链中节点企业的长期合作关系,特别是集中在合作制造和创建战略伙伴关系上,而不仅仅是研究供应链的连接问题。

(1) 内部供应链管理。早期的观点认为供应链是企业把从外部采购的原材料和零部件,通过生产、组装和销售等活动,将成品传递到用户的过程。供应链管理的重点在管理库存上,通过企业内部销售、计划、制造和采购等部门之间的协调,寻求把产品迅速、可靠地送到用户手中的费用与生产费用、库存费用之间的平衡点,确定最佳的库存投资额,如图 3.1.6 所示。

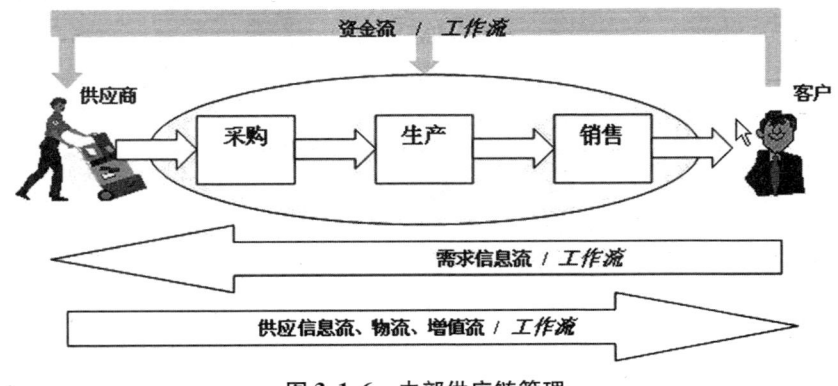

图 3.1.6　内部供应链管理

（2）供应管理。供应链逐渐与采购、供应管理相联系,强调企业与其供应商之间建立合作关系,协调供需关系。供应链管理的内容包括了供应商的选择与定位,降低成本、控制质量,保证连续性和经济性等问题。

（3）串行结构的供应链管理。后来供应链管理注意到了企业之间的联系,将各个企业看作共享利益、共担风险、协调发展的有机整体。认为供应链是通过不同企业的制造、组装、分销、零售等过程将原材料转换成产品,再到最终用户的转换过程。管理内容也扩展到对贯穿于各个企业之间的物流、信息流、资金流等的协调与控制,如图 3.1.7 所示。

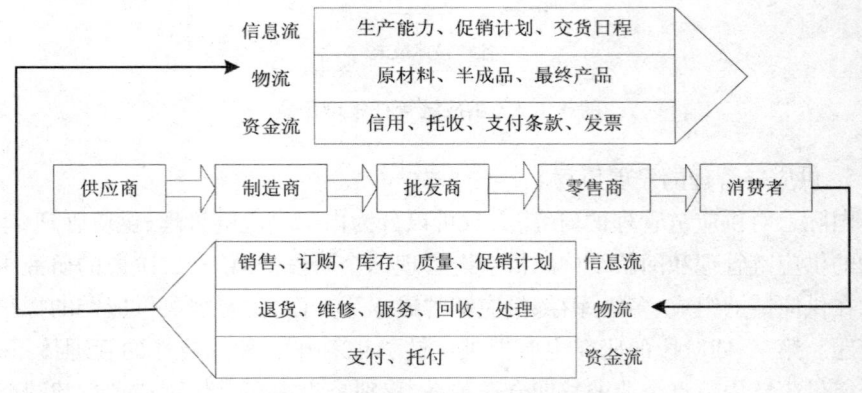

图 3.1.7　串行结构的供应链管理

（4）网状结构的供应链管理:最近几年,供应链管理更加注重围绕核心企业的网络关系。供应链的形式扩展到以核心企业为中心的双向树状网络系统,如图 3.1.8 所示。供应链管理的实践已经扩展到一种所有参与企业之间的长期合作关系,供应链管理从一种作业性的管理工具上升为一种战略性的管理模式。

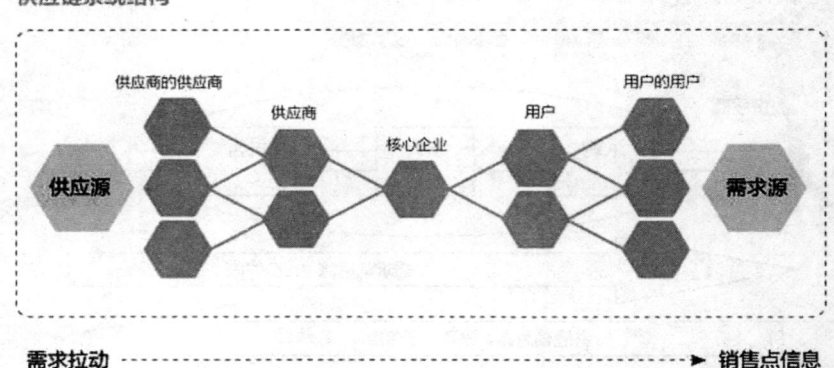

图 3.1.8　网状结构的供应链管理

### 3.1.2 复杂产品供应链管理

复杂产品是指一类产品结构复杂、价格昂贵、工程技术含量高、零部件集成度高的大型产品或系统,例如飞机、大型船舶、卫星、运载火箭等等。复杂产品通过对种类众多的子系统、部件和零件进行高度集成,无论从工程技术还是管理视角,其生产制造过程都具备了极高的复杂度和难操纵性。需要说明的是,由于客户的个性化和专业化需求,复杂产品通常属于单件或小批量定制生产,这与大规模生产系统有着本质差异。

由于产品结构复杂、生产技术复杂、制造活动复杂、管理流程复杂等特征,复杂产品的生产过程主要是通过多企业构成的战略合作联盟开展协同生产,主要表现为"主制造商—供应商"生产模式,这类产品的生产供应过程具有以下特点:

(1)小批量订单式生产。这类产品的生产一般是为了满足特定客户的需求,从研发、设计到制造都是以客户需求为标准。其生产批量不大,经常是单件或极小批量生产,而不像普通产品那样根据预测的市场需求进行大批量生产。

(2)生产周期长。由于复杂产品供应链所销售的产品具有大型化和复杂化的特点,且生产过程中存在许多随机的因素,因此其生产持续时间通常从几个月到几年不等,且无法像普通产品那样向客户承诺准确的交货期。

(3)资金投入高。复杂产品所需要的原材料多而复杂,并且包含相应的核心技术研发,对人力、物力的投入都比普通产品要大得多。因此,复杂产品相比普通产品更加重视资金的时间价值,对产品交货时间、货款支付时点等决策都格外重视。

(4)全球化采购。复杂产品的供应链中的主制造商通常会在全球范围内挑选符合企业需要的合作供应商,这些供应商由于拥有不同的市场地位,因此会具有不同的供货模式。这是由产品定制化和高技术含量的特点所决定的。

1. 复杂产品供应链的特点

由于复杂产品组成复杂、设计方法复杂、制造过程复杂,涉及领域众多,因此复杂产品(如大飞机、大型船只等)的供应商众多,构成了一个整体的功能网状结构模式,如图3.1.9所示。

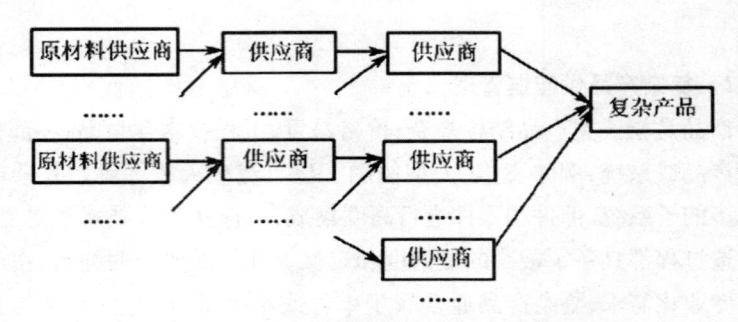

图 3.1.9　复杂产品供应商网络结构图

复杂产品属于一类特殊产品，与普通产品在生产运作方面有着很大的区别，如表 3.1.1 所示。

表 3.1.1　复杂产品与普通产品生产运作特点对比

| 属性＼产品 | 普通产品 | 复杂产品 |
| --- | --- | --- |
| 生产方式 | 大批量生产 | 按订单单件或小批量生产 |
| 生产周期 | 生产节拍较短 | 生产周期较长 |
| 产品价格 | 受市场需求影响 | 协商定价、价格昂贵 |
| 交货期 | 有库存，可以适当延期 | 交货期严格，延期损失较大 |

同时，复杂产品在供应链管理中出现的问题与普通产品相比也存在着一些差异：由于复杂产品主要采取按订单生产方式，且有着严格的交付期限，所以制造商更加注重供应时间的不确定性可能带来的延迟交付风险以及资金占用的损失；而普通产品的制造商则主要担心由市场需求不确定性所引起的生产数量与需求不匹配给自身带来的机会损失或库存成本。因此，复杂产品供应链的管理者对时间计划的决策比对产品数量的决策更能影响到供应链的运作效率，在研究复杂产品供应链管理问题时就需要重点考虑时间决策对供应链上相关企业收益或成本可能带来的变化。

2. 复杂产品供应链管理的模式

目前在复杂产品研制与生产过程中，从生产到供应已经不可能在一家企业内完成，而是由众多企业共同完成的，而且这些企业也可能不是同一个国家的企业。尽管复杂产品的研制与生产是由不同国家的众多企业完成的，但是其供应链中仍存在着明显的层级结构，即一家企业处于领导地位，其他企业处于依附地位。处于领导地位的企业位于供应链的技术高端，它控制着复杂产品的设计思想、核心技术、技术标准、销售市场和售后服务,有权选择和支配依附企业。依附企业处于供应链的技术低端,也就是通常所说的次级分包商或更低一级的分包商。依附企业不了解复杂产品设计的全过程,不拥有复杂产品生产的核心技术,无法控制技术标准,也不掌握销售市场,因此在复杂产品生产过程中处于被支配的地位。在利润分配上,领导企业由于掌握了最具价值和最具关键性的资源,因而必然获得利润的主要部分,而依附企业则只能获得相对较少的利润。当然,依附企业根据其在供应链上的位置不同,其依附程度也不尽相同。特别是一些重要的系统模块供应商往往具有接近领导企业的地位。

以大型客机为例,对复杂产品供应链管理的四个过程进行分析,如图3.1.10所示。

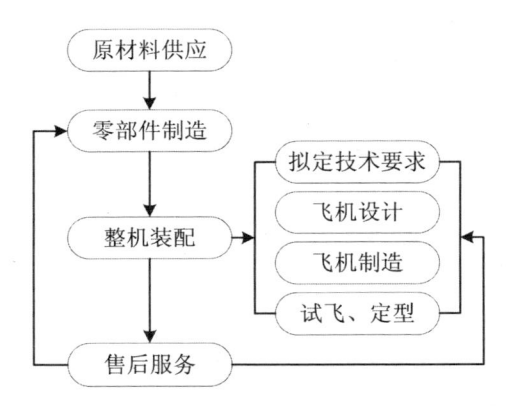

图3.1.10 大型客机供应链管理过程

(1)原材料供应

原材料供应主要分为三个等级,分别提供低端、中端和高端材料。大飞机所需要的原材料主要包括钛合金、铝合金、复合材料和航空锻造件等。近年来,复合材料的用量已成为衡量某型飞机先进性、舒适性的重要指标,是世界飞机制造强国竞相发展的核心技术,也是我国大飞机制造工作面临的最大挑战。中国自主研发的支线飞机ARl21,运用的复合材料主要是依靠从美国进口的。

(2)零部件制造

一架大飞机由300万到500万个零部件组成。零部件供应商按照主要供货对象,自上而下分为部件系统、核心部件、基础部件等多个层级。供应商的层级越低,零部件技术含量就越低。在这些零部件中,最主要的是发动机,发动机是飞机最为核心的部分,国际上认为发动机一般要比整架飞机晚五年左右才能被研制出来。大飞机发动机的国产化研制也是目前我国航空零部件制造需要重点攻克的领域。

(3)整机装配

大飞机的装配环节是整个产业链中最核心的环节,处于产业链中价值增长最大和技术含量最高的环节。装配环节又被称为制造环节,具体包括总体设计、调试检测、组装生产三大环节。其中,设计与调试监测相互穿插渗透,不断完善。从流程上,装配需要经历以下四个阶段。

①拟订技术要求。技术要求通常确定了飞机的主要性能指标、主要使用条件和机载设备等飞机的技术要求是飞机设计的基本依据,在飞机的整个研制过程中必须围绕这个中心进行考虑。

②飞机设计过程。飞机设计单位根据已制定的技术要求,进行飞机的总体设计,把主要参数、基本外形与部位安排确定下来。

③飞机制造过程。飞机制造工厂根据设计单位提供的全套图纸与技术资料进行制造。首批试制出来的新飞机即可投入试飞和全机强度试验,设计与制造是密切相关的,设计人员应了解工厂的生产条件、新工艺和新材料的发展情况,以设计出性能好而又结合工厂生产条件的飞机结构,工厂的工艺技术人员应关心飞机性能的提高,与设计人员协作、制订出良好的工艺方案,以使设计人员设计出的结构能较好地投入生产。

④飞机的试飞、定型过程

在试制的飞机真正投入使用前,还必须通过试飞来检验确保安全性能是否满足技术要求。若在试飞过程中发现问题,则必须进一步更改设计或改进制造方法,通过试飞过程初步定型后,方可由飞机工厂进行小批量生产。在飞机的研制过程中,须配合做大量试验,如为了选择较好的飞机外形,须做风洞试验;为了保证有足够的强度与寿命,需要结构的强度试验与寿命试验。在新飞机的研制过程中,往往还要进行相当数量的科研课题研究,例如飞机的选型问题、主要结构的疲劳设计或断裂设计等问题。

在整个大飞机装配、制造过程中,设计中心、总装厂、试飞基地、测试部门都将实现紧密、无缝配合。同时,面对关键技术难题,还需要大量的科研服务、人才服务予以配套,需要经历漫长的过程。

(4)售后服务

对现代大飞机而言,可靠性是其重要的性能要求,因此,售后服务环节的综合维护诊断技术和管理对提高飞机的可靠性、安全性和运营效率具有重要的意义。从长远来看,国际航空市场很大程度上拼的正是售后服务,飞机产业的可靠性和维修工程越来越受到重视。

大飞机的供应链主要就是这四方面,但不应局限于此,当今的大飞机产业链如树枝一般不断延伸,在服务业、补给线、伴生产业方面都能有所涉及,如何提高利润率、实现产业的最大利用已成为一个热点问题。

## 3.2 典型客机协同研制的供应链管理发展现状

供应链管理是用于有效集成供应商、制造商、仓库与商店的一系列方法,通过这些方法使生产出来的产品能以恰当的数量在恰当的时间被送往恰当的地方,从而实现在满足服务水平要求的同时,使系统的成本最小化。空客和波音飞机的供应链都选用了"主制造商—供应商"模式,此模式是目前民用航空的最优管理模式,主制造商集中资源负责项目的市场研究、总体设计、总装集成和客户服务等环节,并从项目顶层出发,按照项目的时间要求、任务要求,组织协调和管理所有供应商完成阶段和总体目标,分解产品要求;供应商除了完成系统件、结构件和标准件的产品交付外还需配合主制造商和其他业务对接的供应商共同完成产品的试验和取证等工作。在这种模式下主制造商能在全球范围内选取一流的专业的供应商进行战略合作,和供应商分别集中资源从事最具竞争优势的环节。

### 3.2.1 波音供应链管理发展现状

波音公司是民机制造业的霸主,一直向公众提供性能卓越的飞机,他向全球销售大型客机为美国带来了高额的出口金额,全国有超过两百个航空公司采购波音的飞机,其在民航运输中的贡献不可替代。波音公司曾是一家高度纵向一体化的公司,其早期的产品主要都是依赖公司内部研制生产,供应商仅负责提供原材料。但随着世界经济格局的不断变化,波音公司发现,按原有的模式已很难适应市场竞争,为应对空客公司的崛起,波音公司及时对供应链管理策略进行了调整,让供应商负责部分设计和生产过程逐步形成了全球供应链的模式,通过降低成本简化装配流程来加快产品的研发进程和产能,再次巩固了其在民机制造业的霸主地位。

波音的供应链发展经过以下四个阶段:

(1) 自主研发阶段

波音公司从 20 世纪 60 年代开始大规模研制和生产民用客机,在此阶段,飞机的自动化程度比较低,结构部件以金属为主,因此波音完全有能力独立承担此时期的新飞机项目的研发和制造工作。在波音 727 飞机中波音自行完成了高达

98%的工作,供应商仅占2%的份额,因此在自主研发阶段,波音主要是通过改进企业内部管理来提升竞争力,与供应商交集很少。

(2)转包生产阶段

20世纪70年代开始西方国家发生了经济危机,美国经济出现滞胀,仅依赖国内市场不足以支撑波音的发展,海外市场的开辟对波音来说变得极为重要。出于商业和政治目的,客机购置和工业补偿贸易紧密联系在了一起,也就是说,波音公司如果将部分生产工作外包给某一国家,那么这个国家就会采购波音飞机作为补偿,这种以转包换市场的模式为波音带来重要的海外市场份额。另一方面飞机的自动化程度得到了大幅提高,先进的电子设备开始大量应用于代替老式的机械式仪表。波音自身的产能已不能满足客户需求,因此,即使没有工业补偿贸易,波音公司也开始尝试生产上的转包生产及非核心的业务外包给专业化团队运作,促使波音更专注于自己的核心业务,增强核心竞争力,可以说工业补偿贸易,促进了波音转包生产的进程造就了这一时期波音的"生产全球化"。

如1978年波音与三菱重工、川崎重工和富士重工所组成的日本民用运输机部签订了协议,约定日本方面将负责波音767研制费和工作量的15%之后不久,意大利阿莱尼亚公司也加入了波音767项目,同样承担了15%的研制费和工作量,这一时期的波音767就是采取了国内合作、国际合作和国内转包的方式。此时波音和供应商虽然增大了合作,但双方关系还处于传统的买卖关系。

(3)跨国贸易阶段

20世纪80年代开始,供应链管理思想得到了发展,企业开始高度重视对供应链的管理,在民机制造业内,飞机的自动化水平得到了进一步提高,开始采用数字化自动飞行操纵模拟系统,飞机设计的复杂程度大幅提高,对项目资金的要求也比较高,风险随之上升。波音难以独自承担如此高的投入和项目风险,转而寻求供应商的支持。与此同时,民机制造业内的一些零部件生产商也从低端制造变为拥有专利技术的供应商,飞机各部件的成熟技术都分散掌握在这些供应商手中,因此,波音决定不再只将零部件的生产转包出去,它开始尝试将某些重要的零部件及分系统的研究工作也转包给这些海外公司。波音通过将供应商的技术力量整合,不仅制造出满足客户需求的飞机,还避免从零开始的高额原创研发成本。到了20世纪90年代,有十多个国家四十多家重要供应商为波音777项目的研制提供支持,跨国供应链形成初步规模。

(4)模块发展阶段

波音787项目,被世人称为"梦想飞机",在2014年4月正式启动,这也是波音首次采用全球供应商共同分摊风险、共享利益的方式制造飞机。风险共担模式,主要指供应商在主制造商的飞机研制过程中分担部分研制成本,则主制造商将给予供应商享受一定比例的收益提成。

由于波音公司在民机市场有良好的口碑,供应商们认为预期收益会大于风险,因此对这一模式都积极支持。波音与主要供应商分别签订合同,让他们负责设计和集成整个子系统和重要零部件,如图3.2.1所示。日本、韩国、欧洲等国家的供应商根据波音的设计要求各自完成负责系统的详细设计和零部件的制造后将系统零件送至西雅图的波音公司组装厂,由波音公司完成飞机的整体组装。波音借此项目将自己由飞机制造商成功转变为飞机集成商,与主要供应商之间的关系也提升至战略联盟,不但成功将787项目的风险扩散给供应商,还因此获得了大量订单。例如,波音将787整个机翼的设计和制造工作交给了日本几家公司,不仅仅是因为日本航空的高技术发展,更在于通过和日本供应商的紧密合作,波音长期占据了日本大型商用飞机的市场。

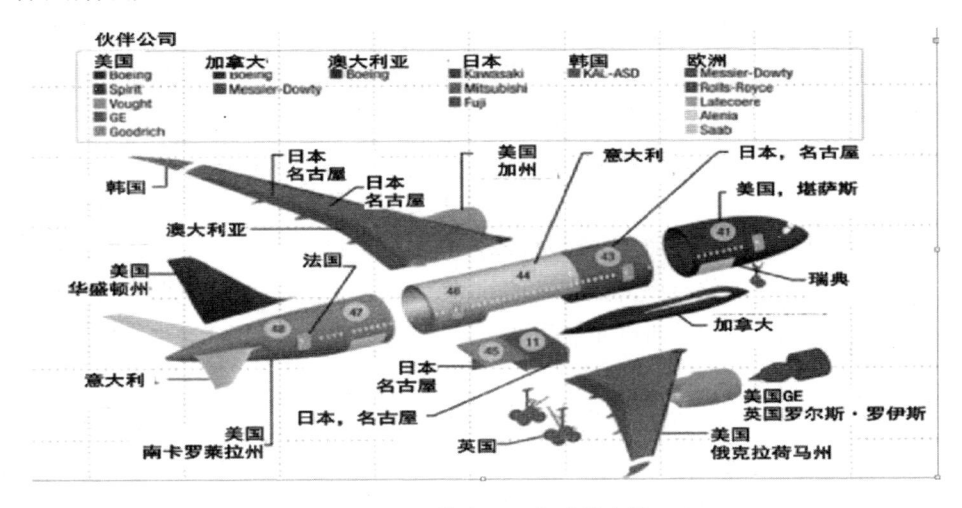

图 3.2.1 波音 787 全球供应链

在这个阶段波音发现通过供应链管理模式,不但能够有效分散风险、寻求多元化的项目融资资金以及降低研制成本,还能让自己将更多精力放在飞机设计技术的突破上,制造出更符合客户需求的飞机。

### 3.2.2 空客供应链管理发展现状

空客公司是世界最大的民机制造商之一,一直是波音公司强有力的竞争对手。与波音公司是美国企业不同,空客公司是由英国、法国、德国和西班牙几个国家共同投资建立,如果把波音比作独资企业,那空客无疑就是合资企业了。

然而为什么空客不是由欧洲的某一个国家独立创建的呢？因为在那个时候，虽然欧洲各国都掌握了一定的飞机制造技术，但是由于力量非常薄弱，没有办法和美国已初具规模的波音公司相抗衡，所以基于这种情况，欧洲各国共同投资建成了空客公司。并且它创建的初衷就是让欧洲能和美国在民机市场进行抗衡，改变美国在民机市场的霸主地位。空客公司虽然成立时间较晚，但发展却非常快，其充分利用了国与国之间的优势资源互补，短短几十年间就发展到掌握了全球约一半的飞机订单，成为无可争议的民机制造双寡头之一。可以说空客的成长过程就是其供应链不断完善的过程，其供应链管理一直围绕着以客户为中心，一直都是为客户提供更舒适、更经济的飞机。虽然空客公司成立时间比波音迟，但是它成长得非常快速，而且非常成功地打入了民机市场，与波音分一杯羹。

空客供应链发展过程也是曲折不断的，其供应链也是变化了多次，可以大致分为以下三个阶段。

（1）自行研制阶段

如上所述，空客的成立正是由于欧洲国家单独无法挤入民机市场，而采取合作方式共同遏制美国波音在民机制造业的霸主地位。由于空客公司是由几个国家联合成立的，因此空客公司最初产品的研发与生产，主要都是通过空客内部各国分公司的联合协作来完成的。例如 A300 飞机就是由法国宇航公司负责机头段、控制系统、中机身、发动机挂架及最后的总装，英国宇航公司则负责生产机翼主体，德国空中客车公司负责生产机尾的其余部分和垂尾，法国福克公司生产机翼前后缘和各活动翼面，西班牙卡萨（CASA）公司则负责生产客舱门、起落架舱和平尾。

由此可以看出，在初期，波音与空客的模式基本一致，但略有不同。一致性在于波音与空客在早期阶段，对于飞机的研发和制造，基本都是由公司内部完成的，很少有外部国家或机构参与。但是由于波音与空客创建背景的不同，波音是由美国单独组建的，而空客是由多个欧洲国家共同组建的，所以，单从飞机的研制，以及其供应商来看，波音就是真正属于独立研制的，而空客则已有后期风险共担模式的雏形，它一开始就注重不同国家、不同供应商之间的协同合作。但是也可以看出，在早期阶段，空客依据自身的技术水平和资金负责整机的生产与组装，供应商的选择通常只局限于空客在欧洲几个国家的子公司中。

（2）简单供需阶段

随着空客 A320 项目中新技术的运用，空客已无法独立完成所有新技术的研究，所以空客开始将大部分任务外包给海外供应商。最显著的证明就是在这一时期空客 A320 的直接供应商超过 300 家。它对于供应商的选取也不只局限于其成立国家的公司,而是范围更广,涉及海外供应商。

虽然如此,但是空客此时选择供应商仍然以考虑产品质量和报价为主,并没有和供应商形成真正的战略关系。就如空客公司与古德里奇、霍尼韦尔和联合技术公司等签订了长期的供应合同,但选择方式还是以进价为主,且一级供应商在选择次级供应商时的权限有限,核心技术仍掌握在空客手中,空客与供应商的关系还属于简单的供需关系。

(3)风险共担阶段

进入20世纪90年代后,航空制造业整体利润持续下降,而根据美欧于1992年签订的美欧民机协议中又明确规定了政府补贴不能超过民机研制成本的30%,空客仅依靠欧盟的补贴和自筹资金难以承担研制新飞机项目的成本和巨大的风险。

波音和空客围绕政府补贴问题仍然一直争论不休,双方互相指责对方政府违反了国际贸易条例,提供非法补贴。在2009年,这场波音和空客的世界贸易组织(WTO)诉讼案中最终裁定政府给新机型的补贴不能超过总研制费用的15%,这也意味着政府补贴在民机研制项目中所占比重越来越小。所以空客对风险共担的供应链策略进行了进一步的优化改进。一方面空客将自己由整体制造商定义为系统集成商,另一方面与供应商形成了更紧密的战略合作伙伴关系。

然而与波音的过度外包不同,空客的策略相对比较保守,尽管有一半的外包比例,但空客的一级供应商仍然主要由成立国家的企业构成。空客及其欧洲子公司一直掌握着复杂和关键的核心技术,空客希望能在维持风险最小化的情况下仍然保持自己的核心技术优势。

### 3.2.3 空客与波音供应链管理模式比较分析

从空客的供应链发展历程来看,空客的发展历程也是不断外包的过程,虽然空客与波音在初期类似,其实是空客更注重协同合作,然而在发展后期,波音的外包程度是远远高于空客的,波音的外包达到了一个非常高的比例,可以说,波音最后基本只是负责飞机的设计和最终的组装。但是空客就不同了,空客仍然是采取比较保守的方式,空客的核心技术仍然掌握在自己的手里,它虽然有50%的外包,但是其一级供应商仍然由其成立国家的公司构成。波音与空客最后选择的外包比例不同,决定性的因素就在于波音是由美国独自成立的,但是空客是由欧洲多个国家共同投资建成,这样的差别导致了对于同样的风险,美国需要独自来承担波音的风险,而对于欧盟来说,可以由多个国家共同承担。因此,波音为了应对国际形势变化的多端,以及各种风险,就会采取比较高的外包形式。而空客,因为其成立国家较多,抗风险能力相对较强,就会采取比较保守的策略。

但是,这两种不同程度的供应链谁优谁劣呢?这个问题很难说,只能说皆有其优缺点。首先因为在风险共担模式下,波音把越来越多的工作份额转包出去,而波音作为集成商,它负责控制设计、集成、市场营销等核心价值环节,然后将全机结构合理分解成多个整体结构功能模块,并将模块指派给不同的供应商。但是波音只直接面对40多个一级供应商,并对这些一级供应商赋予前所未有的设计、开发、制造的任务,在一级供应商下层,是来自不同国家地区的次级供应商和次次级供应商,波音把这些供应商的管理责任完全交付给一级供应商,这种管理方法为波音带来许多问题。

(1)重装风险加大。这是一种全新的运作模式,波音最初并没有定义清楚模块装配的分工界面,因此经常出现供应商送到总装厂的部件尺寸超标,机体无法结合等问题,从而影响整个项目的进度。

(2)供应商协同难度加大。波音的全球供应链大大加强了供应商间的分工协调难度。例如:制造一架波音787客机需要270万个紧固件,此外,它的复合材料还需要更多的新型钛合金紧固件。事实上紧固件短缺的问题,在787制造时就已经非常明显了,只是波音的大量外包使这一问题更加严重,使得787飞机的制造工作一度几近停滞。仅占飞机成本3%的紧固件,竟然成了困扰787研制的困境,在这种情况下波音只好宣布亲自负责所有紧固件的订购工作。

(3)产品质量难以保障。例如787客机在经历过多次推迟后,终于在2011年9月交付客户使用,但是没过多久就接连被曝出电池安全问题,使得美国联邦航空局(FAA)在2013年不得不发布了停飞指令。787飞机全球停飞,对波音的损失不言而喻。

而空客也不是一帆风顺的,和波音一样,空客A380也存在着数度延迟影响交付的问题,根据空客的项目计划,该飞机原定于2005年1月完成首架机的总装,同年4月27日完成首飞,并于2006年中期完成各家首次客户交付,但实际情况是空客因为制造原因及电路系统的生产安装问题而不得不数次调整了交付时间表。直至2007年10月才完成了首架飞机的交付工作。延迟交付飞机一年多让空客付出了巨大的代价,不但要向航空公司支付高额赔偿金,还导致公司两位高管先后引咎辞职。而空客在此时也认识到严格控制供应商和零件商的来源,能让空客将风险降到最低,因此加强了在零部件供应商方面对外部供应商的控制,同时空客强调信息共享的重要性,以免信息不对称影响供应链。

由此可见,无论是波音还是空客,其供应链都存在着一些问题,而这些问题的存在,使得它们两家都出现了数次延迟交付的状况,为两家都带来了巨大的损失。

但是还是无法分辨谁优谁劣,然而可以知道的是,波音现在所采取的供应链管理模式,使得它应对打击的能力大大加强,而且它的抗风险能力显著提高,同时它可以获得的利益也会大幅缩减。而空客的方式,相对来说保守,可能抗风险能力没有波音强,但是由于其掌握着核心技术,获得利益也应该是可观的。也就是说抗风险与获高额利益,就如同鱼和熊掌,两者不可兼得。减小风险就要分享利益,获得利益就要承担更多的风险。

## 3.3 大型客机协同研制的供应链质量管理流程

大型客机项目质量水平取决于协同研制供应链的质量管理水平,大型客机协同研制供应链质量管理体现了大型客机项目的质量竞争。大型客机制造业是一个国家经济、管理水平的综合体现,是一个国家强盛的标志,它的发展对国防安全、经济增长、制造业升级、民航运输业提升以及就业率增加等方面具有至关重要的作用。由于大型客机设计制造是一个复杂的系统工程,具有研制周期长、系统组成复杂、技术难度大、市场准入门槛高、投资风险大和投资回报周期长等特点,这就决定了其不可能由一家制造商独立完成所有的研制任务,为了缩短设计、生产制造周期,降低成本,降低投资风险,获得更多市场,提高企业的竞争力,大型客机主制造商就必须依靠外部供应商。大型客机制造业的生产过程主要表现为"主制造商—供应商"生产模式,主制造商扮演生产组织者和系统集成者的角色,主要负责构建高效的供应链、产品的总体设计和为供应商制定质量要求。主制造商要求其供应商必须生产并提供符合其质量要求的高品质零部件,否则,主制造商可拒绝接受该批产品并根据合同中的质量条款对供应商进行惩罚。搜集齐所有符合质量要求的零部件之后,主制造商将对供应链中采购到的外购产品进行组装和总装,并将最终的客机交付给客户。因此,大型客机的整体质量不仅依赖于主制造商的总装能力,更是极大地取决于供应商提供产品的质量水平。大型客机的质量竞争已经从主制造商之间的质量竞争拓展到其供应链之间的质量竞赛。换言之,大型客机的质量竞争力取决于主制造商的供应链整体质量管理水平。主制造商必须严格监控其供应链的整体质量水平,以期望在激烈的市场竞争中获得一定的质量优势和市场领先地位。

### 3.3.1 大型客机协同研制供应链质量管理流程控制节点分析

大型客机协同研制供应链质量管理流程可分为三个部分,即规划、执行和支持。制定质量计划是规划部分,采购、生产、交付是执行部分,而支持规划和执行两部分的相关文件和方法则是支持流程部分。其主要控制节点如图3.3.1所示。

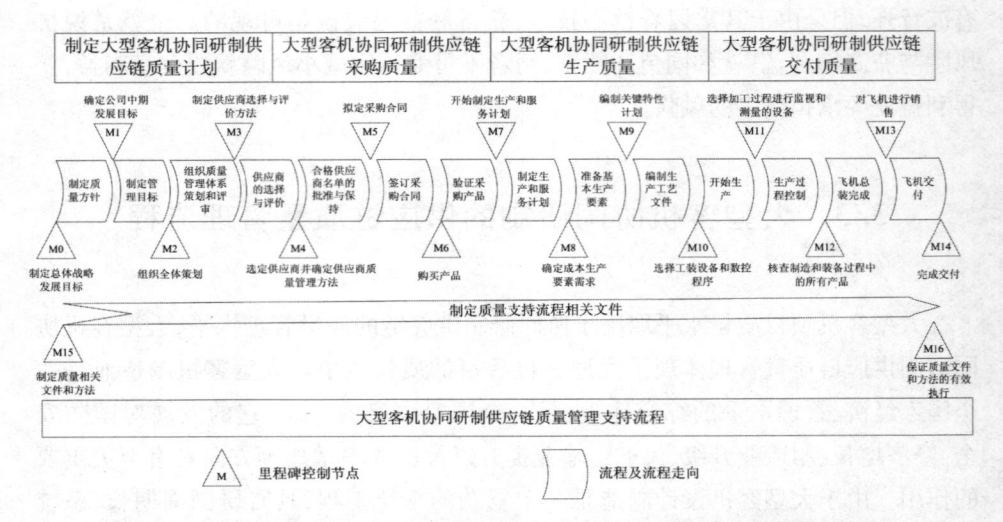

**图3.3.1 大型客机协同研制供应链质量管理关键流程和里程碑控制节点图**

### 3.3.2 大型客机协同研制供应链质量管理流程总体框架

在分析大型客机协同研制供应链质量管理流程时,基于国际供应链管理的通用方法,将大型客机协同研制质量管理流程分为5大部分,具体包括质量计划管理流程、采购质量管理流程、生产质量管理流程、交付质量管理流程和质量支持流程,从而贯彻了整个供应链的质量过程活动。具体的大型客机协同研制供应链质量管理流程总体框架图,如图3.3.2所示,其中图中打"★"的属于大型客机质量管理中的主要流程。

1. 质量计划管理流程构建

大型客机协同研制质量计划管理流程步骤具体如下:

(1)制定质量管理方针:精湛设计、精细制造、精诚服务、精益求精

根据公司总体发展战略和目标,组织制定公司质量方针,通过发布和宣贯使质量方针在公司内得到理解,并通过管理评审保持质量方针的持续适宜性。

(2)制定管理目标

根据质量方针确定公司的中期质量目标,并按照中期质量目标制定公司年度质量目标,以文件的形式发布。质量目标采取分级管理方式。

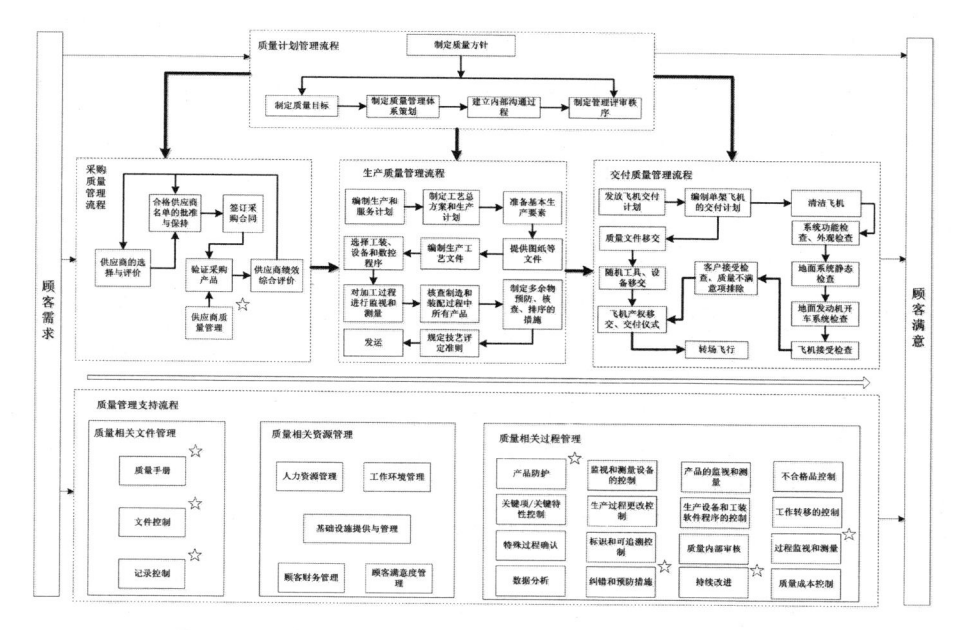

图 3.3.2　大型客机协同研制供应链质量管理流程总体框架

（3）组织质量管理体系策划

组织开展公司质量管理体系的总体策划,设计分体系、制造分体系和服务分体系作为公司质量管理体系的组成部分,以确保满足 AS9100C 以及公司质量目标的要求。

（4）建立内部沟通过程

使全体员工理解内部沟通的重要性,确保在公司内建立适宜的沟通过程,以会议、文件、通报、网络、刊物、面谈等多种方式,确保在公司内部之间对质量管理体系的有效性进行沟通,并注重评价和改进沟通方式的有效性。

（5）制定管理评审程序

公司制定《管理评审控制程序》,对公司管理评审实施分级管理。

大型客机协同研制质量计划管理流程图见图 3.3.3。

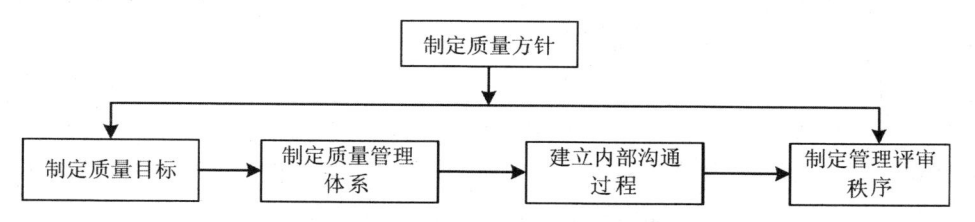

图 3.3.3　大型客机协同研制质量计划管理流程图

## 2. 采购质量管理流程构建

大型客机采购流程主要包括供应商的选择与评价、合格供应商名单的批准与保持、签订采购合同、验证采购产品、对供应商绩效进行综合评价,其流程如图3.3.4所示。由此可知,采购流程是针对供应商展开的一系列的活动,因此对采购质量管理其实就是对供应商进行质量管理。

供应商的选择与评价 → 合格供应商名单的批准与保持 → 签订采购合同 → 验证采购产品 → 供应商绩效综合评价

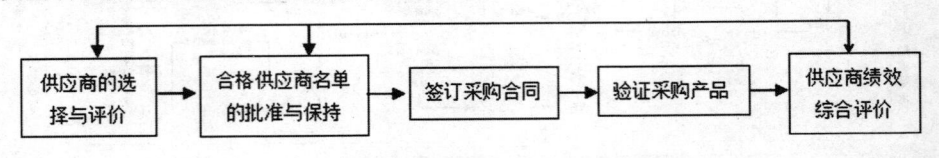

图3.3.4 大型客机协同研制采购质量管理流程

我国大型客机协同研制供应商质量管理流程具体如下:

(1)供应商质量管理体系评审(GYG426-2-2010B 供应商质量管理体系的评审与批准)

买方负责成立评审组,评审组按 GYG426-23 编制质量管理体系检查单,并对供应商的质量体系实施评审。汇总评审结果,编写评审报告。评审包括第三方认证的评审、质量能力评审和现场评审三个类别。评审结果有通过、不通过和有条件通过三种,供应商在获得有条件通过后承诺整改并经现场评审通过后可以获得评审通过。最终供应商评审通过后被买方纳入批准供应商清册。

(2)供应商工艺源评审(GYG426-3-2010AB 工艺源的评审与批准)

合格供应商在生产前首先要通过主制造商对其进行的工艺源评审,只有评审合格的工艺才能用作产品的生产。评审包括初始工艺评审和年度工艺评审,评审结果又分为严重偏差、一般偏差和合格,严重偏差不给予批准,一般偏差形成不合格性和纠正措施报告,经过整改后通过。最后买方根据实际评审结果给出工艺源评审报告、不符合性和纠正措施报告和批准工艺源表。

(3)零部件检查

主制造商针对不合格品首先判断不合格品是否具有重复性、系统性的质量偏差,如果是的话需要进行质量问题归零控制;否则进入供应商不合品控制程序。

(4)供应商不合格品控制(GYG 426-5 机体供应商不合格品控制规定)

对不合格品的处理又分为返修、返工、报废、让步接收。主制造商对供应商提供的不合格品信息予以收集、处理和分析,明确责任单位,作为供应商业绩的评估依据。买方工程部门(中国商飞研发中心)负责对供应商提交的不合格品处理记录进行工程评估,并对供应商提交的让步接收申请进行工程审批,同时保存相关的评审记录。让步接收根据不合格品的严重程度分别进行处理,严重不合格品需要内部评审小组进行评审,然后编写产品让步接收申请表报主制造商审批;一般不合格品直接报主制造商进行审批。

(5)供应商质量问题归零控制(GYG426-7 供应商纠正措施通知及质量问题归零)

供应商重复性、批次性、系统性的质量偏差要求做到质量的技术、管理问题归零。质量问题归零根据质量问题严重程度分为一般偶然不合格项和严重重复不合格项,分别采取供应商质量偏差控制和供应商质量纠正控制。质量问题归零依照供应商纠正措施通知和质量问题归零相关文件严格执行,制定出质量问题归零通知单、质量问题归零评审意见表和质量问题归零措施跟踪检查表。

(6)已交付产品质量漏检处理(PMP-SM-224_2009-09-07_C 供应商已交付产品质量漏检的处置)

供应商对已交付产品如果发现存在产品漏检现象,需按照漏检处理程序对漏检产品进行处理。发现漏检之后填写已交付产品问题通知发给主制造商,供应商管理部接收通知并转送生产控制部,主制造商组织各部门进行评估,形成初步意见,然后对影响的产品进行调查,开出 FRR/FRR-SR。

3. 生产质量管理流程构建

生产和服务提供是确保产品符合性能要求、满足质量可靠性的重要过程,大型客机协同研制生产管理流程图,如图 3.3.5 所示。

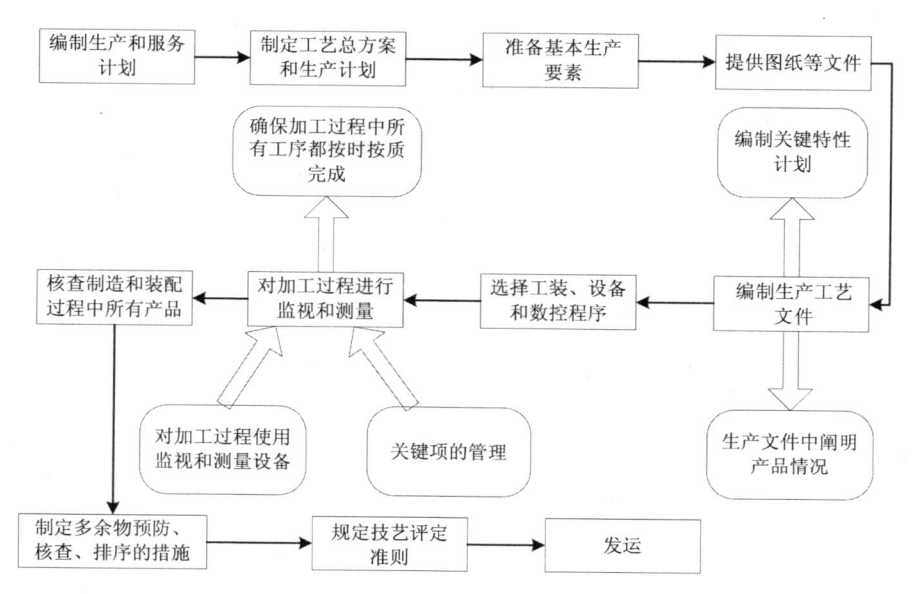

图 3.3.5 大型客机协同研制生产管理流程图

我国大型客机在生产和服务过程中对质量进行管理的流程如下：

（1）制定生产和服务提供的策划。制定生产和服务计划，一般包括：制定工艺总方案和生产计划；按图纸、规范及相关文件进行基本生产要素准备；编制生产工艺文件，包括对关键特性及过程控制的建立和控制计划的编制、产品加工过程中验证点的识别、特殊过程的识别和控制等。

（2）确保在受控的状态下进行生产和服务提供。

（3）确保入库产品/零组件在提供安装或发运前，已贯彻了规定的设计更改。

（4）确保只有根据适航当局批准的设计资料制造并符合验收准则的、正确标识的完工产品/零组件才可发运。

（5）建立、实施并保持适当的过程来管理关键项，对关键或重要的特性应在有关的工艺文件上予以记录，编制控制计划对关键特性或重要特性进行控制。

**4. 交付质量管理流程构建**

大型客机协同研制交付质量管理流程具体如下：

（1）依据编制的飞机交付计划，在客户进厂接收前10个工作日内编制飞机的交付计划；同时依据飞机标准验收大纲编制客户检查文件。

（2）清洁飞机，为交付飞机做准备。同时准备并汇总飞机交付质量等相关文件及设备、工装。

（3）组织客户进行飞机系统功能检查和外观检查，然后进行飞机发动机和辅助动力装置（APU）地面试车。

（4）获得客户登机交付试飞检查人员名单，组织客户接收代表进行交付试飞检查，排除客户接收检查时对质量等不满意项。

（5）向客户接收代表移交飞机所有文件、表格和证件等，同时获得客户移交代表在飞机交付文件和其他证书上的签字。

（6）按架次记录的要求，保存完成的检查记录和移交客户的相关表格、证件副本或复印件。

（7）客户协调飞机的转场飞行计划并通知相关部门做好飞机转场的准备，同时做好飞机交付转场仪式的组织协调转场飞行的场务和机务保障工作。

**5. 质量管理支持流程构建**

大型客机协同研制的供应链管理的支持流程主要包括三个方面：文件管理，资源管理，供应链质量过程管理即过程控制、测量、分析和改进管理。文件管理主要包括质量手册、文件控制、记录控制。资源管理包括人力资源管理、基础设施提供与管理、工作环境管理、顾客财务管理、顾客满意度管理。供应链质量过程管理包括产品防护、监视和测量设备的控制、产品的监视和测量、不合格品控制、关键项/关键特性控制、生产过程更改控制、生产设备和工装软件程序的控制、工作转移的控制、特殊过程确认、标识和可追溯控制、质量内部审核、过程监视和测量、数据分析、纠错和预防措施、持续改进、质量成本控制。

## 3.4 大型客机协同研制的供应链风险管理流程

飞机研制项目过程中面临诸多的风险,是企业经营风险的重要组成,而全面风险管理指引要求中央企业在经营过程中执行风险管理的基本流程。国资委颁布的《中央企业全面风险管理指引》提出,企业要全员强化风险意识,培育良好的风险管理文化、建立全面风险管理体系,以防范和控制企业风险,与国内风险管理标杆企业"对标",与国际同行业企业"对标",实现企业的经营目标。开展飞机研制项目的主体企业是中央企业,大型客机研制项目包含飞机的设计、试制,以及试验试飞等工作内容,适航管理和飞机用户要求飞机研制中设置评审点,在可行性论证、总体方案确认等评审时,提供项目风险分析评估报告,但因飞机研制项目的技术实现过程涉及众多的不确定因素,如起飞重量、飞行速度、航程等性能质量目标能否实现,需要在实施过程中不断研究和探索,这些研究又对项目的进度造成影响,所以大型客机研制项目有必要实行风险分析和控制。

根据商飞公司项目管理部《供应商风险管理办法》、《项目管理程序—风险管理》(PMP-G-230)等文件,参考《供应链风险管理指南》(GBT 24420-2009)、《风险管理原则与实施指南》(GBT 24353-2009)、《项目风险管理应用指南》(GB/T 20032-2005)、《项目管理知识体系指南》(ANSI/PMI 99-001-2008)等标准和国有资产监督管理委员会发布的《中央企业全面风险管理指引》等文件,结合飞机项目风险管理相关知识和调研内容,构建大型客机协同研制供应链风险管理流程如下。

### 3.4.1 大型客机协同研制供应链风险管理控制节点分析

大型客机协同研制供应链风险管理过程可分为两个阶段,即规划和执行。制定风险管理计划是在规划阶段,风险识别、风险分析、风险处理是在执行阶段。其主要控制节点如图 3.4.1 所示:

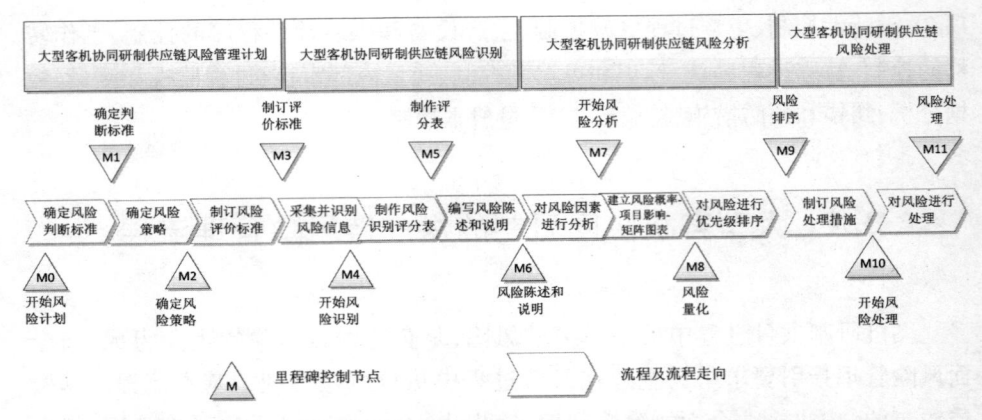

图 3.4.1　大型客机协同研制供应链风险管理关键流程和里程碑控制节点图

### 3.4.2　大型客机协同研制供应链风险管理规划

供应链风险管理规划是对如何实施供应链风险管理活动进行计划的过程。供应链风险管理规划非常重要，它可以确保风险管理的程度、类型和可见度与风险以及项目对组织的重要性相匹配。风险管理规划的重要性还在于为风险管理活动安排充足的资源和时间，并为评估风险奠定一个共同认可的基础。风险管理规划过程在大型客机项目构思阶段就应开始，并在大型客机研制阶段的早期完成。大型客机协同研制供应链风险管理计划流程，如图 3.4.2 所示。

(1) 成立供应链风险管理小组

为了对大型客机协同研制项目进行供应链风险管理，首先公司应成立供应链风险管理小组，负责整个供应链的风险管理工作，建立健全供应链风险管理组织结构，小组负责人由项目行政指挥担任，小组成员应包括但不限于项目管理部门、生产管理部门、供应商管理部门、计划管理部门、质量管理部门、发展规划部门、工艺部门、财务部门，其中项目管理部门负责小组日常工作和活动的组织，明确各个部门及成员在风险管理中的职责。

(2) 召开风险管理规划会议

供应链风险管理相关人员需要共同召开风险管理规划会议，来制定风险管理计划。参会者可包括项目经理、相关项目团队成员和干系人、组织中负责管理风险规划和应对活动的人员，以及其他相关人员。

会议确定实施风险管理活动的总体计划；确定用于风险管理的成本种类和进度活动，并将其分别纳入项目的预算和进度计划中；建立或评审风险应急储备的使用方法；分配风险管理职责；并根据具体项目的需要，来"剪裁"组织中有关风险类别和术语定义等的通用模板,如风险级别、不同风险的概率、对不同目标的影响,以及概率影响矩阵。如果组织中缺乏可供风险管理其他步骤使用的模板,会议也可能要制定这些模板。

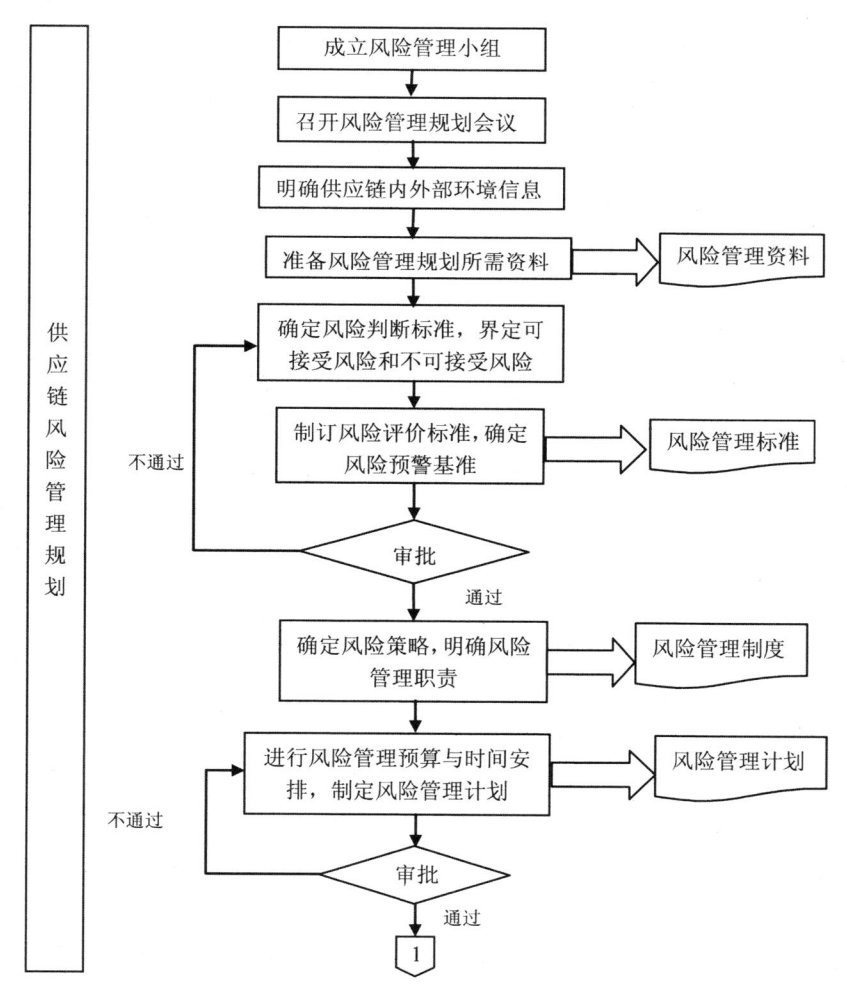

**图 3.4.2　大型客机协同研制供应链风险管理计划流程图**

（3）明确供应链环境信息

进行供应链风险管理时,首先要明确供应链的内、外部环境信息。

内部环境信息可包括:①供应链的资金、时间、人力、过程、系统和技术等方面的能力;②供应链信息系统、信息流和决策过程;③供应链风险的内部利益相关者及其价值观和风险偏好;④组织的方针、目标以及现有的实现目标的策略;⑤企业供应链管理的历史数据;⑥组织采用的风险准则;⑦组织结构、任务和责任等。

外部环境信息可包括：①国际的、国内的，地区的和本地的文化、政治、法律、法规、金融、技术、经济、自然环境和竞争环境等；②影响到组织供应链管理目标的关键因素及其趋势，如：法律法规、监管要求的变化，环保组织的要求，新的利益相关者的产生等；③供应链风险的外部利益相关者及其价值观和风险偏好；④供应商的资质、信用、支付能力、管理状况、合作历史等。

(4) 准备风险管理规划所需资料

风险规划需要的材料包括：①项目范围说明书。项目范围说明书能让风险管理人员清楚地了解与项目及其可交付成果有关的各种可能性，并建立一个框架，以便风险管理人员了解最终可能需要多大程度的风险管理。②成本管理计划。项目成本管理计划定义了应该如何核定和报告风险预算、应急储备和管理储备。③进度管理计划。进度管理计划定义了应该如何核定和报告进度应急储备。④沟通管理计划。沟通管理计划定义了项目中的各种互动关系，并明确由谁在何时何地来共享关于各种风险及其应对措施的信息。⑤组织过程资产。

(5) 确定风险判断标准

由于不同项目对风险感受不同，所以在研制项目启动初期，首先确定的是协同研制供应链风险的判断标准，组织须在计划阶段界定可接受的风险和不可接受的风险。

(6) 制定风险评价标准和预警基准

制定风险评价标准，确定风险预警基准，形成文件并得到项目负责人和商飞公司管理层的批准。

(7) 确定风险策略

如当进度和费用冲突时的解决原则，明确项目各参与方的风险职责。

(8) 进行风险管理预算与时间安排

分配资源，估算风险管理所需的资金，将其纳入成本绩效基准，并建立应急储备的使用方案。确定在项目生命周期中实施风险管理过程的时间和频率，建立进度应急储备的使用方案，确定应纳入项目进度计划的风险管理活动。

(9) 制定风险管理计划

风险管理计划的主要内容包括：风险管理要求及指导思想；风险识别和风格评估实际、途径、技术方法选择；如果出现了风险，应采取何种风险处理方法的预先规定；风险的总结、信息传递、资料积累等。其中主要是风险管理程序的安排、风险管理技术的选择和资源条件的分配。

制定风险管理计划后，根据权限进行审核，审核通过则形成风险管理计划并执行，审核不通过重新制定计划。

### 3.4.3 大型客机协同研制供应链风险识别

风险识别是判断哪些风险会影响项目并记录其特征的过程。通过分析供应链的各个过程环节、每一个参与主体及其所处的环境,找出可能影响供应链的风险因素,识别风险源,掌握每个风险事件的特征、原因、相互关系以及潜在的后果。风险识别活动的参与者可包括:项目经理、项目团队成员、风险管理团队、客户、项目团队之外的主题专家、最终用户、其他项目经理、干系人和风险管理专家。虽然上述人员往往是风险识别过程的关键参与者,但还应鼓励全体项目人员参与风险识别工作。

风险识别是一个持续进行和不断反复的过程,因为在项目生命周期中,随着项目的进展,新的风险可能产生或为人所知。反复的频率以及每一轮的参与者因具体情况而异。风险识别的目的是根据可能促进、妨碍、降低或延迟目标实现的事件,生成一个供应链风险的列表。应该采用统一的格式对风险进行描述,确保可以把项目中一个风险事件的影响与其他事件进行比较。风险管理小组应定期(至少每季度一次)开展活动,以对项目风险进行识别、分析并制定应对方案。大型客机协同研制供应链风险识别流程,如图 3.4.3 所示。

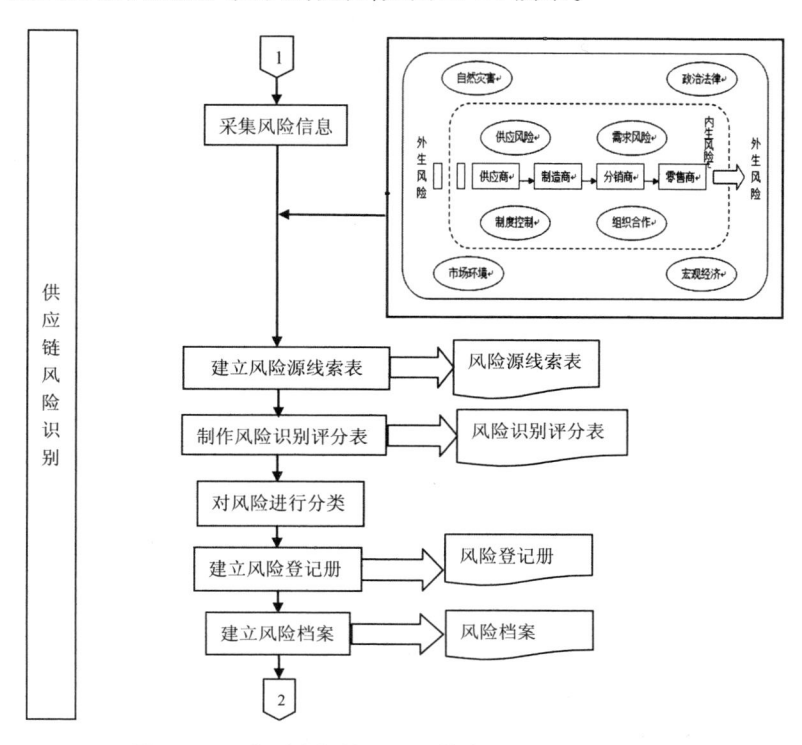

图 3.4.3 大型客机协同研制供应链风险识别流程图

(1) 采集风险信息

公司各个部门及供应链上相关单位通过使用风险采集工具和方法进行风险信息采集,项目管理部风险办汇总采集的供应链风险信息。

(2) 建立风险源线索表

根据风险来源,将供应链风险分为外生风险和内生风险,外生风险为来自企业外部的风险,包括自然灾害、政治法律、市场环境、宏观经济等;内生风险为来自企业内部的风险,包括供应风险、需求风险、制度控制、组织合作等。风险办对收集上来的风险按照不同的风险来源进行识别,将风险划分成不同的风险源,如项目管理风险、供应商源风险、生产和制造风险、合同管理风险等,并进行初步的风险描述,制成风险源线索表。

(3) 制作风险识别评分表

根据各种现场会、生产作业会、项目例会上讨论提出的可能影响项目进度、成本、质量、安全的风险因素,制作风险管理识别评分表,将风险分为五个级别,分别用 0.05、0.1、0.2、0.4、0.8 表示风险级别从低到高,如表 3.4.1 所示。

表 3.4.1 风险识别评分表

| 风险类别 | 评分标准 ||||| 
|---|---|---|---|---|---|
| | 0.05 | 0.1 | 0.2 | 0.4 | 0.8 |
| 费用 | 费用不显著增加 | 费用增加不超过 10% | 费用增加 10%~20% | 费用增加 20%~40% | 费用增加超过 40% |
| 进度 | 进度拖延不显著 | 进度拖延小于 5% | 进度拖延 5%~10% | 进度拖延 10%~20% | 进度拖延超过 20% |
| 性能 | 性能降低不显著 | 次要性能受到影响 | 主要性能受到影响 | 性能降低到不能接受 | 项目最终结果无法使用 |
| 质量 | 质量下降不显著 | 仅有要求及其严格的应用受到影响 | 质量的下降需要审批同意 | 质量降低到不能接受的程度 | 项目最终结果无法使用 |

表中数据来源:《项目管理程序—风险管理》(中国商飞上海飞机制造有限公司文件 PMP-G-230)、《项目管理知识体系指南》(美国国家标准 ANSI/PMI 99-001-2008)。

表 3.4.1 示范性地定义了风险对 4 个项目对象的影响。在风险管理识别过程中,应根据具体项目的情况以及组织的风险临界值对这些定义进行"剪裁"。

（4）风险管理小组通过定期的或需要时的活动,对项目整个生命周期中存在的风险及其水平进行系统的量化分析识别,并对风险进行分类。

（5）建立风险登记册

识别风险过程的主要输出就是风险登记册中的最初内容。随着其他风险管理过程的实施,风险登记册还将包括这些其他过程的输出,其中所包含的信息也就逐渐增加。风险登记册的编制始于风险识别过程,然后供其他风险管理过程和项目管理过程使用。

（6）建立风险档案

项目管理部门负责建立和维护本项目的风险管理档案,记录和统计风险特性、发生概率和频次、影响程度、应对措施及效果等信息,并维护风险小组活动的记录。

### 3.4.4 大型客机协同研制供应链风险分析

供应链风险分析包括定性风险分析和定量风险分析。定性风险分析是评估并综合分析风险的发生概率和影响,对风险进行优先排序,从而为后续分析或行动提供基础的过程;定量风险分析是就已识别风险对项目整体目标的影响进行定量分析的过程。

风险分析要考虑供应链风险的原因和风险源、风险的后果及这些后果发生的可能性,影响后果和可能性的因素,以及供应链风险的其他特性。可通过对历史事件的结果建模确定后果,也可通过对实验研究或可获得的数据外推确定后果。大型客机协同研制供应链风险分析流程如图 3.4.4 所示。

具体流程如下:

（1）采用专家咨询或会议形式对风险进行分析评估,必要时召集风险管理小组活动。需要参考的定性风险分析资料包括:风险登记册、风险管理计划、项目范围说明书及组织过程资产。

（2）针对收集和识别到的每一项风险信息,依据对该风险的描述,进行定性风险分析,以确定该风险驱动因素、风险源、风险发生的概率和可能对项目的影响。

（3）建立风险概率—项目影响—矩阵图表。

（4）按发生概率及一旦发生所造成的影响,对每一个风险评级。

在矩阵中显示组织对低风险、中等风险与高风险所规定的临界值。根据这些临界值,把每个风险分别归入高风险、中等风险或低风险。风险评级有助于指导风险应对。如果风险发生会对项目目标产生消极影响(即威胁),并且处于矩阵高风险(红色)区域,就可能需要采取优先措施和积极的应对策略。而对处于低风险(绿色)区域的威胁,可能只需将之列入观察清单或为之增加应急储备,而不需采取积极管理措施。

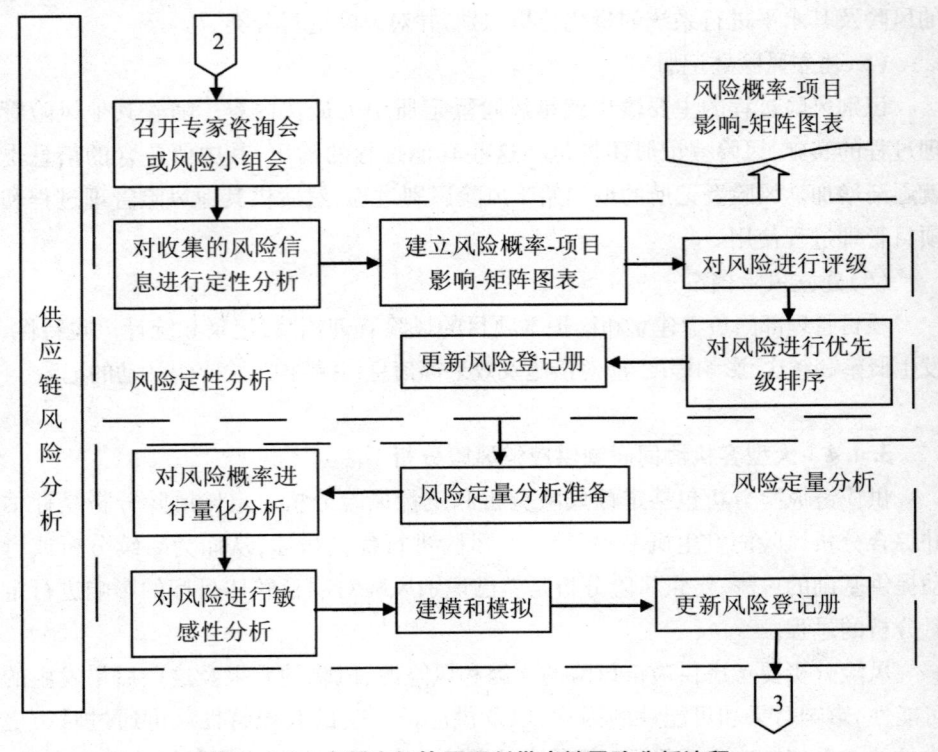

图 3.4.4 大型客机协同研制供应链风险分析流程

在项目研制阶段，对于项目的重大变更或阶段转移时，应按产品开工评审程序组织评估，以降低风险，此类节点包括但不限于：飞机转入总装厂房、飞机总装下线、滑行、首飞。

(5) 依据风险概率—项目影响—矩阵图表，对风险进行优先级排序，红色(R)＞黄色(Y)＞绿色(G)

(6) 更新风险登记册

风险登记册始于识别风险过程。从实施定性风险分析中得到相关信息后，应该对风险登记册进行更新，并把更新后的风险登记册纳入项目文件。

(7) 风险定量分析准备

实施定量风险分析通常在定性风险分析之后进行，对风险进行定量分析需要参考的资料包括：风险登记册、风险管理计划、成本管理计划、进度管理计划及组织过程资产。

(8) 对风险概率进行量化分析

利用经验和历史数据，对风险概率进行量化分析。所需的信息取决于所用的概率分布类型。贝塔分布和三角分布常用于定量风险分析,其他常用的分布包括均匀分布、正态分布和对数分布。

(9)对风险进行敏感性分析

敏感性分析有助于确定哪些风险对项目具有最大的潜在影响。把所有其他不确定因素都固定在基准值,再来考察每个因素的变化会对目标产生多大程度的影响。敏感性分析的常见表现形式是龙卷风图,用于比较很不确定的变量与相对稳定的变量之间的相对重要性和相对影响。

(10)建模和模拟

项目模拟旨在使用一个模型,计算项目各细节方面的不确定性对项目目标的潜在影响。反复模拟通常采用蒙特卡洛技术。在模拟中,要利用项目模型进行多次计算。每次计算时,都从这些变量的概率分布中随机抽取数值(如成本估算或活动持续时间)作为输入。通过多次计算,得出一个概率分布(如总成本或完成日期)。对于成本风险分析,需要使用成本估算进行模拟。对于进度风险分析,需要使用进度网络图和持续时间估算进行模拟。

(11)更新风险登记册

风险登记册需要进一步更新,把详细记录量化方法、结果和建议的量化风险报告添加进去。

### 3.4.5　大型客机协同研制供应链风险评价

风险评价是将风险分析过程中确定的供应链风险等级与明确供应链环境信息时设定的风险准则进行比较,产生评价结果的过程。在某些条件下风险评价能够导致进行进一步分析的决定。风险评价还可能导致维持现有的风险控制,不采取任何措施的决定。这种决策受组织的风险偏好或风险态度和已经制定的风险准则的影响。具体流程如图3.4.5所示:

### 3.4.6　大型客机协同研制供应链风险处置

风险处置是针对项目目标,制定提高机会、降低威胁的方案和措施的过程。根据风险评价的结果,做出关于哪个风险需要应对的决策,并选择和执行改变供应链风险的可能措施。拟定的风险应对措施必须与风险的重要性相匹配,能经济有效地应对挑战,在当前项目背景下现实可行,能获得全体相关方的同意,并由一名责任人具体负责。风险应对措施还必须及时。经常需要从几个备选方案中选择一项最佳的风险应对措施。大型客机协同研制供应链风险处置流程如图3.4.6所示。

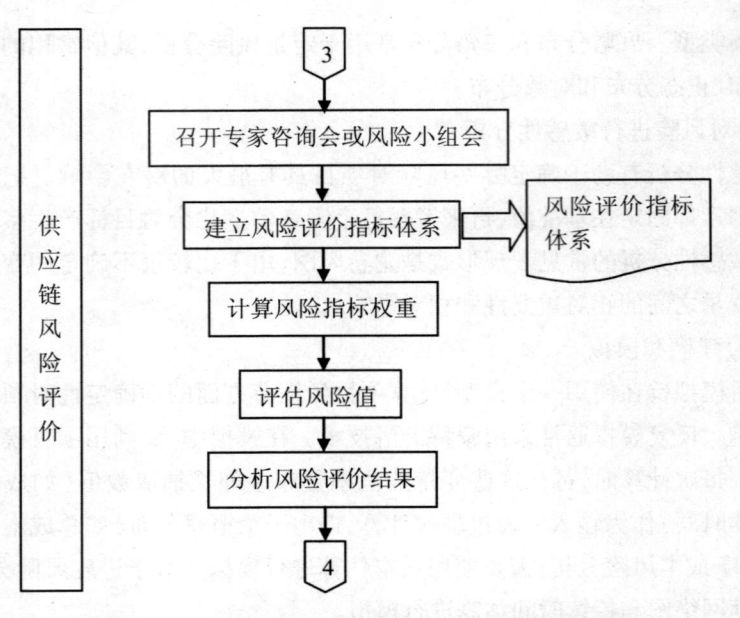

图 3.4.5 大型客机协同研制供应链风险评价流程图

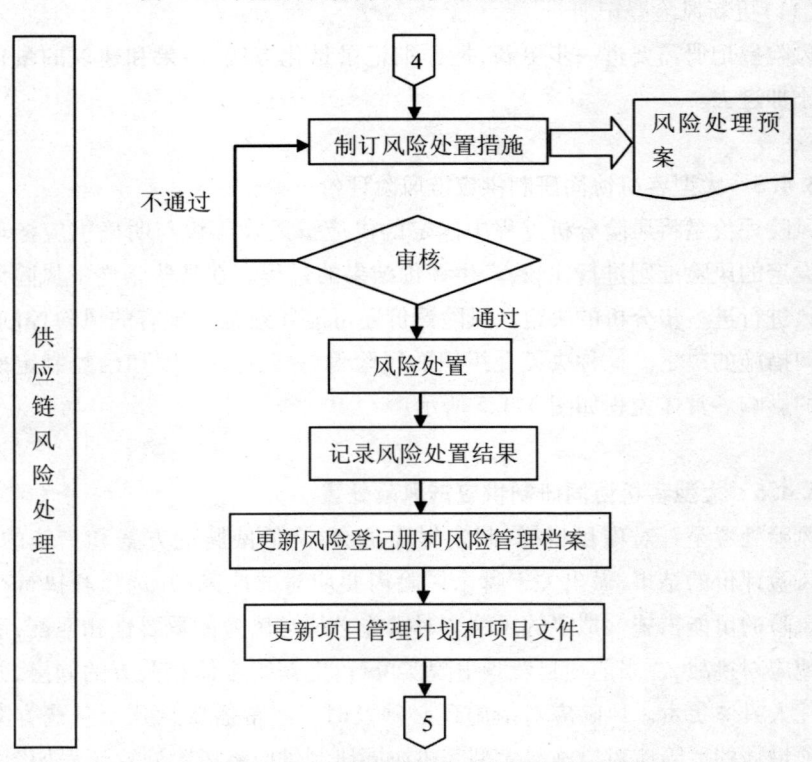

图 3.4.6 大型客机协同研制供应链风险处置流程图

制定风险应对措施可能是一个循环的过程,具体措施包括:

(1)制订风险处理措施

风险管理小组负责应对措施的选择,风险处置措施可分为消除风险、降低风险、转移风险和接受风险四类。如飞机研制项目采用风险投资就是转移风险的手段。

(2)风险处置措施审核

风险管理小组将制订好的风险处置措施报公司领导审批,审核通过后根据措施进行风险处理,审核不通过需要重新制定措施再次审核。

(3)风险处置

小组成员单位按各自职责分工执行,必要时由项目管理部门发布专项计划或工作指令。对不同的风险采取不同的处理策略。对于红色风险(R):应重点采取措施,积极应对,必要时形成风险评估报告;对于黄色风险(Y):应制定应对措施,降低风险发生的概率及风险的影响;对于绿色风险(G):作为观察项目,继续监控其发展。

(4)记录风险处理结果

(5)更新风险登记册和风险管理档案

在规划风险应对过程中,选择和商定适当的应对措施,并将其列入风险登记册。风险登记册的详细程度应与风险的优先级和拟采取的应对措施相适应。通常,应该详细说明高风险和中风险,而把低优先级的风险列入观察清单,以便定期监测。

(6)更新项目管理计划和项目文件

## 3.5 客机协同研制的供应链管理流程启示

提到研制飞机的难度,人们很容易第一联想到发动机等核心系统的研发。然而中国的技术落后远远不只在于核心技术的落后,大型客机的协同研制还需要对几百甚至几万个供应商进行管理,对飞机制造的整个供应链进行协调。因此,空客及波音对于客机协同研制的供应链管理方法值得我们借鉴。

(1)充分利用信息平台进行大型客机协同研制进度管理

波音、空客两家公司都是工程管理的先锋,对于我国民机研制具有重要借鉴意义。波音公司在进度管理中充分利用了协同平台,在研制波音787中达索系统(Dassault Systemes)平台的应用使得项目进度能够得到充分保证,即使在计划需要改进时，工程师们对计划进行回顾和评论，也确保最终计划是在信息最充分的背景下完成。而空客应用空客并行工程(Airbus Concurrent Engineering, ACE)保证了各项计划的完整性、协调性，避免了各项工作开展的冲突，减少了返工时间，确保项目按计划执行。

(2)加强协同环境建设来保证供应链中工作流、物流和信息流的通畅

协同环境是人们协同工作的一个虚拟的数字化平台，它的建立首先是要实现组织职能方式的转变。传统的组织模式都面向职能，而现代企业的组织模式要求面向流程，流程的变化造成员工工作方式、地位和管理模式的变化。协同环境也要依靠网络和数字化技术，依据流程所要完成的任务选择相应的、能够实现流程功能的数字化技术，并使这些单项技术朝着飞机研制过程、企业业务流程集成的一体化方向发展，实现概念设计、初步设计、详细设计、工程分析、制造、生产和测试等流程信息在不同的软件平台上的存储、处理、传递，最终将分布于世界各地，存储于不同地域服务器的一体化流程信息集成为一个有机的整体，从而达到系统有序组织飞机研制流程的目的。在全球协同工作环境中对一体化研制中核心的构型、功能分析、建模、制造和装配流程分别使用适合这些流程任务特点的数字化产品，并通过建立逻辑相关的单一产品数据源和支撑集成的系统模式(计算机网络、数据库、集成平台/框架和协同等子系统)来保证全球协同环境内的工作流、物流和信息流的通顺流畅和相互联系。

(3)通过设计、制造的理念和模式方面革新进行流程改造

数字化和网络技术发展速度的加快，技术成果扩展的加速，迫使企业进行流程改造的时候必须从设计、制造的理念和模式方面进行革新，从而提高企业的研发和创新能力。当前对流程改造有重要影响的理念和模式包括：计算机集成制造、并行工程、精益生产、敏捷制造、大批量定制和虚拟的动态企业联盟。它们都是在市场竞争的需求中不断发展和演变而来的，正确地理解和合理地使用这些理念和模式对于提高流程改造的质量和效率，都具有重要影响。根据波音公司的一项统计，全部飞机研制总成本的80%在设计阶段就已经被决定了，所以在早期的设计阶段增加少量(1%~2%)的投入，可以大幅降低研制总成本(超过25%)。并行工程正是针对这种需求在产品研制领域提出的解决方案。

(4)实行厂所合一的大型客机研制模式

现有层次式的管理结构和厂所分离的飞机研制模式是我国航空制造企业建立协同工作环境和进行流程改造的最大障碍，不能实现设计所与制造厂之间，以及厂所与合作单位之间真正意义上的全面协同工作模式，就不可能真正实现现代化的大型飞机研制流程，所以建立协同工作环境和对现有飞机研制流程改造是航

空工业面临的一个急迫问题。没有一个良好的协同工作环境，就不可能有真正的大型飞机研制一体化流程；反之，没有现代化理念与模式的一体化流程，协同工作环境也无法发挥其优点。

## 3.6 本章小结

大型客机研制是一项耗资巨大的复杂工程，涉及供应链上下游的众多供应商。例如，每架波音飞机有几十万到 600 万个零件，每年的采购额达 280 亿美元，来自 5400 个供应商，总共 7.83 亿个零件，供应链的管理能力往往决定了一个机型项目能否顺利推进。大型客机供应链流程管理是供应链管理的重要组成部分，大型客机协同研制供应链流程管理面临众多关键点，主制造商对整个供应链的协调管控是复杂产品顺利生产的关键所在。协同环境是客机协同研制的一个虚拟数字化平台，也是供应链管理的支撑平台。依托网络和数字化技术，依据流程所要完成的任务选择相应的、能够实现流程功能的数字化技术，并使这些单项技术朝着飞机研制过程、企业业务流程集成的一体化方向发展，实现概念设计、初步设计、详细设计、工程分析、制造、生产和测试等流程信息在不同的软件平台上的存储、处理、传递，最终将分布于世界各地，存储于不同地域服务器的一体化流程信息集成为一个有机的整体，从而达到系统有序组织飞机研制流程的目的。波音公司在供应链管理中充分利用了协同平台，例如，在研制波音 787 中 DassaultSystemes 平台的应用使得项目进度能够得到充分保证，即使在计划需要改进时，工程师们对计划进行回顾和评论，也能确保最终计划是在信息最充分的背景下完成；空客应用 ACE（Airbus Concurrent Engineering）保证了各项计划的完整性、协调性，避免了各项工作开展的冲突，减少了返工时间，确保项目按计划执行。波音、空客的竞争优势主要体现在能够有效地管理复杂的供应链。

### 思考题

1. 复杂产品的供应链管理与传统产品的供应链管理有什么不同？
2. 比较空客、波音供应链管理模式的异同。
3. 大型客机协同研制的供应链质量管理流程需要对哪些节点进行控制？
4. 简述大型客机协同研制供应链的风险管理流程。

# 第四章 大型客机协同研制的产学研协作网络

随着经济全球化和产品技术创新复杂程度的不断提升,传统的线性模型已经无法描述实际中的技术创新活动。复杂产品制造业是国民经济和国家安全的重要基础,直接关系到国力的兴衰,复杂产品制造业的发展会带动其他产业的发展,从而推动整个产品制造业的发展。因此,注重复杂产品研发的创新方式,对提升国家的经济发展和竞争力至关重要。客机产业是"制造业的皇冠",客机产品是典型的复杂产品。产学研合作作为一种新型的社会创新机制,在世界各国经济发展的过程中,成为促进科技与经济相结合的重要途径,并积累了丰富的经验。产学研协同研制旨在将目前较为分散的高校、科研院所、企业的优势资源进行整合,促进合作与交流,激发创新思维,开发具有自主知识产权的技术,增强参与世界范围竞争的能力。

## 4.1 客机产学研协作模式的发展现状

复杂产品创新以一种开放式创新模式在企业界开始涌现,创新过程中,同时使用内部和外部两个知识资源,将内部和外部的创意、知识、人才整合在企业的战略框架内,以企业内部创新为基础和杠杆,撬动企业外部的知识源。对技术创新来讲,这两类知识同样重要。企业创新所需知识的来源具有多样性这一思想推翻了线性模型中以组织内部研发活动作为企业创新所需知识的唯一来源的观点,进而也就否定了一味通过企业单独加大对研发投入进行技术创新的片面的做法。

### 4.1.1 国际大型客机产学研协作模式的发展现状

波音公司(The Boeing Company)建立于1916年7月15日,并于1917年5月9日更名为波音,是全球航空航天业的领袖公司,也是世界上最大的民用和军用飞机制造商。

在波音公司的初期直至20世纪70年代,在研制飞机的整个过程中,波音公司仅依靠自己的技术来进行研发。波音当时的总部西雅图涵盖了航空制造产业的多个环节,如:研发、制造、维修、培训、金融等,形成了以波音飞机的制造装配基地为龙头的研发、制造集聚,初步构建了完整的航空制造产业链。西雅图地区可以支撑起这些需要与当地丰富的人才资源密不可分,西雅图的华盛顿大学创建于1861年,是西海岸最古老的华盛顿州公立高等教育机构之一,也是世界上最优秀的研究型大学之一。华盛顿大学除了为西雅图地区培养出大批的高质量研究人员,另外一个影响表现在促进当地教育事业的发展,而教育的发展提高了西雅图市市民的整体素质,增强了西雅图发展高技术产业的人力因素。因为波音等高技术企业的发展及高技术的开发应用都对人力提出了更高的要求,意味着具有较高知识水准的劳动力在劳动力总额中所占比重的提升。当时的政府也为华盛顿大学的研发支持活动提供大力的支持,华盛顿大学从1969年起一直位列受华盛顿州政府资助最多的学校前五名。有了联邦和州政府以及企业等其他经费的支持,华盛顿大学可以吸引并留住顶级高技术研究人员。

空客创建于1970年,是一家集法国、德国、西班牙和英国等四家航空制造公司为一体的国际化飞机制造企业。而从空客创立之初,它的研发活动中心就落在欧洲四国之内。在四国政府的推动下,不同的企业各尽所能。擅长机翼制造的就专攻机翼,擅长垂尾制造的就发展垂尾,最后进行总装。这种发展方式已经突破了传统的企业单兵作战的模式,将欧洲内部力量分散、各自为政的企业联合起来,参加到与美国公司竞争中,并在20世纪90年代一度超越了波音。在空客的发展史上,来自不同国家合作伙伴的通力合作是其成功的重要因素。

空客的这种联合创新模式或许给予了波音启发,波音在20世纪80年代开始逐渐走上了与其他国家合作进行研发,逐渐形成创新网络的道路。例如波音公司在波音777项目开发时,其风险合作伙伴就包括阿莱尼亚航空公司、富士重工公司、川崎重工公司、三菱重工公司、沃特飞机工业公司等;在波音787的研制过程中,除上述四家合作伙伴外,波音还联合了Spirit航空系统公司等合作伙伴。

波音与多个国家积极进行产学研方面的合作,具体的合作模式有:

(1)建立产业联盟

建立产业联盟是一项较新的产学研合作模式。波音与日本三大重工业巨头三菱重工、川崎重工、富士重工合作及东京大学(IIS)生产技术研究所展开协同研究,组建联盟以开发工业级制造技术和工艺,创造学术与产业合作的新模式。最初工作专注于钛、铝和复合材料的加工和钻孔工艺技术,但最终的目的是与东京大学组建一个协同创新制造联盟,解决当前和未来的不同行业的生产制造问题。这是日本国内的飞机相关大型厂商首次合作研发新技术,日本希望此次合作充分利用东京大学的研发能力和航空制造企业的丰富经验,加强日本产业的技能和水平,虽然波音、三菱重工、川崎重工和富士重工作为联盟初始成员,但联盟也鼓励制造业厂商广泛参与。

虽然从政治、军事层面上来看,波音选择日本的高校和企业进行合作是考虑到日美联盟在战略上的亲密关系,但这也是由于美国意识到日本的重工业、制造业的优势可以为己所用,是一种全球范围内的产业链分工。

(2)通过共建中心展开项目合作

波音共建立了欧洲、俄罗斯、澳大利亚、印度、中国五个波音研究与技术部(Boeing Research & Technology)BR&T 分部,联合当地的高校进行项目的研发。以澳大利亚为例,自 2008 年以来,波音对澳大利亚的大学给予了持续的财政支持,目前支持的对象有昆士兰大学、昆士兰科技大学和皇家墨尔本大学。资金主要用于学生项目、奖学金和学生扩展计划等。在 2008 年 3 月,波音建立了它的先进研发机构 BR&T 的澳大利亚分部——BR&T-A,分部将分别以墨尔本和布里斯班为基地,从事国家的制造技术研发工作,与当地研发机构,包括大学、联邦科学和工业研究机构以及防务科学和技术机构进行合作。BR&T-A 是一个高度协作的组织,将澳大利亚最优秀的技术带给了波音。BR&T-A 通过降低现有项目的技术风险、提供创新性技术以保证波音未来在航空航天领域的发展,同时缩短生产周期、降低成本、提高质量、改善现有航空系统。BR&T-A 雇佣多名高级工程师、科学家和研究人员,从事复合材料树脂浸渍、轻型制造及精密涂层机器人、老龄飞机维修、先进无人机的应用、网络中心站和航空航天应用环境研究,并且领导波音在澳大利亚和南太平洋地区围绕可持续航空燃料的环境战略的实施。

(3)建立学术联系

由于认识到维持一定的学术伙伴关系对企业商业需求的重要性,波音已经在内部建立了多个网络以管理其高等教育活动。

①波音高等教育融合委员会(The Boeing Higher Education Integration Board),把波音内部业务和技术方面的社群汇集起来,制定公司的战略以及监督整个公司的综合方法。

②执行联络网络(The Executive Focal network),在主要的教育机构统筹战略活动,通过举办校园活动识别和吸引未来可以为波音服务的人才。

③国际大学关系国家焦点(International University Relations Country Focals),负责监管在其他国家大学里的宣传和参与活动,包括设立奖学金、学生项目、继续

教育和学术合作。

作为波音在中国的研究和技术部门,波音(中国)研究与技术部致力于在本地发展创新技术,从而使中国和波音同时受益。在美国及其他国家的波音工程师的支持下,波音(中国)研究与技术部的本地优秀技术专家团队与中科院、清华大学等中国科研院所的研发伙伴开展了广泛的合作。

(4)设置奖学金

波音向一些被选定的大学提供奖学金,其中包括一些历史上的黑人学院、大学(HBCU)和少数民族机构。但波音并不直接向学生个人提供,有需要申请的学生可以去咨询学校的财务援助办公室、学术机构或者指导老师。在中国,2008年,波音确定了4所结成战略合作伙伴关系的高校,分别是北京大学、清华大学、中国民航大学以及中国民航飞行学院,并且承诺为这几所大学提供资金和项目方面的全面赞助。合作项目包括奖学金、教职员培训、学生技术项目(例如为波音合资企业制定新环境标准的研究)以及课程制定(例如精益和软件外包)。2010年,波音在中国的六所大学启动了大学生航空俱乐部项目(北京大学、清华大学、中国民航大学、中国民航飞行学院、华南理工大学以及中山大学)。

(5)提供实习和带薪实习机会,举办职业交流会

波音的全球人员配备(Global Staffing)计划负责管理实习项目,并且为学生、教师和相关机构提供了解学术知识是如何应用在工业中的重要机会。

目前,波音已经形成了包括与传统工业强国和地区(如欧洲、日本)的产学研合作,由于亚太市场的逐渐开启,合作也渐渐延伸至印度、中国等新兴国家,而且比重也在不断增加。

日本一直以来都是通过生产一线的反复尝试获得独有的技术,也就是人们比喻的"祖传老汤",这是日本企业的优势,如今也为了摆脱新兴国家的追赶进行创新模式改革。日本东京大学的生产技术研究所、日本军工企业和波音合作的切削加工新技术开发项目,就是一种创新网络方式,突破了传统的企业与大学1对1地进行组合、对特定主题进行研究,而是将多个企业与高校联合起来协同研制,加快研制的进度。

空客的研发核心力量主体仍保留在欧洲的区域内,根据空客公司的内部规则,飞机研制采用优良中心负责制(Centers of Excellence,CoE),即将飞机构件按几大块由几个CoE来负责提供。CoE是按能力及效率而不是人为的分工来组成工业化最佳解决方案的。空客目前拥有四大CoE,包括机身与机舱CoE、机翼与吊挂CoE、后机身与尾翼CoE和航空结构CoE,其中前三个CoE负责制造大型飞机部件,而航空结构CoE则负责制造机体各部分的小型专用零件,这些CoE分别位

于英、法、德国,且暂时没有在其他国家和地区设立新中心的计划。随着亚太地区市场的不断扩大,空中客车公司逐渐与亚洲地区的日本、印度和中国展开合作。例如,在2012年9月,空客与中国最大的能源公司之一——中石化签订了在中国发展和推动商业用可再生航空燃料生产的协议;与清华大学共同完成了一项潜在的可替代生物燃料的可持续性分析,随后制定了一项在中国生产生物飞机燃料的计划。这一伙伴关系是空客建立"价值链"使命的一部分,这条"价值链"将各个大陆的生物燃料原料的提供者链接在一起。

### 4.1.2 中国客机产学研协作模式的发展现状

在ARJ21和C919大型客机研制中,COMAC严格遵循美国联邦航空局、欧洲航空安全局的适航条款和中国民航局《民用航空规章》开展设计研制。C919大型客机在初步设计阶段仅机翼设计就进行了2900余次、1100余小时的风洞试验。在ARJ21研制中,为验证和表明飞机的适航符合性,项目共开展了240项地面试验和286个试飞科目。如此浩大的工程,肩负了带动国家高新技术产业的发展、实现中国产业结构优化升级的使命。

中国商用飞机有限责任公司(COMAC)作为我国实施国家大型飞机重大专项中大型客机项目的主体,同时也是统筹干线飞机和支线飞机发展、实现我国民用飞机产业化的主要载体,在大型客机项目研制中,全国22个省市、200多家企业、22所高校参与了大型客机项目研制。国内几十家高校、科研院所研发团队联合攻关多项关键技术,带动了相关学科的发展。

我国大型客机研制的产学研合作模式主要分为以下四种。

(1)项目合作

我国大型客机的研制单位已与国内多所高校签署了项目合作协议,COMAC先后与上海交通大学、北京航空航天大学、西北工业大学、南京航空航天大学等建立战略合作伙伴关系,利用高校丰富的人才、设备等资源为客机的研制奠定基础;中航商发与上海交通大学签订战略合作框架协议,就国产大飞机发动机技术研发等项目展开战略合作。

(2)委托开发

通过参观走访、会议交流、查阅文献等方式,了解高校或科研院所的研发优势,结合大型客机研制过程中的一些特定的技术、产品,委托研发机构进行开发。而研究的成果产出根据签订的具体协议进行分配。

(3)共建中心

COMAC下属的上飞公司与北京航空航天大学、上海交通大学、南京航空航天大学三所高校合作建立了三大技术中心——民用飞机复合材料制造技术中心、民用飞机先进制造工艺技术中心和民用飞机先进装配技术中心,通过联合共建研发平台,与高校、院所建立全面合作战略伙伴关系。

三家技术中心分工各有侧重。复合材料制造技术中心将研究民用飞机复合材料制造的关键技术,实现复合材料的数字化制造,在工艺模拟、自动铺放、低成本制造、快速无损检测、修理等领域取得突破性发展,并研究此类技术的工程化应用;先进制造工艺技术中心将着眼于民用飞机的制造工艺,研发大型铝合金整体结构件先进焊接、铝锂合金等新材料的热处理、环保型表面处理等客机的先进制造技术;装配技术中心主要将以数字化工艺、先进装配、钣金精确制造等技术为研究目标。

(4)人才培养

为满足大型客机项目、新支线飞机项目的人才需求,COMAC通过校园招聘、开设"客机班"等举措大力引进人才,并制定引进海外高层次人才的"百人计划",在北京建立海外高层次人才创新创业基地。在校期间校企合作共同培养(社会实践、共同研究项目、实习等),提前适应企业岗位的需求,做到从学生到企业员工的无缝对接。

除了培养学生,企业员工也同样进行回校再造,通过提供"大飞机奖学金",让已经在COMAC参加工作的企业员工回到高校参加"大型飞机培训班"进行短期进修,为将来工作中更好的表现打下基础。

然而,值得注意的是,还没有COMAC与国外优秀大学进行产学研项目合作的报道,这可能说明我国大型客机研制的项目还没有进行足够的宣传,与国外的大学之间没有进行充分的沟通与交流;或者是因为政治、相关知识产权法律法规不完善等其他因素,但从长远来看,产学研合作应当是一个全球化的行为,因为产学研合作的本质是将资源进行最优的配置,而一个国家不可能在所有的方面都做到最优或成本最低。

## 4.2 客机产学研协同研制的网络型管理模式

大型客机制造业是一个国家经济、技术、制造、管理水平的综合体现,是一个国家强盛的标志,大型客机项目对于有效整合航空制造资源,实现我国航空制造业跨越式发展,带动相关产业结构优化升级,从而实现由"制造业大国"向"制造业强国"的战略跨越意义重大。大型客机的研制过程是一个复杂的系统工程,需要研制的单元数目众多,各研制组织和单元之间要求紧密协调和配合,待突破的关键技术难度高、成本投入巨大,如何充分利用公共学术机构的资源,建立高效率的产学研协作机制,以便在有限的资源配置条件下,优化协调资源的利用,提高大飞机研制效率是一个急需解决的问题。

### 4.2.1 客机产学研协同研制的战略定位

复杂产品是指客户需求复杂、产品组成复杂、产品技术复杂、制造过程复杂、项目管理复杂的一类产品。典型的复杂产品有航天器、飞机、复杂机电产品、汽车、武器系统等。大型复杂产品在工业制造中非常广泛。

复杂产品具有高成本、高可靠性要求、高风险的特征。这类复杂产品的内部结构往往可以利用模块的概念进行解释。模块可以定义为一个物质产品的子结构,它与产品的功能元素子集具有一一对应的关系。模块是由零部件聚合而成的,它与产品中其他部分的连接通过接口实现。任何一类复杂产品大致可以按如图4.2.1所示的结构图进行分解。

由于复杂产品创新过程中的这些特点,在产学研协作的过程中应当充分考虑各种工作的协同、知识共享与交流,减少研制人员的重复性劳动。

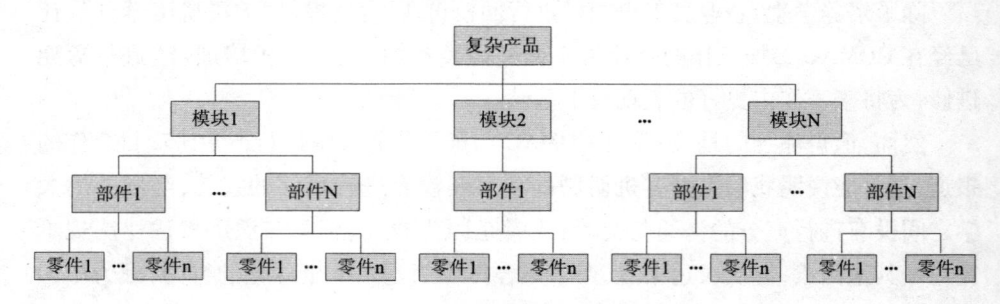

**图 4.2.1 复杂产品的分解结构图**

客机制造业是一个庞大的系统工程,必须走多层次联合研制的道路。以波音客机技术的研制为例,波音技术最先进的部门是鬼怪工程部,它的主要目的是发展先进的军事产品和技术,许多都是高度机密的。鬼怪工程部底层是由波音的研究与技术组织(BR&T)负责开发新技术。波音的研究与技术部在欧洲、澳大利亚、俄罗斯、印度、中国等多个国家和地区建立研发中心和合作项目,积极与当地的大学和科研院所展开合作。这些新的研究成果的技术就绪度在1~4之间,技术就绪度也可称为技术就绪指数(Technology Readiness Level,TRL)和技术准备水平,是一种衡量技术发展(包括材料、零件、设备、软件、工作流程等)成熟度的指标。鬼怪工程部的责任是将新技术发展成为技术原型(即技术就绪度4~6),然后再由过渡业务单位将这些原型变成产品(即技术就绪度7~9),才能真正运用到客机的实际生产过程中去。

中国的大型客机协同研制的战略定位为:构建以中国商飞公司为主体、以市场为导向、产学研相结合的民用飞机技术创新体系上。由COMAC提出市场需求、关键项目和资金;高校、科研院所及相关企业发挥人才、学科、实验条件及国际合作等资源优势,实现互补多赢。产学研合作是科研、教育、生产不同社会分工在功能与资源优势上的协同与集成化,是技术创新上、中、下游的对接与耦合。客机产学研协同研制主要定位在技术成熟度较低的阶段;在客机研发设计阶段,产学研合作以技术难题攻关为导向,研发能力、试验设备、仪器技术属性及创新性等是重要的资源;在小试、中试阶段,也就是技术成熟度6以下,产学研合作以技术工程化为导向,协同研制关键技术、工艺制造技术;同时,在客机实际研制的过程中,通过科研能力与实践能力的有机结合,承担创新复合型人才的培养任务。

大型客机产业链长,辐射面宽,产业连带效应强,在客机的产学研协同创新过程中,主要以共性技术和关键技术为研究对象,设计合理的机制协同完成共性技术、关键技术的研发、技术转化,直至技术扩散;在先进的新技术、新工艺出现后,不仅要经过技术和工艺自身的进一步完善,投入实际应用中去,还要推动其在行业内的转移、转化,例如加强复合材料制造等新材料、新工艺的示范应用,带动生产的转型升级。

## 4.2.2 客机产学研协同研制的组织管理

1. 客机产学研协同研制网络系统的体系结构

在大型客机研制过程中,从客机组装的部件角度将大型客机进行分层集成,形成网络分层体系,如图4.2.2所示。

(1)顶层,该层是大型客机总系统集成层。客机部件可以划分为机体、发动机、航电设备、机电设备和材料/标准件等五大主要部件,在该层上,商飞与一些核心供应商对客机进行最后的集成工作。这一集成工作主要在客机各部件联合组装基础上,进行各项功能与性能的系统性测试。

(2)第一层,该层是客机部件子系统集成层。从顶层各客机部件各自形成一个子系统,映射到该层。该层的工作重心主要是将客机各部件进行联合组装,调试各部件之间的接口和通信。

(3)第二层,该层是客机每一部件技术集成层。即将每一客机部件的所有技术进行集成化,对技术之间的标准、接口等参数进行协调。在该层上,每一客机部

大型客机协同研制的创新管理模式　>>>

件都会形成各自的产学研协同研制网络，如机体部件，形成由国内供应商为创新主体的机体协同研制网络；发动机部件，形成由商飞与国外供应商为创新主体的发动机协同研制网络；机载设备，形成由国内供应商与国外供应商为创新主体的机载设备协同研制网络；材料/标准件，形成由国内企业与国外供应商为创新主体的材料/标准件协同研制网络。

（4）第三层，该层是技术研发层。不同部件的技术一般都包括基础研究、应用研究、关键技术、瓶颈技术、共性技术等。根据不同技术的特性及创新主体的特长，构建不同的研发网络，进行技术研发。如对于基础研究和应用基础研究，其研发主体以高校/科研院所为主；对于关键技术和瓶颈技术，其研发主体以企业为主；对于共性技术，其研发主体以商飞和高校/科研院所为主。

产学研协同创新网络主要针对图4.2.2底层关键技术、共性技术及前瞻性技术的研发。

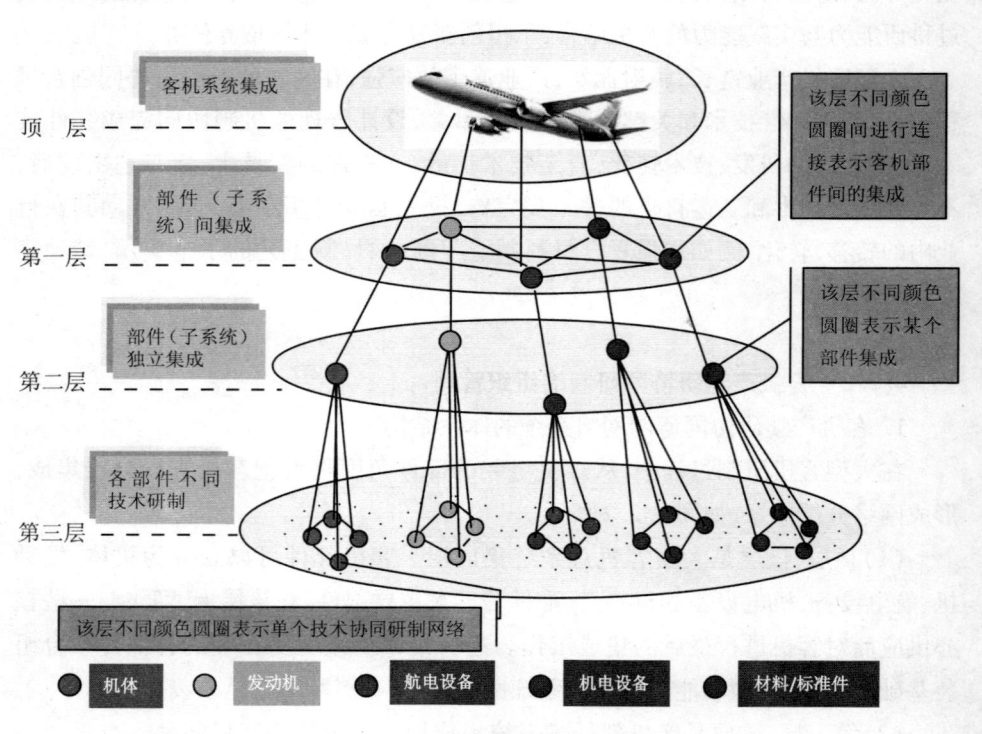

图4.2.2　大型客机组装网络分层结构

大型客机研制具有产业链长、涉及单位多、辐射面宽、联带效应强、关系网络复杂等特点。在图4.2.2第二层中，每个客机部件都会形成一个协同研制网络，虽然这些协同研制网络研制的技术内容不同，但是研发模式有着相似性，它是由多个不同单个技术研制网络组成,每个研制网络都是由商飞、高校/科研院所、其他企业为研发创新主体,政府、科技中介、金融机构等为支撑创新主体而形成。研制网络的协同性最根本的功能是使包含在技术研发、转化及应用过程中的知识流从知识供给方顺畅地流到知识需求方,这有较大难度。因为这些创新主体本身是一个个独立运作的组织,而研制过程是跨越组织的资源集成,因而存在着一定障碍。

2. 客机产学研协同研制的团队矩阵式组织管理结构

根据客机研制网络的特性,设计了客机产学研协同研制的团队矩阵式组织结构,如图4.2.3所示。从图4.2.3可以看出,客机协同研制的组织结构可分成三大模块:行政服务团队、客机协同研制核心团队和各种技术研发团队。

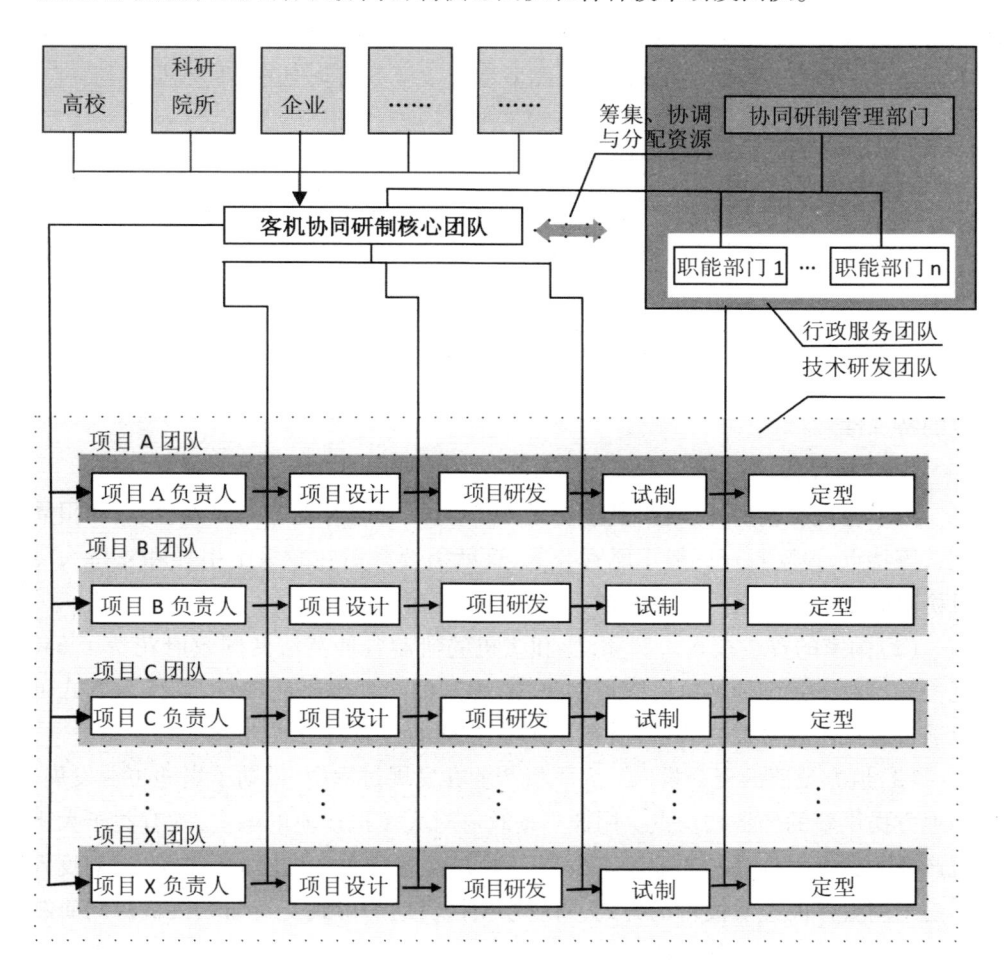

图 4.2.3　客机产学研协同研制的团队矩阵式组织结构

①行政服务团队

该团队由不同职能部门构成,由企业的客机协同研制管理部门分管各职能部门。职能部门包括综合办公室、教育培训处、会计处、人力资源处、设备资产处、金融资产处、信息系统管理处等。同时,行政服务团队与客机协同研制核心团队之间需要筹集、协调与分配资源。

②客机协同研制核心团队

该团队的成员由客机制造企业、高校、研究院所等的研发人员构成,团队的主要功能是集成高校(科研院所)、供应商、金融机构等创新主体,协调技术的研发及应用。

③各种技术研发团队

该团队是以项目为导向构建成不同的技术研发子团队。每个项目团队均有项目负责人,且以项目流程(设计→研发→试制→定制)为主线而展开。在项目的不同阶段,有来自客机协同研制核心团队和行政服务团队中的不同成员参与。

### 4.2.3　客机产学研协同研制的运行机制

客机的协同研制是一个复杂的大型创新项目,属于一种相对开放的动态复杂系统。然而,大型客机的研制具有国家战略意义,与一般的产学研协同创新不同,大型客机的协同研制过程中政府不仅仅是提供服务,还应该直接参与,通过政府的力量来聚集创新要素。在政府参与的情况下,大学和企业在协同创新中的角色地位与一般的产学研相比可能有所不同,因此客机的协同研制运行机制也有着一定的特殊性。

1. 经费投入

由于客机研制的特殊性,其经费投入量巨大,并且存在着高风险、投资回报周期长等特点,风险投资一般不愿意介入,这就需要政府在政策上引导和支持大飞机协同研制的经费需求。主要包括以下四个方面。

(1)国家的资金投入。例如,协和飞机的研制曾使英法两国政府花费了340亿美元。对于我国的客机协同研制来说,国家的经费也不能缺位,其投入方式可以通过直接的经费拨付、发行债券、政府担保银行贷款等方式进行。

(2)地方政府的资金投入。大飞机产业在发展过程中,带动了当地工业发展,为地方提供新的经济增长点。因此当地政府对大飞机产业的融资,既有益于大飞机产业的发展也推动了当地经济发展。地方政府对大飞机协同研制的资金投入不易采用直接的经费拨付的方式,而应以项目资助的形式支持与大飞机协同研制相关的技术开发、应用基础研究等。在政策上对本地的相关产业,如大飞机的产学研协同研制给予一定的优惠和支持。

(3)企业通过技术转让获得资金的投入。大飞机研发过程中,必然会有大量的新技术与新发明的产生,但是这些技术与发明未必可以应用在大飞机的研发中,若是闲置这些技术又造成了严重的浪费。为了解决这些闲置技术的转化问题,大飞机技术研发部门可以与国有大型军品、民品企业进行技术转让,这样既可以为大飞机产业提供新的资金来源,也为闲置技术找到了出路,保证大飞机产业的良性运作。

(4)金融市场融资投入。随着我国金融体制与金融市场的不断完善,借助金融市场进行上市融资也可以成为大飞机产业重要的资金来源。

2. 资源共享

中国商飞和高校、科研院所之间协同创新的目标以及根本利益是一致的,中国商飞、高校和科研院所及其他创新资源通过协调研制集成起来,可形成优势互补、资源共享的机制。由于大型客机研制的复杂性,所涉及的技术又十分繁杂,因此中国商飞不可能完全依靠自己的力量进行全部的技术研发,需要与高校、科研院所、供应商等协同研制。商飞公司作为研发的核心企业负责客机总体集成,客机核心部分的设计制造及整体研发项目的协调。商飞公司依据客机外部结构、内部运行体系的特点将研发任务分解成为一个个单独的模块。除了其本身承担的核心设计与制造外,其他分包给具有核心优势的创新主体进行。并将这些项目任务集成到虚拟研发平台上,各创新主体可以从客户端登录虚拟研发平台参与客机的协同研制。

将各参与者的人力资源、信息资源、大型仪器设备资源等进行有效共享,可充分利用产学研协同创新各方的闲置资源,发挥资源的最大效用,减少重复投资,充分发挥其潜在效率,更快、更经济地发展新资源,从而摆脱资源固有的惰性,促使资源向利用率高的领域转移,使之产生 1+1>2 的协同效应。

3. 利益分配

客机协同研制的过程是新技术成果研发的过程,亦是技术转移的过程,技术成果的归属与分享,直接影响到了协同创新的长期性和稳定性。在进行客机协同研制初期,产学研各主体应根据情况作出相应的约定,对于大学和科研院所可根据各自的投入折算为股权或出资比例,对于供应商可通过协议约定享有订单的权利。产学研协同创新中技术成果的归属与分享,需兼顾协同创新各方的利益,本着权利与义务一致的原则,协议分享。

研发成功后,技术成果将直接转化为经济利益。当市场收益较小时,企业可采用固定支付与混合支付的方式;当市场收益较大时,则应采取产出分享方式的分配;当市场收益达到一定程度时,则应采用固定支付方式,以提高企业的利润。在确定分配比例时,企业应充分考虑到大学、科研院所的投入,适当提高其分配比例,尤其在市场收益小时,有可能起到一定的激励效果,不仅促进合作的形成,也可能获取更大利润。对于供应商,不需要给予额外的利益补充,可通过订单数量来进行利益分配。

利益分配机制的最终确定应该是双方共同意愿的体现,是二者的共识。利益分配机制必须能够体现协同创新参与者核心能力和绩效、投入资源以及双方各自成果的价值,同时也可以在双方协商一致的条件下制定更符合双方利益要求的分配机制,进行利益分配机制的创新。

4. 风险分担

在以商飞为主体的客机协同研制过程中,由于大型客机的研制具有很大的风险,对于协同研制的参与方来说,都是一种冒险。首先,风险的存在虽然代表着损失的可能性,也代表着收益的可能性,正因为未来的结果是不确定的,产学研协同创新的各参与主体在项目期内注意谨慎和理性的行为,以减小损失发生的可能性;其次,由于参与主体除了企业、大学、科研院所外,还有政府、风险投资机构的加入。参与主体的多样化一方面使得发生损失后可以共同抵御,另一方面可以集思广益,对风险进行分析、评估,提高成功的概率。风险分担主要通过合同条款定义,一旦风险发生,合同双方可按照合同约定履行各自的义务,从而实现风险分担。

## 4.3 客机产学研协同研制网络的治理机制

中国航空工业从无到有,逐步成长壮大,发展至目前的大飞机研制项目,已初步形成专业齐全、预先研究和研制生产较为完整的科研生产体系,然而,目前我国缺乏按照国际适航准则研制与开发民用飞机的经验,某些高利润的客机部件研制能力较弱,不能实现国产化,特别是发动机和机载设备。航空机载系统技术是民用飞机技术中附加值最高的技术之一,约占整机价值量的 30%,直接关系到大飞机的经济性、安全性和适航功能,是飞机中非常核心的设备,具有广阔的发展前景。下面以大型客机的机载系统为例给出实证分析。

机载系统品类繁多,可分为动力装置、航电、液压、起落架等多个类别,各类别下又可以划分多个小类。在大型客机的研制过程中,一般由各领域内的具有较高水平的生产企业承接不同类别的工作包,如果这些工作包中有难以解决的问题,一部分承接企业会自行开发,一部分转而向高校或科研院所寻求合作。机载系统中一些关键问题、瓶颈问题的基础性研究,往往会通过政府的项目交给高校或研究院所进行研发,如图 4.3.1 所示。目前 COMAC 已经确定了和多家国外知名机载系统生产企业合作,以国外企业带动国内合作的方式进行研制,如图 4.3.2 所示。

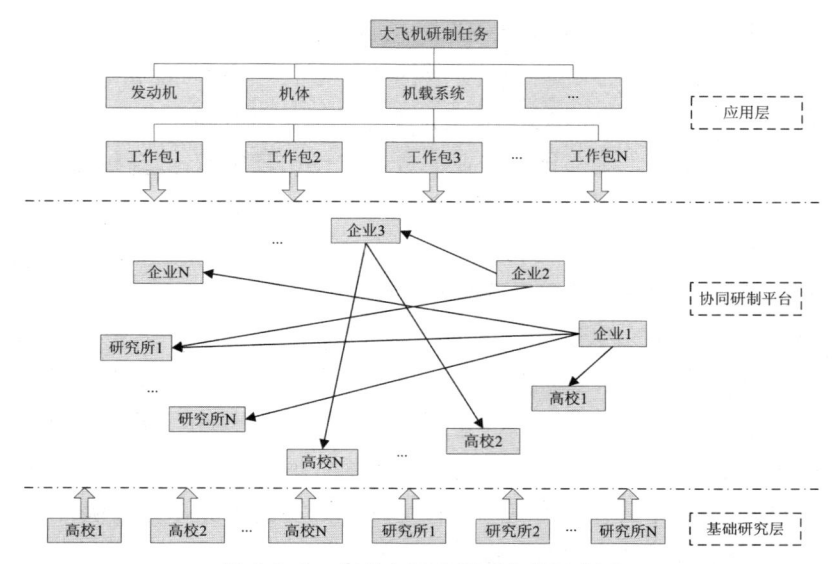

<<< 第四章 大型客机协同研制的产学研协作网络

图 4.3.1 大型客机产学研合作示意图

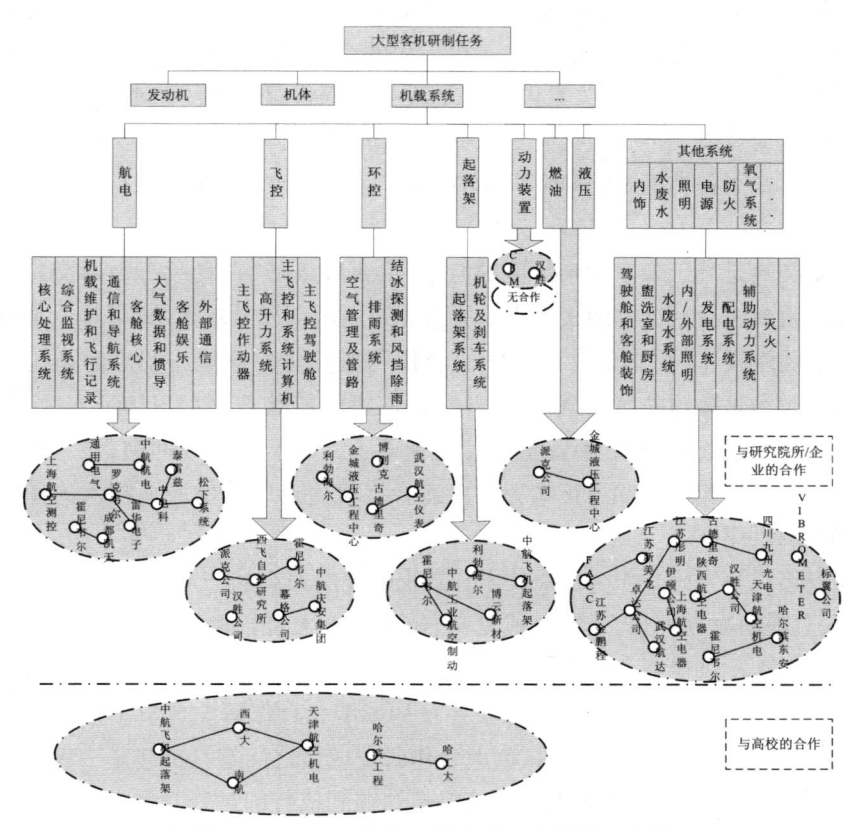

图 4.3.2 C919 机载系统产学研合作的示意图

151

从图4.3.1、图4.3.2可以看出,C919项目的机载系统大部分都是国内外合作进行研制的(除动力装置),目的是让外国的优秀企业可以带动相关领域的国内企业的研制能力。一些研究院所与国有航空企业原本就有各种关联,并且具有一定的军机产品研制基础,在与国外企业的合作中也比较积极;而高校在目前的机载系统产学研合作中参与较少。

### 4.3.1 客机产学研协同研制网络的关系契约管理

1. 关系契约管理的内涵

契约广泛存在于各类组织中,只要交易发生,就存在各种影响个人或组织行为的成文或不成文的规章。由于人们的有限理性、未来充满的不确定性和过高的交易成本阻碍了签订完全契约的可能性,现代契约理论把企业看成是一组不完备的契约的耦合,主要是研究在信息不对称情况下的契约不完全的根源,当事人如何设计一种契约,以及如何规范当事人的行为问题。

"关系契约"概念源自美国法学家Macneil提出的关系契约理论(relational contract theory)。根据他的观点,以一次为限的个别契约在现代社会经济实践中并不是普遍现象,处于伙伴关系中的当事人一般都将很多契约条款悬而不决,留待以后根据商业需要再做随机应变的调整,这就形成了所谓的关系契约。关系契约是广泛存在于各类组织中和组织间的,可以强烈影响个人或组织行为的非正式协议和不成文的行为模式(Baker,2002),又被称为非正式契约。

关系契约是基于未来关系价值的协议,主要特点是"自我履行",即交易在很大程度上由参与者自行协调来完成。关系契约更适合风险较大、结果难以准确预测的客机关键技术、关键部件的产学研合作创新。与关系契约相对的是正式契约。正式契约是契约内容完全清晰,并在任何可能的状态下可以被证实,法律的执行有效。在正式契约中,不管出现什么预期不到的新问题或冲突,交易各方无论如何都要遵守契约条款。正式契约更适合客机生产中的供应商技术成熟的标准零部件的供应。

大型客机协同研制作为目前技术和知识密集度最高的产业,是一个复杂的系统工程,具有研制周期长、系统组成复杂、技术难度大且投资风险大等特点,而其研发成功与否不仅受到合作方本身的技术水平、资金投入的影响,同时也要受到市场环境、市场结构、技术冲击和政策环境的影响。合作研发成员不可能在研发投入之前预料到未来所有的事件,因此合作研发成员之间签订的应是一种关系契约,存在着通过再谈判或法律的形式使得契约顺利执行的过程。客机产学研协同研制的关系契约有助于避免某些正式契约的不足,是客机产学研协同研制各方维系合作关系的重要机制。

从网络视角考虑,构建客机产学研关系契约合作网络,该网络主要是指客机制造企业在设计、技术开发、生产、市场营销等活动中,选择性地与其他企业或创新主体所结成的长期稳定关系。如客机制造企业之间通过合资、分包、战略联盟等结成的供应商网络、分包商网络等,还包括与大学或科研院所在共同参与技术合作、知识技术交流等活动过程中形成的研发合作网络或技术交易网络等,以及企业与中介机构或政府结成的教育、培训、公共政策扶持等网络,这些网络往往可以通过契约形式表现出来。在这种网络中交流和传递的知识以编码化知识为主。

2. 基于关系契约的客机产学研合作项目分类

产学研合作开发的特点与一般项目合作不同。第一,合作研发的结果是不确定的,也就是企业和科研机构都不能确切地知道合作研发成功的概率。第二,即使合作各方知道项目最终要成功,也可能不明确成功的具体时间。当涉及序列合作研发合同时,此问题会变得更加复杂。第三,虽然可以规定研究成果最低性能指标要求,但成果的价值很难在合同中确切地描述。第四,知识投入不总是容易测量或核实的。第五,研发项目是内生不确定的,合作各方不完全了解保证项目成功所需的必要资源。根据合作研发项目所需技术的特征,将研发项目分为四种类型(Shenhar、Dvir,1996),如表4.3.1所示。

**表4.3.1　不确定性与研发项目类别**

| 项目类型 | 不确定性级别 | 不确定性描述 | 典型项目 |
| --- | --- | --- | --- |
| 类型A | 低级 | 创新仅依赖于现存的、可以被所有企业轻易获取的基础技术。这类项目的技术不确定性实际上很低。 | 大多数研发项目 |
| 类型B | 中级 | 创新主要依赖于现存基础技术,但是还需要使用一些新技术。这类项目的技术不确定性较低。 | 大多数增量创新的工业研发项目 |
| 类型C | 高级 | 创新所需的大部分技术在项目开始之前虽然已经被研制出,但是尚未被使用过。即:该项目是第一次应用这些新技术,所以项目的不确定性程度较高。 | 大多数高技术产业研发项目 |
| 类型D | 超高级 | 创新基于新技术,但这些技术不都是现存的,其中一些正在研制,另一些可能还不知道,需要在项目进行过程中开发。 | 这类研发项目比较少,通常大型企业或政府部门会开展这类项目 |

### 3. 基于关系契约的客机产学研协同研制的治理机制

在客机研发过程中,由于技术环境具有不确定的特征,再加上创新主体的风险规避态度,运用关系契约的相关规则与正式契约相结合对客机研发过程进行控制可以降低交易成本并减少交易风险。客机产学研协同研制的契约治理机制如图4.3.3所示。

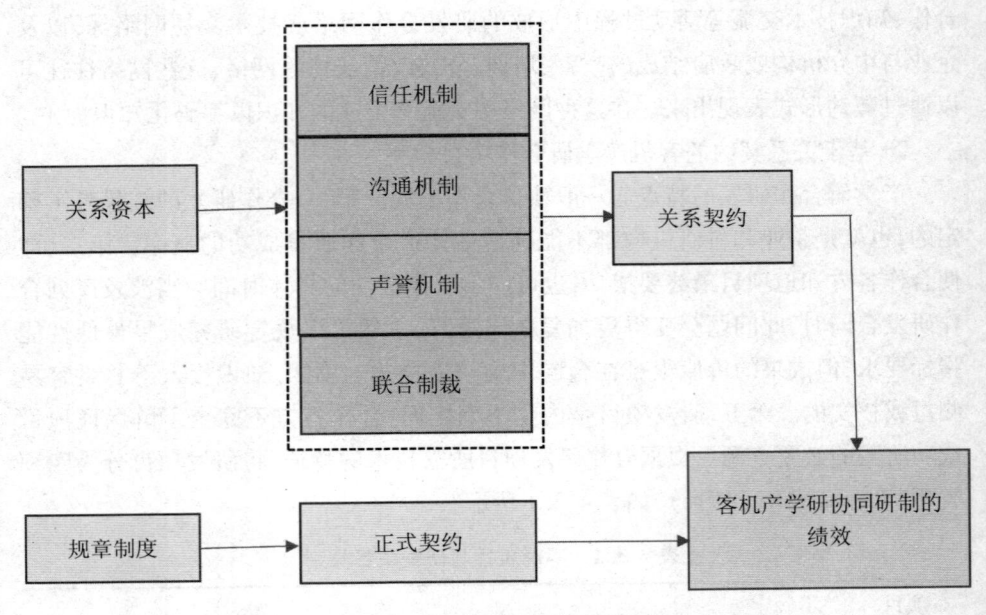

**图 4.3.3 客机产学研协同研制的契约治理机制**

在关系契约管理中,根据不同的契约模式,辨识影响契约的主要因素,分析这些因素的重要性,提出预防措施,并在实施过程中跟踪这些因素。同时,搭建信任平台,加强沟通,以此来降低不利因素的影响。客机研发关系契约治理机制主要表现为以下几个方面:

(1) 信任机制

信任是一方在必需面临风险的情况下对另一方的积极预期,在包括合作研发组织在内的中间组织中,信任机制被认为是除了权力和价格以外的另一种重要的治理机制。双方只有在长期交往的基础上才能形成信任,产学研合作各方在取得信任之前,通常需要一定的合作经验。

信任作为最基础的关系契约治理规范,在提高客机合作研发绩效中发挥着重要作用。信任可以有效降低合作研发中的交易成本,特别是当合作中可能出现一些风险和需要双方联系时,良好的信任关系能够减少机会主义行为,促进创新主体之间交互作用的深度;建立信任关系,科研机构就会有充分的自由度,企业的需求也更容易被理性地处理,降低签订各种文件所导致的昂贵成本;当研发双方互相信任时,对建立友好的关系契约合作关系有了积极的预期,从而有更强的动机把更多的优质资源投入研发项目中以提高研究成果的价值。因此,商飞与合作各方,要建立一种良好的信任关系,有了良好的信任机制做铺垫,合作各方才能自觉自愿地视对方为利益整体,从而付出最优的行动以满足双方共同利益所提出的要求。

(2) 沟通机制

关系契约要求有效沟通作为一种重要的关系规范来保障关系契约的有效运行,沟通可以定义为合作双方正式和非正式的及时有效的知识和信息共享。在知识经济时代,知识上升为企业中最具有战略性的资源,知识本身只有在交流中才能获得更大的发展,在合作双方间建立知识与信息的共享机制,创造自由、开放的研究气氛,将有助于培养双方基于互惠协议的信任关系。

商飞与合作高校、科研院所之间及时、有效的沟通,可以在合作过程中不断明确合作细节,保证研发活动的顺利进行;否则,沟通不畅将会使得合作过程举步维艰,最终导致合作项目的失败。充分有效的沟通能使合作双方及时解决问题,消除误解和分歧,是维系商飞与其他创新主体长期导向关系契约的重要一环。

(3) 声誉机制

关系契约能够自我实施依赖于违约后受惩罚的力度,作为惩罚的间接手段之一,声誉的丧失可以使参与客机研发的创新主体在未来的发展中失去竞争力。如果合作各方违约使声誉受到严重的损失,势必影响与其他主体之间的合作关系。

在客机研制中,持续合作的长期收益要超过违约的短期好处,而且背弃彼此达成的关系契约很可能触发永久惩罚,即解散联盟、重新回到非合作状态。同时背约方的行为很可能通过"网络"传播开来,使背约者在业界的声誉下降,甚至处于孤立境地。作为客机研发合作关系的长期维系手段,良好声誉机制的建立至关重要。

客机合作研发组织作为一种复杂的组织形式,合作的长期性使得声誉机制更加重要。在声誉机制的约束下,失去未来合作机会的顾忌与失去信任的恐惧,使得参与双方不得不对自己的机会主义行为加以约束,遵守彼此达成的关系契约。因此,在整个合作体系中保持良好的声誉也是保证客机产学研协同研制顺利进行的有效手段。

(4)联合制裁

联合制裁是对那些违背共同规范的成员予以集体处罚,包括私下议论、公开传言、短期驱逐等。它通过呈现违规的后果来定义可接受的行为,进而对交易起到保证作用。由于成本的原因,合作各方常常不去执行社会规范,而由变形规则(一种对那些不惩罚违规者的人进行惩罚的规则)所支持的联合制裁强迫各方去执行。这使群体制裁机制可以代替法庭的角色,变相制裁那些容忍违规的合作者并使之声誉受损,使得声誉机制比市场中的作用更加有效。作为客机产学研协同创新的关系契约合作,相比正式契约更加灵活,难以预测,通过联合制裁这种约束机制,可以更加有效地保护产学研合作主体之间的交易,提高合作的效率,抑制产学研网络成员的机会主义倾向,维护并强化已有的关系。

### 4.3.2 客机产学研协同研制网络的非正式管理

1. 非正式管理的内涵

非正式关系网络是指基于共同的社会文化背景基础上建立的人与人之间的社会网络关系,包括企业内部各阶层之间、企业主之间、企业内部员工与大学或科研院所的人员、政府工作人员等在非市场活动过程中所建立的公共关系网络或个人之间的人际关系网络,这些关系是在非正式的交流与接触中,频繁交往或合作过程中基于彼此之间的信任而建立起来的,因此比较稳定。

大型客机协同研制作为目前技术和知识密集度最高的产业,知识只有通过有效的转移和利用,才能充分实现其价值。知识网络中虽然所有的知识都可以通过组织的各种正式或非正式社会关系网络的互动来转移,但是实践表明,非正式的关系网络是隐性知识转移的主要渠道,非正式的社会关系网络对隐性知识的生产、转移和共享起着至关重要的作用。

客机产学研协同创新中存在大量的隐含经验类知识,这些知识成为客机研发成功的关键因素。在客机知识网络中,许多最新的、超前性的知识或者介于隐含经验类知识和清晰知识之间的知识,都以未编码化的知识形式存在。这些知识内容丰富,涉及范围广,不易从正式渠道获得,通过非正式交流,这些知识得以快速有效地传播。正是因为这类知识的实用性、先进性等特点,这类知识成为非正式交流中语言交流的最主要部分。而且,这种基于隐含经验类知识基础上产生的非正式网络是竞争对手难以复制的。客机创新网络中非正式联系是合作创新的重要黏合剂,也是合作创新成功的重要保证。非正式创新网络如图4.3.4所示。

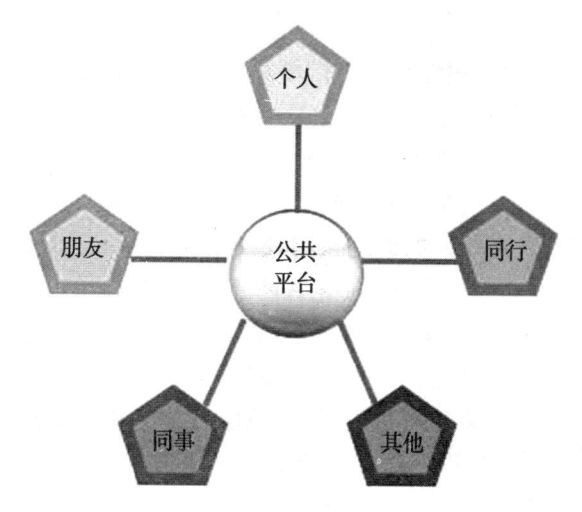

图 4.3.4 非正式创新网络

### 2. 客机产学研协同研制非正式网络的交流内容

非正式网络成员因为共同的兴趣爱好聚集,为共同感兴趣的主题而交流,一般情况下,非正式网络会形成具有某一明确内容和主题的交流圈子。在客机非正式合作网络,主要是对客机研发方面知识、技术进行深入交流和探讨。非正式网络的交流内容主要包括业务知识、兴趣爱好、人员信息等方面的信息。

（1）业务知识

非正式网络交流的业务知识主要包括与业务相关的技术、技能、经验、客户知识等方面的知识和信息。大型客机协同研制技术和知识密集度高,具备技术含量高、系统控制需求强等特点,研发人员在完成研发项目过程中往往需要同时借助多种知识,有些业务知识属于本组织的范畴,有些则是跨组织的。随着跨组织合作和交叉业务的增多,研发人员获取其他相关组织知识的需求会不断增强。在凭借一己之力难以完成工作任务的时候,研发人员通常会向他人求助。同时,有丰富业务知识的人员也希望通过与他人分享知识和经验来彰显自己的能力。基于这种需求,非正式网络突破了组织层级、时间和空间的限制,为研发人员提供了方便的交流途径。比如,在客机研发的项目小组中,项目组成员在遇到难题或希望提出一些业务想法时通常只能向项目负责人直接汇报,而不能越级向更高层领导汇报,因为在工作中的跨级行为往往被视为不尊重上级或扰乱正常工作秩序。而通过非正式网络,网络成员可以不受限制地询问疑难或提出创意。分布在不同地域、不同组织的客机研发人员可以通过非正式网络互通有无,交流经验,解答疑难。

(2) 兴趣爱好

非正式网络交流的兴趣爱好主要指研发人员就个人感兴趣的任何话题所进行的交流和探讨。这种共同的兴趣爱好既包括研发人员长期关注的某一业务领域,也包括他们业余生活中感兴趣的话题。非正式网络的自发性和随意性及其灵活多样的交流形式和手段,非常利于成员间彼此交流兴趣爱好,形成兴趣小组和团队,对于研发活动具有较强的促进作用。兴趣爱好也正是凝聚非正式网络、维持其持续运行的根本动力。与一般非正式网络相比,由共同兴趣爱好形成的非正式网络通常能够更好地自我运营和维护。正如人们对某一事物的兴趣爱好不会立即消散一样,人们交流兴趣爱好的网络也能够长久维持。

以计算机领域为例,著名的 Linux 操作系统就是由计算机爱好者通过非正式网络共同开发出来的。1991 年,被誉为 Linux 之父的托瓦尔兹将新颖独特的 Linux 系统理念及源代码在互联网上公布,此举吸引了全世界数以千计的 IT 从业者参与其中。这些遍布全球的 IT 精英通过在互联网上的交流互动,不断贡献各自的经验和智慧,共同开发出了 Linux 操作系统。

(3) 人员信息

非正式网络交流的人员信息主要包括合作联盟成员的性格、业务技能、特长等方面的个人信息。通过正式组织架构,人们可以清晰地了解每一名员工的职务以及应承担的职责。但正式组织架构提供的信息往往难以反映每位员工的真实能力和在组织中起到的实际作用。相比之下,非正式网络更能展现人的真实情况和个性,通过它更便于对员工进行全面、深入的了解。显而易见,通过实际交往来了解一个人往往比通过组织和职务了解一个人更加可靠。客机合作研发中的企业、科研院所可以利用员工的非正式网络来了解人才、招聘人才,可以更有效地提高吸收专业人才的针对性和效率。

3. 客机产学研协同研制非正式网络知识交流的途径

对于客机产学研协同研制,可以通过以下四种途径,促进研发过程中知识特别是隐性知识的交流。

(1) 科技、专业网络

科技、专业网络即一种非官方的、个人自愿的,主要围绕相同的科技专业而建立起来的,并具有明显的技术和认知规范的非正式网络。对于客机研制,一般是从事客机研发的科学家和从事客机研发制造的技术人员和工程师因为存在与同行交流、发表观点、接受新思想和探索新领域的强烈愿望而形成的。客机协同研制合作各方应积极建立这种非正式网络,通过研发人员的直接交流和互动,如学术研讨会、技术交流,还有目前较为流行的 QQ 专业群等活动,促进基础研究、新思想的交流和反馈,同时也可以加快客机研制中无法直接用文字表达的隐性知识的转移与共享。

(2)客户网络

客户网络这种非正式网络的目的是建立一种与产品或技术的最终使用客户之间的交流和信息沟通。它作为一个共存的技术机制,既可以为产品的生产者和创新者提出新的要求,也可以作为创新和技术的扩散者,更可以是隐性知识在知识网络中的组织与个体之间实现转移和共享的桥梁。大型客机研制成功以后,需要和客户建立良好的关系,通过客户网络,不断吸收他们的意见建议,进一步对产品进行改进和完善。

(3)休闲、娱乐网络

休闲、娱乐网络这种非正式网络主要是指知识网络中各组织的科研人员之间、技术工程师之间、员工之间,由于存在共同的爱好和娱乐活动,可以通过这些休闲活动建立一种友好的个人交流的机会,朋友之间的频繁交谈和来往会碰撞出创新的火花,同时促使隐性知识显性化、有效转移与共享。

从中关村兴起的俱乐部文化正是科研人员进行知识交流的一种有效形式。在国外盛行一种"咖啡文化",员工通常在工作之余去咖啡屋休息。通过与在此邂逅的同事轻松地谈话,员工间会无意识地交流对彼此研究工作的意见,或探讨对于最新科技动态的看法,使彼此所掌握的知识得到交流。

许多创新思想都是在与别人的非正式接触中产生的。因此,客机协同研制各参与主体应多给研发人员提供休闲活动,如钓鱼、爬山、下棋、打球等,促进研发人员信息的沟通和交流。此外,有效的交流有赖于员工间相互熟悉的程度,可以定期组织不同部门的员工进行正式或非正式的聚会,以此来增加他们的熟悉程度,提高知识流动的有效性。

(4)个人友谊网络

组织之间因文化距离而产生的隐性知识转移与共享的困难可以通过加强个人与个人的合作关系的亲密程度得到适当的克服。非正式网络中组织间隐性知识转移建立在大量的个人交流基础上,关系越亲密,交流越容易,隐性知识的转移与共享也就越顺畅。从社会网络的视角看,非正式网络可以弥补正式组织和正式网络的先天性不足,是克服客机协同研制知识网络中隐性知识转移与共享困境的有效途径。

客机协同研制各合作方应该鼓励员工参与非正式交流,为了尽快地获取最新知识、信息,知识网络中各组织的人员,可以通过互动往来或直接交流、通信、E-mail、QQ等个人联系方式进行非正式交流,这些都是隐性知识得以转移与共享的有效路径。通过这种交流,不仅增进了员工之间的友谊,而且促进了知识的共享和转移,同时可以进一步激发员工的创造力。

4. 基于非正式网络的客机产学研协同研制治理机制

对客机协同研制过程中的非正式管理,需要认识到其重要性,给予非正式组织关注,并进行必要的引导和调节,发挥非正式组织在客机协同研制中的积极作用。对非正式组织的管理,可通过如图4.3.5所示的非正式管理机制进行管理和控制,即通过激励机制、文化机制、信息平台机制、非正式调控机制来促进信息交流与共享,及时吸纳新成员知识,使非正式组织的知识储量处于动态变化中,以此来提升客机产学研协同研制的绩效。

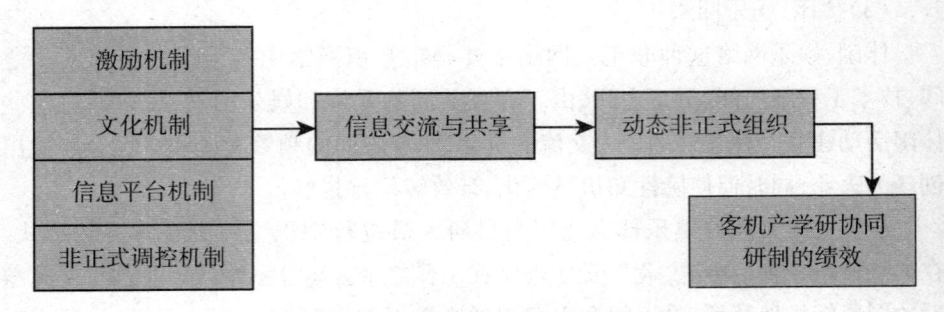

**图4.3.5 客机产学研协同研制的非正式治理机制**

(1) 激励机制

知识创新具有高成本性、高风险性以及收益和分配的不确定性,使得创新成功后知识的拥有者为了利益,会对所拥有的知识有意地垄断。而传统的激励机制的运作只能加剧个体的这种垄断。因此,需要建立恰当激励机制,合理满足隐性知识拥有者的利益要求,激发他们分享知识的愿望。一方面,应该承认个人隐性知识的独创性和专有性,建立恰当的评价指标和以知识贡献率为衡量标准的评价体系,使组织成员得到知识共享的实惠;另一方面,要为成员提供成长机会,引导组织成员进行隐性知识的交流与共享,促使他们获得不断创新和发展的动力,这对推动隐性知识的交流与共享十分重要。

(2) 文化机制

产学研创新网络的文化环境主要是指创新主体的文化基础、风俗习惯、价值观念等。文化环境影响创新主体接受新思想、新技术的能力,影响各创新行为主体自身创新能力的提高以及行为主体间的协作创新,从而影响创新网络建设进程和创新效应。对创新的态度(相对宽容或苛刻)影响创新的效率,创新主体的合作意识直接影响创新网络的活跃程度。如德国倡导的"3A"文化,即 academic freedom(学术自由),academic autonomy(学术自主),academic neutrality(学术中立),激发了其南部的巴伐利亚州和巴登—符腾堡的创新活力。美国硅谷的鼓励冒险、乐于合作的创新社会文化环境使其在全球中拥有区域发展的竞争优势。这种文化反过来有利于创新网络的建立,并有利于提高整个网络的创新绩效。

因此,客机研发体系中,应鼓励创新、鼓励学术自由,建立良好的、宽松的文化环境,先进的创新文化会加速创新网络的形成和高级化,有利于网络创新效率的提高。同时,由于客机研制涉及多个国家、多个区域,应避免文化差异和行为方式差别带来的冲突,保证合作方之间的技术共享。

(3)信息平台机制

在合作创新体系中,知识分享往往难以自发地开展和完成,要有合适的途径来进行知识分享。一方面要借助于合适的信息技术,如内部网、办公软件等;另一方面要有适当的部门来推行和组织实施。良好的平台策略能够把为知识流动而付出的劳动时间降低到最小值。比如,合作组织为其知识库绘制了电子地图,拥有哪些领域的专家、拥有哪些专利成果、与哪些外部专家有联系、外部知识所在地等信息一目了然。当研发人员需要某种知识时,就能够很快地知道到哪里去寻找或向谁去咨询,从而提高了知识流动的效率。例如,波音在供应商管理中就运用了全球协作平台。

在商飞,供应商协作平台是一个重要的交流渠道,除此之外,还应建立多种方式的技术交流渠道,减少技术交流的难度。例如,采取知识地图、知识索引的建设,各种知识库、案例库的建设,各种经验交流会、研讨会、培训班的举办等。这些方法都可以为知识流动提供信息技术共享平台,最终为知识流动创造了条件。

(4)非正式调控机制

在客机产学研创新网络中,可以借助友谊、文化和信任等非正式手段对创新主体的行为进行协调和控制。产学研创新网络中的各种非正式关系为行为主体合作创新提供了重要的社会资本,是行为主体重要的连接纽带。使他们具有共同的价值取向和行为规范,对合作具有共同的愿望,因此很容易达成合作协议,在合作过程中即使有一定的分歧,也会由于顾及社会关系而相互谦让,促进合作目标的实现。基于这种非正式社会关系产生的信任感会进一步增强,为合作的持续和有序推进提供重要的条件。

基于友谊、文化和信任等社会关系的非正式调控机制对客机创新网络的协调和控制是一种"软"约束和"无形"的约束,这种调控和约束作用比正式调控机制的作用大得多。因为,这种非正式调控机制是通过行为主体自觉的行为实现的,虽然不具有强制性,但作用的效力更持久和更有效。非正式关系的连接链条比正式关系链范围更广,创新网络中任何主体出现的不利于合作创新的行为,都会通过非正式关系链的传播而使其在网络内无地自容,它的名誉将会受到极大破坏。在科技发展日益迅速、创新难度越来越大、合作创新越来越重要的今天,这种信誉的丧失将给行为主体带来致命的打击。因此,应通过在客机研发网络中保持信任、友谊等良好的社会关系,建立非正式调控机制,对网络中各创新主体进行有效约束,使网络成员在这种约束下严格遵守合作协议,从而保证产学研合作的顺利进行,推进合作创新目标的实现。

(5) 重组组织结构模式、构造动态团队

在知识管理研究理论和实践中,隐性知识的研究得到越来越多的重视,这与隐性知识在知识管理中的关键作用密不可分。同样的,重视并开发隐性知识在合作创新体系中的作用,对于提高合作效率、增强竞争力也具有重要的意义。

由于隐性知识是难以表达、观察和描述的,其相互转化就不能延续惯常的思路。除了薪酬、奖励等机制的外部激励外,应该建立全新的组织结构模式,促进隐性知识转化,隐性知识的学习也可以在人与人接触的潜移默化中达成。因此,商飞应适时为实现某一项目,将不同工作领域的具有不同技能的员工集合于一个特定团队中,建立动态矩阵式组织结构,在完成项目的过程中,有效地实现知识的传播、整合、共享以及创新。

### 4.3.3 客机产学研协同研制的借鉴与启示

1. 充分利用高校丰富的教育资源为商飞培养技术骨干储备力量

在校企合作中,商飞可以为高校的人才培养提供实践实训基地,其专业技术人员也可以走进课堂,同时引领高校教师深入商飞,实现人才资源的整合,达到培养商飞所需人才的目的。在研发客机技术项目中,可以选择一部分发展潜力大、研究能力好的硕士、博士作为团队的研究成员,直接参与到商飞的研究活动中去,对于特别优秀的人才,商飞在其毕业后可直接聘用。

2. 打造高层次梯队团队

着重培养31~45岁的中青年技术骨干。积极支持高层次创新型科技人才参与国际科技合作;培养和引进客机关键技术的领军人才;建立人才区域竞争联盟;提高人才聚集效应,实现人才与经济社会的协调和可持续发展。

3. 设计良好的关系契约

在关系契约管理中,根据不同的契约模式,辨识影响契约的主要因素,分析这些因素的重要性,提出预防措施,并在实施过程中跟踪这些因素。同时,搭建信任平台,加强沟通,以此来降低不利因素的影响。

### 4. 注重非正式管理

在非正式管理中,虽然非正式网络对克服隐性知识发挥了极大的作用,但是容易产生"搭便车"现象、知识资源无故泄漏、组织成员因相互依赖而失去独立性等缺陷。因此,在管理上,第一,要给予非正式网络组织的关注,关注成员的观念变化、情感诉求、需求指向,关注非正式网络组织的状态、作用方向等,衡量其是否与商飞的战略规划相一致,若有偏差,努力调节其目标。第二,加强商飞文化建设,让商飞的价值观得到其成员的强烈认可和广泛认同,弱化非正式网络组织的负面影响。第三,改善正式沟通渠道,及时在上下级之间、各部门之间对广大成员密切关注的事情进行正式沟通,尽可能地使决策公开化、透明化。第四,与非正式网络组织中的核心人物建立良好关系,通过与其合作,及时地了解到非正式网络组织的动向,同时,发掘组织内的异质型人才。另外,商飞的管理者尽可能地参与非正式网络组织的活动,从行动上证明了对非正式网络的尊重和认可,非正式网络组织的成员就能够从感情上逐步接受其领导和指引,对非正式网络组织的控制就会更加容易。第五,清除极具破坏性的人物,即对于抱着极端的个人主义、违背组织原则、严重阻碍组织的发展、损害组织和组织内其他成员利益的人予以开除,使其接受应有的惩罚。

## 4.4 本章小结

复杂产品的产学研协同创新,一般是针对其中的一些关键技术、瓶颈技术及共性技术的创新,这些技术的创新能够带动整个产品甚至是行业的创新,例如集成电路技术的逐渐成熟,推动了现代计算机的不断发展;强劲有效的喷气发动机的出现,推动了宽体喷气式飞机的发展等。这些核心技术的"突破",往往是由基础研究、应用基础研究开始的,这些研究项目具有科技含量高、前期投入大、研发难度强的特点,其中很多项目具有很强的跨学科特性,且需要多样化的投入,仅依靠单个企业难以完成,通常需要众多产学研创新主体协同研制。例如英国知识集成委员会(KIC)的静音飞机项目,由麻省和剑桥两所大学牵头,分为5个子研究领域:低噪声机身技术、低噪声发动机技术、静音飞机设计/噪声集成、飞机操纵和经济学;确立了短期、中期和长期目标:在短期内通过开发和实施新的操作程序减少飞机噪音、中期将会在先进的发动机和机体设计技术中运用降噪技术、长期目标是将静音飞机推向全球航空市场。复杂产品具有高成本、高可靠性要求、高风险等特征。由于复杂产品创新过程中的这些特点,在产学研协作过程中应当充分考虑众多创新主体研究工作的协同、知识共享与交流,减少研制人员的重复性劳动。

客机是一个典型的复杂产品,每个配件都能形成一定的市场规模,例如一架大飞机的生产大概需要 300 到 500 万个零部件。在波音、空客等国际飞机制造企业巨头竞争激烈、环境严峻的背景下,我国客机若要成功研制并进入市场,通过产学研协同创新突破客机核心技术尤为重要。然而,目前有关复杂产品的产学研协同研制尚处于起步阶段。本章分析了国内外客机产学研协作的发展现状与趋势;设计了客机产学研协同研制的网络型管理模式及治理机制;旨在通过建立有效的客机产学研跨组织协同研制网络,克服创新过程中跨组织边界的障碍因素,实现知识共享,从而降低客机产学研协同研制阶段中各创新主体间复杂知识流动过程中的不确定性,促进知识特别是隐性知识的增值流动,提升客机协同研制的自主创新能力。

## 思考题

1. 简述空客和波音客机产学研协作模式。
2. 什么是关系契约管理?
3. 简述客机产学研协同研制的运行机制。
4. 简述客机产学研协同研制的非正式网络交流内容和途径。

# 第五章 大型客机协同研制的知识产权管理

目前世界航空工业已经形成了波音公司和空客公司势均力敌的垄断局面,他们之间因为交叉许可专利权而鲜有专利侵权诉讼发生。相对于波音、空客庞大专利数量而言,我国在航空领域的专利储备还比较薄弱,特别是在复合材料、发动机技术、综合设计技术等民机关键技术领域,专利储备差距巨大。波音公司、空客公司在世界范围内的专利申请和部署将会对我国大飞机的出口产生影响,中国大飞机在国际市场的发展将面临严峻挑战。

## 5.1 知识产权管理概述

知识产权管理是指政府和企事业单位对知识产权的创造、保护和运用施加影响,使其利益最大化的过程。知识产权的管理包含两个层次,一是政府层次的知识产权管理,主要指制定知识产权相关法律法规、制定相关配套政策、开展知识产权公共服务,提供信息检索、分析、交易平台等;二是企事业层次的知识产权管理,重点是指企业内部知识产权的申请、评价、经营、保护等方面的管理,同时包括高校、科研机构等频发知识创新的事业单位对知识产权的申请、保护、产业化等方面的管理。

政府层次的知识产权管理属于宏观层面,通过制定法律和政策为权利人提供保障,企事业层次的知识产权管理属于微观层面,是权利人运用现行制度所采取的创造和运用知识产权的战略和行为。

### 5.1.1 知识产权的内涵

知识产权,也称为"知识所属权",是指人们就其智力劳动成果所依法享有的专有权利,通常是国家赋予创造者对其智力成果在一定时期内享有的专有权或独占权,从本质上说是一种无形财产权,客体是智力成果或是知识产品,是一种无形财产或者一种没有形体的精神财富,是创造性的智力劳动所创造的劳动成果,受到国家法律的保护,都具有价值和使用价值。

广义上的知识产权包括下列客体的权利:文学艺术和科学作品,表演艺术家的表演以及唱片和广播节目,人类一切领域的发明、科学发现、工业品外观设计、商标、服务标记以及商品名称和标志,制止不正当竞争,以及在工业、科学、文学和艺术领域内由于智力活动而产生成果的一切权利。狭义上的知识产权只包括版权、专利权、商标权、名称标记权、制止不正当竞争,而不包括科学发现权、发明权和其他科技成果权。世界贸易组织在《与贸易有关的知识产权协定》规定,知识产权包括:①著作权和邻接权;②商标;③地理标志;④工业设计;⑤专利;⑥集成电路布图设计;⑦未公开的信息。在我国,目前已立法保护的知识产权有:专利权、著作权、商标权、商业秘密、原产地域产品、植物新品种、集成电路布图设计等。

### 5.1.2 知识产权的分类

**1. 著作权和工业产权**

知识产权是智力劳动产生的成果所有权,它是依照各国法律赋予符合条件的著作者以及发明者或成果拥有者在一定期限内享有的独占权利。有两类:一类是著作权(也称为版权、文学产权),另一类是工业产权(也称为产业产权)。

著作权又称版权,是指自然人、法人或者其他组织对文学、艺术和科学作品依法享有的财产权利和精神权利的总称。主要包括著作权及与著作权有关的邻接权;通常所说的知识产权主要是指计算机软件著作权和作品登记。

工业产权则是指工业、商业、农业、林业和其他产业中具有实用经济意义的一种无形财产权,主要包括商标权、专利权及商号权、著作权等。

(1)商标权。商标权是指商标主管机关依法授予商标所有人对其申请商标受国家法律保护的专有权。商标是用以区别商品和服务不同来源的商业性标志,由文字、图形、字母、数字、三维标志、颜色组合和声音等,以及上述要素的组合构成。中国商标权的获得必须履行商标注册程序,而且实行申请在先原则。商标是产业活动中的一种识别标志,所以商标权的作用主要在于维护产业活动中的秩序,与专利权的不同作用主要在于促进产业的发展不同。

(2)专利权。专利权是指一项发明创造向国家专利局提出专利申请,经依法审查合格后,向专利申请人授予的在规定时间内对该项发明创造享有的专有权。根据中国专利法,发明创造有三种类型,发明、实用新型和外观设计。发明和实用新型专利被授予专利权后,专利权人对该项发明创造拥有独占权,任何单位和个人未经专利权人许可,都不得实施其专利,即不得为生产经营目的制造、使用、许诺销售、销售和进口其专利产品。外观设计专利权被授予后,任何单位和个人未经专利权人许可,都不得实施其专利,即不得为生产经营目的制造、销售和进口其专利产品。未经专利权人许可,实施其专利即侵犯其专利权,引起纠纷的,由当事人协商解决;不愿协商或者协商不成的,专利权人或利害关系人可以向人民法院起诉,也可以请求管理专利工作的部门处理。当然,也存在不侵权的例外,比如先使用权和科研目的的使用等。专利保护采取司法和行政执法"两条途径、平行运作、司法保障"的保护模式。该地区行政保护采取巡回执法和联合执法的专利执法形式,集中力量,重点对群体侵权、反复侵权等严重扰乱专利法治环境的现象加大打击力度。

(3)商号权。商号权即厂商名称权,是对自己已登记的商号(厂商名称、企业名称)不受他人妨害的一种使用权。企业的商号权不能等同于个人的姓名权(人格权的一种)。

此外,如原产地名称、专有技术、反不正当竞争等也规定在《巴黎公约》中,但原产地名称不是智力成果,专有技术和反不正当竞争只能由《反不正当竞争法》保护,一般不列入知识产权的范围。

(4)著作权。著作权是由自然科学、社会科学以及文学、音乐、戏剧、绘画、雕塑、摄影和电影摄影等方面的作品组成的版权。版权是法律上规定的某一单位或个人对某项著作享有印刷出版和销售的权利,任何人要复制、翻译、改编或演出等均需要得到版权所有人的许可,否则就是对他人权利的侵权行为。知识产权的实质是把人类的智力成果作为财产来看待。著作权是文学、艺术、科学技术作品的原创作者,依法对其作品所享有的一种民事权利。

2.人身权利和财产权利

按照内容组成,知识产权由人身权利和财产权利两部分构成,也称之为精神权利和经济权利。

人身权利是指权利同取得智力成果的人的人身不可分离,是人身关系在法律上的反映。例如,作者在其作品上署名的权利,或对其作品的发表权、修改权等,即为精神权利。

财产权利是指智力成果被法律承认以后,权利人可利用这些智力成果取得报酬或者得到奖励的权利,这种权利也称之为经济权利。它是指智力创造性劳动取得的成果,并且是由智力劳动者对其成果依法享有的一种权利。

### 5.1.3 知识产权管理的内容

一项知识产权的产生及产生经济效益,是政府层次和企事业层次知识产权管理共同作用的结果。只不过二者各司其职,各有侧重。总的来说,知识产权管理的内容包括知识产权的创造、知识产权的保护和知识产权的运用。

1. 知识产权的创造

知识产权的创造是指企事业单位实施知识创新行为,并根据相关法律将创新成果由知识资产转变为知识产权的过程。例如,通过申请专利、商标注册来保护企业的开发成果、品牌和信誉。尽管创造知识产权是知识资产所有者的行为,但是在申请和注册的过程中,审查和授权程序与标准、费用等影响了知识产权申请人的行为和结果。

2. 知识产权的保护

知识产权的保护在政府层次是指政府进行知识产权立法、确权、审查授权、防止侵权和打击侵权等执法的全过程;在企事业层次是指权利人根据相关法律法规防止自己的知识产权被侵权,以及被侵权后采用行政或司法手段进行维权和获取经济补偿等行为。保护专利首先需要明确专利的权属,其次需要对专利申请进行审查和授权,然后是防止侵权和打击侵权。保护知识产权一方面需要依靠法律制度和政策保障,另一方面则需要权利人本身增强意识,其中最重要的是法律制度和执法。

3. 知识产权的运用

知识产权管理的最终目的是运用知识产权创造经济价值。知识产权的运用主体是知识产权权利人,包括企事业单位或个人。运用的内容包括知识产权的实施和经营,例如专利技术的产业化、转让、许可使用、抵押贷款等,还包括企业运用知识产权作为竞争工具,构筑专利网,例如有些企业申请专利的目的是为了阻止他人使用这项技术,或者为了以此作为交换,换取别人的技术等。运用知识产权的模式和方法随着经济生活的发展将不断演进和更新。

## 5.2 国际大型客机知识产权管理的发展现状及启示

自中国大飞机项目于 2007 年 2 月被正式批准并启动以来,空客、波音公司来中国申请的专利呈现出几何级数增长的局面,这与 2007 年以前这些公司对我国专利市场的冷淡反应形成了强烈对比。2007 年 3 月,波音公司发布声明称:"波音将通过保护其知识产权并不断改进产品和流程,以确保与选择进入这一行业的对手相比,波音能保持长期的竞争力。" 2007 年 8 月,欧洲空中客车公司宣布,该公司生产的 A380 双层民用客机已拥有 380 多项专利技术,主要涉及空气动力学、客舱设计、发动机、飞行控制、飞机系统、制造工艺等方面的技术创新,其中一些专利技术也已经应用在全新的A350XWB宽体飞机上。国际大飞机航空公司已将知识产权作为开展技术保护、设置技术壁垒,以此对新兴航空制造业进行压制进而赢取市场主动权的重要竞争策略。

### 5.2.1 发展现状

1. 专利申请的年度分布

波音公司非常善于利用专利权来保护自己的核心技术,以保持其在行业的领先优势。1961年波音飞机公司更名为波音公司后,波音公司随后将主要业务从军用飞机转向商用飞机,并自1967年开始申请专利。1967年至2000年间,波音公司专利申请呈相对平稳的增长态势,年申请专利家族数量几乎均处于200件以下,且年均增长量并不高。然而2001年以后,随着波音公司与麦道公司合并,以及波音公司强化了在全球的专利保护策略,其专利申请数量出现爆炸式增长,全球专利的增长量也迅速上升。

作为一家民机制造业的后起之秀,空客公司卓越的专利策略帮助其取得了今天的成就。作为一家在1970年成立的商用飞机制造商,空客公司经过30年的发展,从起步初期艰难地追赶波音公司的脚步,到2010年在交货量和订单数量上均超过波音公司,其发展也得益于在专利布局方面的工作。20世纪90年代中后期,空客公司专利申请数量开始呈现增长态势,2004年以后,这种增长态势进一步加强,虽然空客公司在专利家族总量上少于竞争对手波音公司,但在年专利申请量上则与后者旗鼓相当,成为与波音公司相匹敌的行业领头羊。

2. 专利申请的地区分布

专利申请的地区分布体现了企业对相应市场的布局情况,波音公司和空客公司均在全球多个国家/地区进行了专利申请,同时,两家公司在不同的国家/地区进行的专利申请布局又各具层次性,体现了两家企业对不同市场的不同策略。

波音公司总共在全球34个国家和地区申请了专利,其中有17个国家/地区属于欧洲专利局或欧盟成员国,为了便于了解波音公司在空客公司本土的专利申请情况,本文将欧洲专利局以及德国、法国、西班牙等欧盟成员国的专利申请合并为"欧专局及欧盟成员国",作为空客公司在本土市场的专利申请。波音公司的专利申请地区布局可以分为四档,即第一档美国本土;第二档空客本土;第三档日本、加拿大、中国、韩国、巴西、以色列、俄罗斯(包含苏联)等新兴民机技术强国或有意进入大型民机市场的国家;第四档为南非、新加坡等国。这一专利布局特点充分体现了波音公司对不同国家或地区市场的不同策略。波音公司非常重视在美国本土的专利布局,其在美国的专利申请数量占全部专利申请数量的64%;同时,波音公司在欧专局及欧盟成员国的专利申请数量占总数的21%,仅次于美国,体现了它对主要竞争对手空客公司本土市场的重视;此外,在日本、加拿大、中国、巴西等国的专利布局,也体现波音公司对潜在竞争对手的重视,并希望通过专利布局,占有市场先机,遏制这些国家民机技术的发展。

空客公司总共在全球26个国家和地区申请了专利,其中9个国家/地区属于欧专局或欧盟成员国。为了方便了解空客公司在本土的专利申请情况,同样将空客公司在欧洲专利局以及德国、法国、西班牙等欧盟成员国的专利申请合并为"欧专局及欧盟成员国"。与波音公司在其本土的专利申请数量是其在空客本土专利申请数量的3倍这一现状相比,空客公司在其本土的专利申请数量与在美国的专利申请数量的差距并不是特别大,分别为4131件和3204件,分别占总数的34%和27%,足见空客公司对波音公司本土市场的重视,也体现出空客公司作为后来者,对行业领导者所在市场的布局策略;此外,空客也相当重视在加拿大、中国、日本、俄罗斯(包括苏联)等新兴民机技术强国或有意进入大型民机市场的国家进行专利布局。

3. 技术主题分布

经过多年的发展,作为技术集成商,波音公司和空客公司申请的专利所涉及的技术主题非常广泛,囊括了飞机机身组装技术(机身、材料加工工艺、材料加工设备、测量方法等)、航电系统及发动机技术等涉及飞机设计和制造等众多方面。图5.2.1、图5.2.2分别给出了波音与空客公司专利申请量排名前十五位的技术主题。表5.2.1为图5.2.1、图5.2.2中各专利(IPC)分类号对应的技术主题含义。

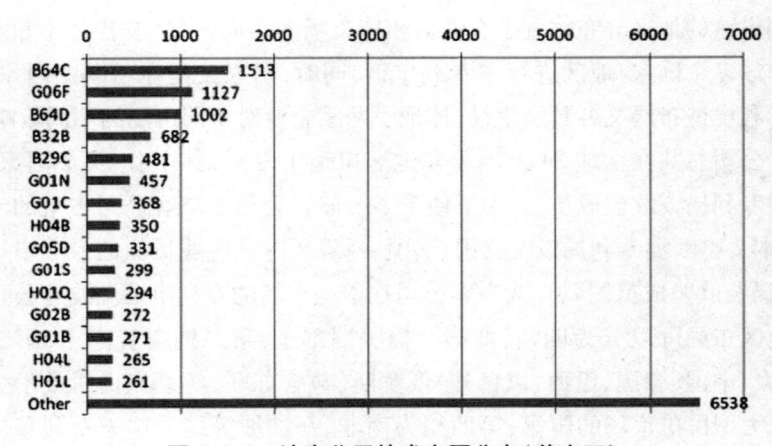

| IPC | 数量 |
| --- | --- |
| B64C | 1513 |
| G06F | 1127 |
| B64D | 1002 |
| B32B | 682 |
| B29C | 481 |
| G01N | 457 |
| G01C | 368 |
| H04B | 350 |
| G05D | 331 |
| G01S | 299 |
| H01Q | 294 |
| G02B | 272 |
| G01B | 271 |
| H04L | 265 |
| H01L | 261 |
| Other | 6538 |

图 5.2.1　波音公司技术主题分布(前十五)

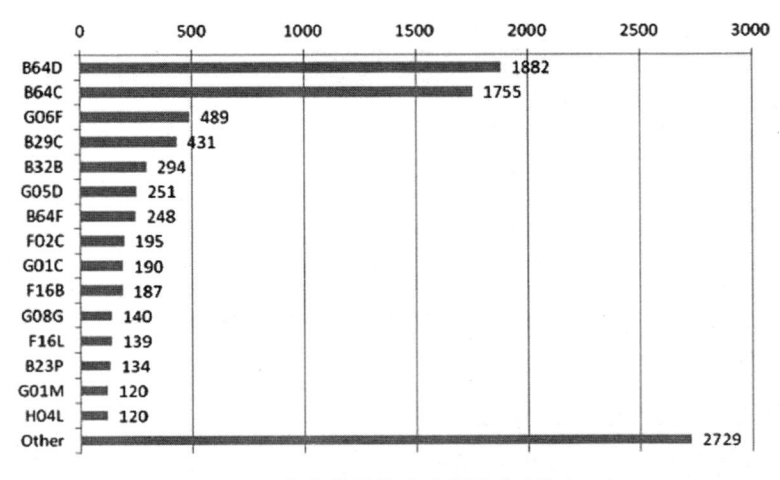

```
           0      500    1000    1500    2000    2500    3000
    B64D ████████████████████████  1882
    B64C ██████████████████████  1755
    G06F ██████  489
    B29C █████  431
    B32B ███  294
    G05D ███  251
    B64F ███  248
    F02C ██  195
    G01C ██  190
    F16B ██  187
    G08G ██  140
    F16L ██  139
    B23P █  134
    G01M █  120
    H04L █  120
    Other ████████████████████████████████████  2729
```

图 5.2.2　空客公司技术主题分布（前十五）

波音公司全球专利申请技术主题分布广，共涉及 492 个 IPC 小类，即涉及 492 个技术主题。相对而言，空客公司全球专利布局稍晚，技术主题也相对少一些，空客公司全球专利布局共涉及 368 个技术主题。与波音公司相比，空客公司的专利技术布局存在以下两个突出特点：①技术主题相对集中，排名前十五的技术主题数量占总技术主题数量的 71%，波音仅为 55%；②空客尤其注重在舱内设计方面的投入，这与空客致力于追求乘客舒适性的理念有很密切的关系，其在舱内设计方面的专利申请数量在所有技术领域中排名第一。

表 5.2.1　各 IPC 分类号对应技术主题含义

| IPC | 含义 |
| --- | --- |
| B64C | 飞机；直升机 |
| G06F | 电数字数据处理 |
| B64D | 用于与飞机配合或装到飞机上的设备；飞行衣；降落伞；动力装置或推进传动装置的配置或安装 |
| B32B | 层状产品，即由扁平的或非扁平的薄层，例如泡沫状的、蜂窝状的薄层构成的产品 |
| B29C | 塑料的成型或连接；塑性状态物质的一般成型；已成型产品的后处理，如修整 |
| G01N | 借助于测定材料的化学或物理性质来测试或分析材料 |
| G01C | 测量距离、水准或者方位；勘测；导航；陀螺仪；摄影测量学或视频测量学 |
| H04B | 传输 |
| G05D | 非电变量的控制或调节系统 |

续表

| IPC | 含义 |
| --- | --- |
| G01S | 无线电定向；无线电导航；采用无线电波测距或测速；采用无线电波的反射或再辐射的定位或存在检测；采用其他波的类似装置 |
| H01Q | 天线 |
| G02B | 光学元件、系统或仪器 |
| G01B | 长度、厚度或类似线性尺寸的计量；角度的计量；面积的计量；不规则的表面或轮廓的计量 |
| H04L | 数字信息的传输，例如电报通信 |
| H01L | 半导体器件；其他类目未包含的电固体器件 |
| B64F | 地面设施或航空母舰甲板设施 |
| F02C | 燃气轮机装置；喷气推进装置的空气进气道；空气助燃的喷气推进装置；燃料供给的控制 |
| F16B | 紧固或固定构件或机器零件用的器件，如钉、螺栓、簧环、夹、卡箍或楔；连接件或连接 |
| G08G | 交通控制系统 |
| F16L | 管子；管接头或管件；管子、电缆或护管的支撑；一般的绝热方 |
| B23P | 金属的其他加工；组合加工；万能机床 |
| G01M | 机器或结构部件的静或动平衡的测试；未列入其他类目的结构部件或设备的测试 |

### 5.2.2 经验与启示

(1) 重视专利的价值，增强知识产权意识

波音公司和空客公司深谙以专利为基础的创新价值，因而非常重视知识产权工作，在民机制造领域积累了大量的先进专利技术。波音公司连续多年在权威咨询机构专利委员会(The Patent Board)提供的年度专利排名中位列航空和防务领域第一。空客公司创立时间晚，虽然在专利总量上仅为波音公司的一半，但进入21世纪后，其专利申请量增长势头强劲，在涉及新技术的核心专利上，大有后来者居上的趋势。借助出色的专利工作，空客公司成功地突破波音公司的技术封锁，最终成为与波音公司齐名的行业领跑者。

重视知识产权工作、设立专门的知识产权管理部门进行机型研制的知识产权

运作、推行,鼓励员工开展技术创新的一系列政策是波音公司和空客公司成功的法宝。例如波音公司在企业内部设立发明奖,专门奖励每年为公司或者航天技术创造了最有价值的智慧财富的个人或者团队;允许对专利技术有重要贡献的发明人与公司共同拥有专利权,等等,这些做法很大程度上激发了员工的积极性,使得波音公司内部形成良好的创新氛围,保障其在技术竞争中的领先优势。

(2)有层次、有针对性地布局全球市场

纵观波音公司和空客公司利用专利申请进行的全球市场布局,可以发现,这两家在民机领域的领头企业,均在立足本土市场的基础上,在全球范围内进行有层次、有针对性的布局。首先,两者都非常重视本土市场,在本土申请了大量的专利,波音公司在美国本土申请的专利数量远多于在全球其他国家或地区申请的专利数;空客在本土市场的专利数量也排在第一位;其次,它们对主要竞争对手的本土市场也异常重视,例如空客在美国的专利申请数量甚至与其在本土的专利申请数量近乎相当,而波音公司在空客本土的申请量也仅次于其在美国的申请数量;此外,对于潜在的竞争对手或主要的民机市场,也根据其发展战略的变化,动态调整专利布局。比如,两公司在中国市场的专利布局的更迭主要基于以下三点:①在进入中国市场前,先期进行适应性专利布局;②在与中国机构合作的过程中,采用申请专利的方式保护自身技术;③根据中国政府、企业在商用大飞机方面的动向,有目的地进行布局。

(3)广泛布局专利技术,尤其是与企业发展策略有密切关系的重点核心技术

大飞机的制造过程涉及多个学科,包括空气动力学、材料学、航空电子学等,民机制造商属于技术集成商,集成的整体结构、复合材料构件和数字化技术构成了新一代飞机先进制造技术的主体框架,而在集成过程中,要涉及成千上万的零配件以及发动机等。在众多的技术中,需要分清哪些核心技术亟待开发,哪些技术需要自行开发,哪些技术可与第三方合作开发。分析波音公司和空客公司的专利发现,随着企业的发展和专利的不断积累,两家公司的专利技术所涉及的技术主题已经非常广泛,涉及飞机制造的方方面面。但是,它们对于飞机的零部件及其组装也并非面面俱到,或者在某些技术领域,虽然有专利申请但并不属于技术领先者。

(4)专利申请与商业秘密保护并重

波音公司同时开展专利申请与商业秘密保护,其中最为重要的两大业务分别是航空业和国防工业,因此波音公司一直都在专利申请和商业秘密保护之间做着最优的平衡选择。专利申请能够给予技术在一定期限内的法律保护,设置技术堡垒,还能通过技术的公开来帮助不发达国家航空业的发展,但与此同时很容易让

对手知晓波音公司的技术能力和范围等从而制定竞争策略,所以波音公司的知识产权团队会在对其发明创造进行专利权范围、产品和服务的适应性等方面进行评估,从而确定技术是进行专利申请还是通过商业秘密来进行保护。

(5)实施知识产权的资本化运作

将商标、版权材料、专利和商业秘密结合到一起的知识产权资产进行知识产权资本化运作,是波音公司维持竞争优势的重要保障,波音公司很早以前就意识到这一点,并且开始了知识产权资本的运营。例如,当波音公司研发出一种网络系统时,公司就会将该系统的研发技术许可到需要该技术但却不是波音公司竞争领域的其他产业的公司,从而达到双赢的目的,不仅可以减少其他公司的研发成本,减少社会资源的浪费,波音公司自己还能盈利。在现有阶段,波音公司的专利许可业务正在不断地扩展,主要是面向公司供应链以及制造飞机的合作伙伴,然而也正在积极地向其他产业扩展。此外,波音公司还会接收到世界各地国防工业的订单,这些国防工业订单数额巨大,利润较高,然而要求甚严,不仅需要符合产业要求,还得能够驱动该国经济的发展,优异的知识产权保护技术以及技术实施指导使得波音公司在竞争中脱颖而出获得这些订单,这也是波音公司能够在市场上一直保持领先位置的重要因素之一。

## 5.3 客机协同研制的专利体系构建

考虑到复杂产品通常是由多种技术交叉融合而成,为了构建专利体系,首先运用工作分解结构(Work Breakdown Structure,WBS)的基本理论思想,将复杂产品协同研制项目按一定的原则分解成大部件项目,大部件再分解成小部件项目,复杂产品项目的协同研制既包括纵向的协同也包括横向的协同,以客机项目协同研制为例,如图5.3.1所示。

依据复杂产品分解的部件,从专利群的层面构建的客机技术专利体系。其中,系列专利是指每一部件围绕该部件的核心技术申请一系列的相关专利,形成一个多角度、多层次、宽范围的专利网;专利池是指两个或两个以上的专利持有人相互间交叉许可或共同向第三方许可其专利的联营性协议安排,有时也指这种联营协议安排下的专利集合。专利池的表现形式为专利联盟,专利联盟是指两个或以上的专利权人,为了能够彼此之间分享专利技术或者统一对外进行专利许可而形成的联盟。它是基于专利权人之间共同的战略利益,以一组相关的专利技术为纽带而达成的联盟,同时,对联盟外部共同发布联合许可声明。究其本质,它是一种系统化的交易机制,整合了联盟成员相关专利技术,同时向联盟外的第三方或联盟内成员实行统一许可。通常,专利联盟在具体实施时的表现形式为专利的交叉许可,或者相互优惠使用彼此的专利技术。专利联盟与专利池的本质是一致的,所不同的是两者描述的角度,后者从专利集合角度出发,前者从创新主体联盟角度出发。客机专利体系的构建如图5.3.2所示。

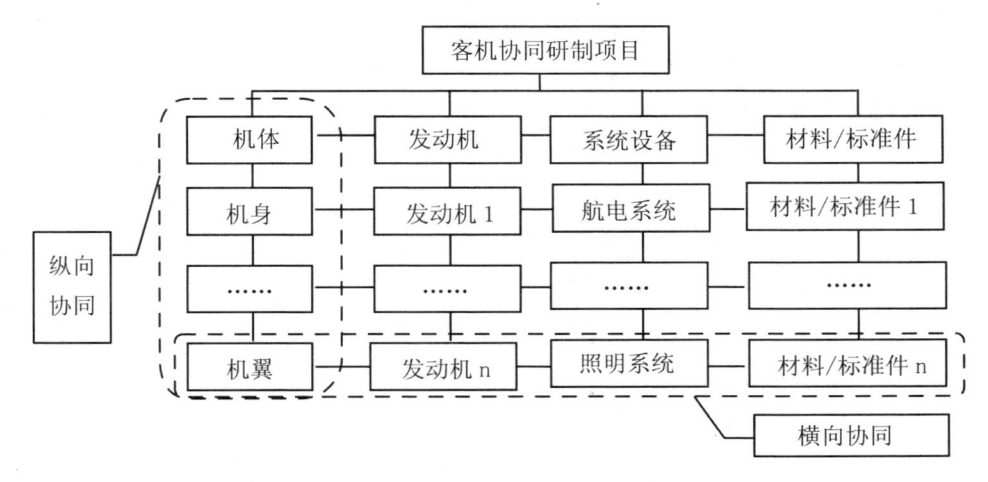

图 5.3.1  客机研制项目的 WBS

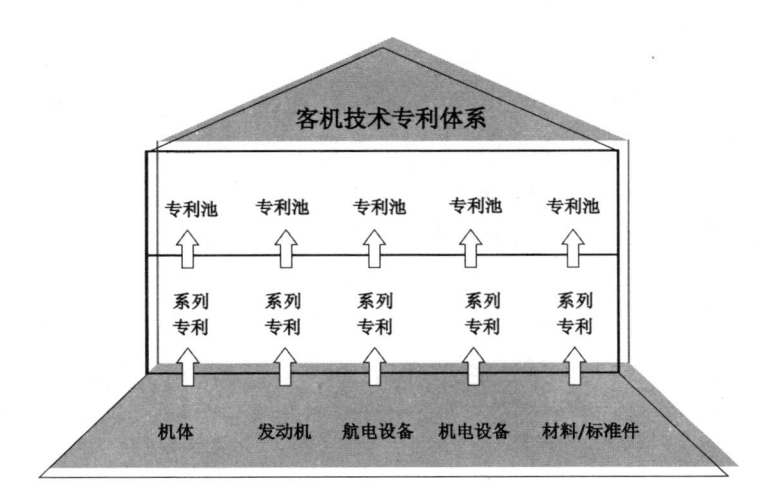

图 5.3.2  客机技术专利体系

1. 系列专利

在复杂产品协同研制中,针对复杂产品每一部件所形成的技术专利应系统化,即所谓的系列专利。在系列专利形成阶段,需要注意以下三个方面:

(1) 核心专利的申请时机

复杂产品研发具有投资大、风险高等特点,从技术研制到产业化,往往经历几年甚至十几年时间,投入的资金也高达数亿元。专利法第四十二条指明"发明专利权的期限为二十年,实用新型专利权和外观设计专利权的期限为十年,均自申请日起计算"。因此,如果在申请复杂产品专利时,能够尽量拖后,靠近技术产业化日期,则可以在技术产业化后获得尽可能长的保护时间。

但是,随着技术研制的发展,参与协同研制的人员和组织也越来越多,这对保密工作带来了非常大的困难。一旦保密措施不当,会在后续的专利申请中造成困难而难以获得相应专利。如果被其他单位抢先申请,该技术研发项目将被搁浅。

目前,我国一般实行专利在先申请制度。因此,当研发一项新的技术时,抢先申请该技术专利显得十分重要。通常在基础研究后,便要着手申请技术专利。

(2) 核心专利披露的内容

在申请核心专利时,注意说明书中撰写内容的方式、路线、方法,无须找到最适合的路线、方法后才申请。

(3) 外围专利的申请

外围专利的申请不需在核心专利申请之后立即申请,可以循序渐进,在未来的几年中围绕核心技术逐步开展专利网的布局,形成一系列的相关专利。通过外围专利保护核心专利,延长核心专利及独占市场的时间。

2. 专利池

在复杂产品协同研制过程中,在其他创新主体已有的相关专利技术的情况下,为了保护自身的专利,可以采取专利池的形式减少创新主体间的冲突,保护自身的知识产权,以使协同研制更顺畅。随着技术标准与知识产权的日益结合,虽然通过专利池这种方式可以解决复杂的专利授权问题,但是,专利池的形成首先要形成技术标准。

客机技术的专利池应由承担客机研制任务的中国商用飞机有限责任公司(COMAC,简称"商飞")通过协议与其他创新主体结成,各成员拥有的核心专利是其进入专利池的入场券。商飞的专利池可以采用目前主流的开放式专利池,即成员间以各自专利相互交叉授权,对外则由专利池统一进行许可。在专利池中,把所有必要的专利捆绑在一起,以统一的许可费标准进行对外许可,通常称之为一站式打包许可。同时,商飞专利池对外的专利许可事宜可委托专利池成员代理,或授权专设的独立实体机构来实施,许可费分配可按各成员所持必要专利的数量比例进行。

由于专利池的形成是以技术标准为基础,因此,考虑当前客机技术标准的形成,可先由商飞与其他创新主体结成技术联盟,共同研发推出候选的技术标准,然后由政府或标准化组织采纳为法定标准或者由行业联盟接纳为事实标准。

3. 专利体系的特征

复杂产品的这种专利体系具有以下特征。

(1) 全局性。从复杂产品全局出发,将其分割成若干部件。自顶向下整体地进行专利体系构建和自底向上逐步实现专利战略。

(2) 逐步求精的设计过程。以图 5.3.2 客机专利体系为例,自顶向下构建每一部件的专利战略。为此,首先需考虑每一部件的专利池形成问题,可采取以下步骤进行:

①确立核心技术。该部件的研发需要哪些技术?哪些是核心技术?这一步骤主要是为了确定技术目标。

②确定自己是否已拥有该部件核心技术的专利权。即在这些核心技术中,哪些技术已申请专利?哪些还是空白技术?这一步骤主要是为了了解自己对核心技术的掌握程度。

③确定非核心技术专利。目前哪些企业已拥有这些非核心技术专利?这一步骤主要是为了辅助专利池的最终形成而准备。

接下来,以此前确立的核心技术为中心,产生一系列相关的专利,使得核心技术受到这些相关专利的保护。

(3) 自底向上逐步实现专利战略

在客机专利体系实施过程中,从每一部件底层开始,首先围绕核心技术产生系列专利,再与其他专利持有人实现专利交叉许可,建立专利联盟,实现专利池。

## 5.4 客机主要部件的协同研制类型

大型客机制造业是目前所有制造业中技术和知识密集度最高的产业。由于客机具备元件数量多、技术含量高、系统控制需求强等特点,其研制过程需要靠众多创新主体的有效参与和协调才能完成。按照客机部件的核心程度,客机部件可以划分为机体、发动机、航电设备、机电设备和材料/标准件等五大主要部件。关系契约类型主要包括技术开发合作型、技术转让型、共建实体型等。

大型客机的协同研制,成熟的标准件一般需要签订正式契约,必须严格按照规定的标准和要求进行;而技术方面需要进一步合作研发的一般需要签订灵活性更强的关系契约。比如机体,国内技术较为成熟,主要是国内自主研发,这种研发项目不确定性较低,主要采取技术开发合作的方式进行;发动机项目不确定性较高,由于国内技术水平有限,前期主要是引进国外发动机技术,采取技术转让的类型,后期如果通过合作研发突破了发动机的关键技术,可以由国内相关企业生产;航电设备、机电设备、材料/标准件等,国内企业、科研院所掌握了一定的技术,可以在自身研发的基础上选择与国外企业、科研院所合作共建及技术开发合作等方式进行研发。客机主要部件的协同研制类型如表5.4.1所示。

表5.4.1 客机主要部件的产学研协作类型

| 序号 | 部件 | 不确定性级别 | 技术成熟程度 | 契约类型 |
| --- | --- | --- | --- | --- |
| 1 | 机体 | 低级 | 技术较为成熟,可自主研发 | 技术开发合作型(正式契约与关系契约相结合) |
| 2 | 发动机 | 高级 | 技术缺乏,目前需要引进国外发动机技术 | 技术转让型(关系契约) |
| 3 | 航电、主飞控、电源、燃油和液压系统 | 中级 | 掌握了一定的技术 | 共建实体型(关系契约) |
| 4 | APU、环控、起落架、照明、防火、机电综合、氧气和高升力等系统 | 中级 | 掌握了一定的技术 | 技术开发合作型(关系契约) |
| 5 | 材料/标准件 | 中级 | 掌握了一定的技术 | 技术开发合作型中的委托开发(关系契约) |

对于客机研制,国内有一批重要的航空领域高等院校和科研机构。高校包括北京航空航天大学、西北工业大学、上海交通大学、南京航空航天大学、哈尔滨工业大学、哈尔滨工程大学、北京理工大学和清华大学等。科研机构包括中航第一飞机设计研究院、中国商飞上海飞机设计研究院、沈阳飞机设计研究所和中国飞机强度研究所等。目前,国内客机合作研发已有许多成功的经验。比如,中航第一飞机研究院曾承担了国内外多种型号飞机吹风模型的加工任务;沈飞公司承担了ARJ21飞机发动机吊挂、尾段、全机电缆、无线电设备架与电源中心制造任务。空客和波音在中国建立了多个技术研发中心,也与中国的高校、科研院所展开了生物燃料、航空通信技术等多方面的项目合作;天津也建立了空客A320的总装线;西飞、成飞、沈飞、上飞、哈飞已经成为波音的供应商。但国外企业在飞机设

计、系统集成、飞机总装、大型复杂部件的设计和制造,以及新材料部件的制造等方面的核心技术也是它们最为重视和保密的部分。

## 5.5 客机协同研制的专利管理策略

复杂产品项目的相关技术有的是成熟的,有的是部分成熟的,也有的是空白的,根据技术的成熟程度可采取不同的管理策略。

1. 技术几乎为空白部件的专利管理策略

在技术掌握不成熟的部件上,如客机发动机,其专利策略可分成三阶段进行,如图 5.5.1 所示。

(1)初始阶段。可以通过外围专利这一策略来解决,这种策略的思想是"农村包围城市"的方式。例如,我国的客机研制,由于诸如波音、空客等客机制造商在客机发动机技术上处于技术垄断的地位,已在全球范围内申请了大量的专利保护,使得先进的发动机技术未经允许不能为他人而使用,这对商飞想利用自主研发的发动机技术来占领市场形成了障碍。为了克服这一困难,商飞通过技术引进,掌握国外的先进技术,围绕该基本专利不断进行应用性的开发研究,申请众多的外围专利,利用这些外围专利进一步覆盖该技术领域,构筑外围专利网,从而突破技术垄断,变被动为主动。

这一策略需要区分两类技术:一是核心专利;二是外围专利。一般来讲,核心专利指的是研制复杂产品必须使用的技术所对应的专利,且不能通过一些规避设计手段绕开,核心专利有时候指的是基础专利。对核心专利并没有统一的定义,且判断一个专利是否是某个技术领域的核心专利是一件非常困难的事情。因此,客机的核心技术的判断需由商飞自己决定。外围专利是相对于核心专利来说的,其研究改进是基于核心专利来进行的。外围专利的优势在于,通过这些外围专利,对核心专利形成包围之势,来促成核心专利与外围专利之间的交叉许可。这是因为对于外围专利的拥有者来说,虽然拥有外围专利,仍不能直接使用他人的核心专利,否则会导致侵权的问题(专利法第五十七条),但是,考虑核心专利在具体实施时,不可避免会碰到外围专利,如果形成"交叉许可",则可以减少互相诉讼专利侵权的风险。

(2)发展阶段。在已有外围专利的基础上,通过专利收买策略,将与之相应的核心技术收买过来,形成外围专利保护核心专利,独占市场。在专利收买时,需注意合约的签订细节。

(3)成熟阶段。在掌握一定核心技术的基础上,通过专利回输策略(即指对引进专利进行消化吸收、创新后,形成新的专利,再转让给原专利输出企业的战略),对原有核心技术进行再创新,形成新的专利,以此来稳定市场份额。

外围专利战略　　　专利收买战略　　　专利回输战略

初始阶段　　　　　发展阶段　　　　　成熟阶段

**图 5.5.1　技术几乎为空白部件的专利策略**

**2. 掌握一定技术部件的专利管理策略**

对于已掌握一定技术的部件,其专利策略可通过组建基于专利交叉许可的专利联盟进行。如商飞对于航电、飞控、电源、燃油和液压系统,要求国内外供应商通过成立合资公司来建立系统级产品研制能力;对于 APU、环控、起落架、照明、防火、机电综合、氧气等机电系统,商飞支持国内外供应商进行系统级和设备级合作研发;对于材料/标准件,鼓励国内企事业单位以转包生产方式与国外供应商合作,因此,这种无论是与国外供应商成立合资公司,还是与国外供应商合作研发,如何利用已有技术以及新技术专利的归属和成果分享成为首要的一个问题。

通过组建专利联盟,可以实现专利资源的充分利用和有效配置,这是克服"专利丛林"和"反公地悲剧"的一种较为有效的方式。"专利丛林"(patent thicket)是指一些企业所拥有的众多牵制性专利形成了一张厚实的专利网,进而构成了其他企业利用这些专利技术进行累积创新的障碍。"反公地悲剧"(anti-common tragedy)是指由于牵制关系的存在,每一个专利权人都有权阻止其他专利权人实施自己的专利,同时,自己专利的实施也受到其他专利权人的牵制,从而造成专利资源得不到有效的配置。专利联盟的组建可以降低交易成本,避免成本高昂的侵权诉讼,整合互补性技术和促进网络效应的形成,从而达到促进竞争和创新的目的。因此,商飞在航电设备、机电设备、材料/标准件等部件上,可以通过组建专利联盟,既可利用国外供应商已有技术,快速提升自身技术水平;又可在已有技术上进行创新,研制新技术。

但专利联盟的成功组建与稳定运作受到诸多因素的影响,如谈判的失败、局外人(outsider)的诱惑、联盟的不稳定等。而这些因素又与专利联盟的许可费分配模式有关。从理论上来讲,专利联盟许可费的计算方法一般包括成本法、市场法、收入估算法等等。但在现实中,通常需确定专利许可费率,这可按单位产品收取,或按市场销售收入的一定百分比分次支付,或要求被许可方一次性付清。从经验来看,专利许可费率一般不超过专利产品净售价的5%,这与一般的技术许可收费水准相近。

3. 技术掌握较成熟部件的专利管理策略

对于技术较为成熟的部件,如机体等,其专利策略可以分为以下两个层次:专利防御策略层次、专利进攻策略层次,如图5.5.2所示。

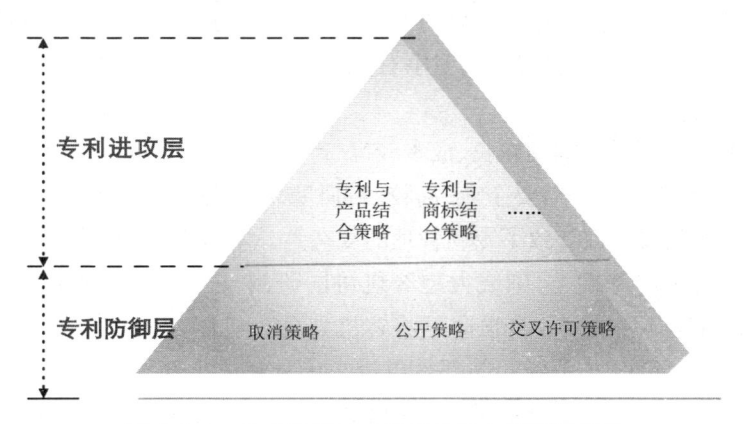

图5.5.2 技术掌握较成熟部件的专利管理策略

(1)专利防御层。专利防御层次是反应性的,该层的主要目的是避免商飞卷入不必要的诉讼之中,可以采用取消策略、公开策略、交叉许可策略等。

(2)专利进攻层。专利进攻层次是积极主动性的,该层应着眼未来的发展战略,预测客机产业、市场的发展趋势,及时获取或开发能保障商飞未来发展地位和市场利润的知识产权,积极推动商飞成为客机产业领域内的领先者。包括专利与产品结合策略、专利与商标结合策略等专利策略。

综上所述,在构建好复杂产品专利体系的前提下,根据创新主体对每一部件技术的掌握程度不一,采取不同的专利管理:如对于某部件技术空白来说,可采取三部曲:一是专利外围策略,二是专利技术转让策略,三是专利回输策略。对于已掌握某部件一定技术来说,可采取专利联盟策略,分享国外先进技术。对于能自主研发的部件来说,可采用"防御+进攻"策略的组合来应对。

## 5.6 本章小结

复杂产品的出现使得专利管理研究从早期的专利与产品——对应的研究逐渐转变为在复杂产品系统背景下的专利群管理研究。这种转变主要是由于复杂产品研制需要多种技术的交叉综合,如果无法取得这些技术的专利或专利许可,将很难实现产品商业化。通过有效的专利管理,可运用法律及便利条件有效保护自己,充分利用专利中的信息分析竞争对手状况,推进自身专利技术开发、占据市场份额、获得竞争优势。

大型客机研制具有周期较长、成本较高、产品设计过程复杂、跨学科交叉及融合等特征,在研制过程中需要企业、高校、科研院所等众多机构协同创新,众多产学研协同创新的复杂性导致了专利管理的复杂性。本章在梳理波音、空客公司知识产权发展现状的基础上,围绕大型客机协同研制,依据 WBS(Work Breakdown Structure)的基本理论思想,自顶向下将客机划分为机体、发动机、系统设备及材料/标准件等大部件(子系统),大部件再进一步分解成小部件,以此类推;围绕每一部件的核心技术产生系列专利,再与其他所需技术的专利持有者共同组建专利池,构建了客机协同研制的技术专利体系;依据创新主体掌握客机技术的程度,设计了不同类型的专利策略、专利策略组合,旨在为我国客机协同研制的专利管理提供借鉴与参考。

## 思考题

1. 比较分析波音、空客知识产权管理的异同及特色。
2. 简述客机协同研制的知识产权管理内容。
3. 从知识产权管理的视角探讨如何提升我国客机协同研制的能力。

# 第六章 大型客机协同研制的适航认证体系与获取策略

一架客机研制成功,并不代表就可以载客上天,在这之前,它需要得到一个安全认证,才能被人们接受,这个认证被称为航空器适航证(airworthiness certificate),此类证件由国际适航局颁发。若要获得航空器适航证,需要经过一系列严苛的适航标准测试,该标准从设计、制造再到验证以及管理,几乎每一个环节都需要通过测试,而这其中又涵盖了各种细节,以最初的设计检验来看,就需要从气动、结构、强度、传热等领域进行细致的测试,微小的一颗螺丝钉都会检验,由此可见客机的每一个小细节,都是考验。目前国际的适航标准,主要分为两种,一种是美国适航认证体系,一种是欧盟适航认证体系。

## 6.1 客机协同研制生命周期的质量管理

航空复杂产品具有客户需求复杂、产品组成复杂、产品技术复杂、涉及学科专业复杂、制造流程复杂、试验维护复杂、项目管理复杂、工作环境复杂等特点,并且产品生命周期长、技术含量高、生产和质量要求严格。随着市场竞争的加剧和全球化,航空复杂产品制造企业在不断缩短制造周期和提高资源利用率的同时,更加趋向于设计、工艺与制造过程以及整个供应链的紧密协同。

由于航空复杂产品特点要求实现产品生命周期管理,并且随着跨地域、跨厂所的项目协同管理和多项目并行协同的工作模式的推行,航空复杂产品的制造模式围绕原始设备制造商(OEM)、合作伙伴(Partner)和供应商(Supplier)的协作开展,这对航空复杂产品的质量控制和管理提出了更多的要求和挑战,同时航空复杂产品质量管理的内涵发生了演化,质量管理不单单是满足产品设计规范和产品制造的目标,而是产品在生命周期内对客户需求的满足;质量管理不仅是企业内质量部门的工作,而且是贯穿产品全生命周期、全业务流程和整个供应链的协同工作,面向产品生命周期管理的质量管理成为一项复杂的系统工程。适航认证其实就是一种质量标准,只不过它具有很强的专业导向。只要能做好客机全生命周期的质量管理,其实就已经为适航认证的获取奠定了良好的基础。

### 6.1.1 客机协同研制质量管理内容

在大型客机全生命周期的生产管理当中,每个阶段都会涉及相应的质量管理。在此,将重点围绕生命周期划分为设计过程、制造过程、客户服务过程和综合业务过程四个阶段,协同质量管理内容如图6.1.1所示。

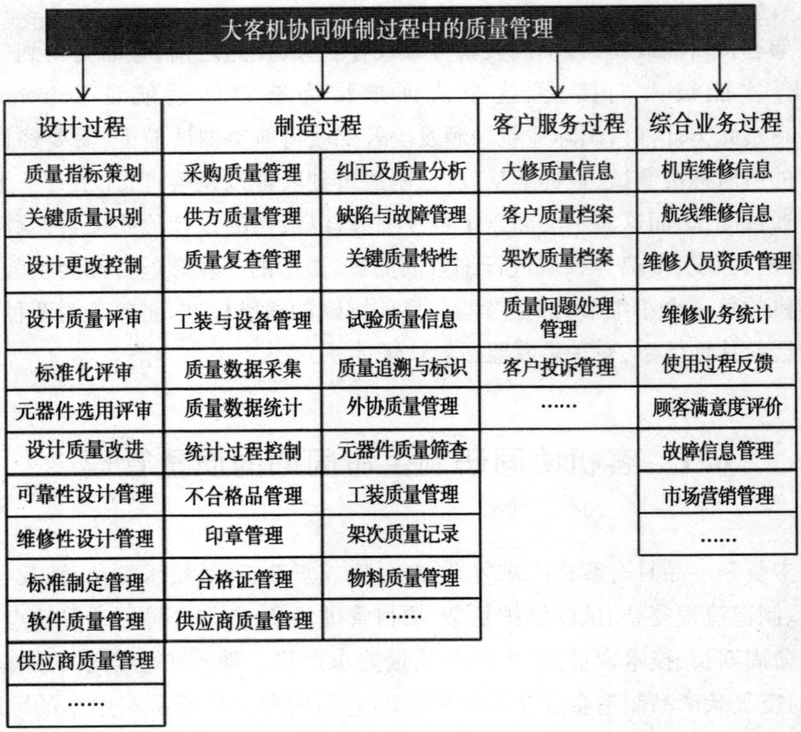

| 大客机协同研制过程中的质量管理 ||||
|---|---|---|---|
| 设计过程 | 制造过程 | 客户服务过程 | 综合业务过程 |
| 质量指标策划 | 采购质量管理 | 纠正及质量分析 | 大修质量信息 | 机库维修信息 |
| 关键质量识别 | 供方质量管理 | 缺陷与故障管理 | 客户质量档案 | 航线维修信息 |
| 设计更改控制 | 质量复查管理 | 关键质量特性 | 架次质量档案 | 维修人员资质管理 |
| 设计质量评审 | 工装与设备管理 | 试验质量信息 | 质量问题处理管理 | 维修业务统计 |
| 标准化评审 | 质量数据采集 | 质量追溯与标识 | 客户投诉管理 | 使用过程反馈 |
| 元器件选用评审 | 质量数据统计 | 外协质量管理 | …… | 顾客满意度评价 |
| 设计质量改进 | 统计过程控制 | 元器件质量筛查 | | 故障信息管理 |
| 可靠性设计管理 | 不合格品管理 | 工装质量管理 | | 市场营销管理 |
| 维修性设计管理 | 印章管理 | 架次质量记录 | | …… |
| 标准制定管理 | 合格证管理 | 物料质量管理 | | |
| 软件质量管理 | 供应商质量管理 | …… | | |
| 供应商质量管理 | | | | |
| …… | | | | |

图6.1.1 大型客机协同研制生产与支援服务质量管理内容

(1) 设计过程质量管理

针对大型客机设计开发过程质量管理的特点与需求,建立基于飞机质量特性、支持协同研制开发环境的设计质量管理子系统,实现面向全生命周期的设计质量管理,支持以质量特性为核心与主线的设计过程质量管理与控制,主要功能包括:质量特性管理、设计质量评审管理、标准制定管理等。

(2) 制造过程质量管理

建立与大型客机全球化协同制造环境相适应的制造过程质量管理子系统,实现制造过程质量数据采集与统计分析的数字化,主要内容包括:基于架次的制造过程质量追溯与标识,不合格品处理过程的管理与控制,关键质量特性的过程监控等。

(3) 客户服务过程质量管理

构建面向大型客机客户服务过程的质量管理信息子系统,实现对大型客机使用与客户服务相关业务的支持,主要功能包括:大修质量信息管理、客户质量档案管理、架次质量管理、质量问题处理管理等。

(4) 综合业务过程质量管理

构建面向大型客机综合业务支持过程的质量管理信息子系统,实现对大型客机维修质量与质量改进相关业务的支持;基于飞机使用与维修过程中的故障信息构建故障模式库,基于众多故障信息和顾客评价进行统计与分析,为飞机质量的持续改进提供依据。主要功能包括:使用过程质量管理、维修保障质量管理、维修服务人员资质管理、维修业务统计分析管理等。

### 6.1.2 客机协同研制质量管理特点

从企业内部来看,质量管理起源于企业的市场调研与分析,包括产品设计、生产、营销和售后服务等与质量形成有关的所有过程。这些过程在创造产品价值的同时,也形成了产品的质量。从企业外部来看,企业与供应链上的多级供应商、制造商、分销商、零售商等不同功能组织构成了统一的整体。供应链上的相关质量活动都紧紧围绕着产品质量的产生、形成和实现而协调一致地开展。

图 6.1.2 是某飞机制造公司主制造商与供应商数据协同表现形式。

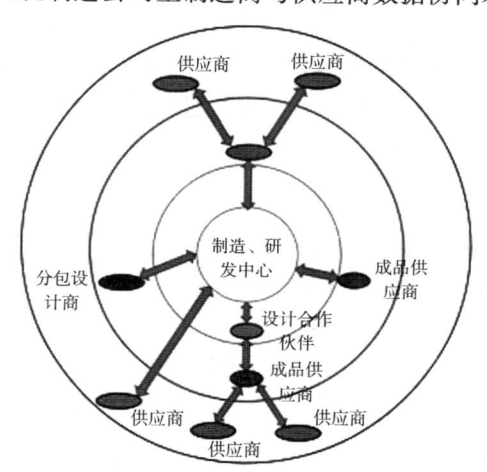

图 6.1.2 以主制造商为核心的供应商数据协同

在"主制造商—供应商"制造模式下,市场需求逐渐呈现主体化、个性化和多元化的特征,大型客机质量已成为多元化的问题。而质量管理也已经突破了空间、时间和信息处理能力等方面的限制,范围已经由企业内扩展到了企业间。因此,市场、制造模式等环境的转变决定了大型客机制造企业质量管理主要具有如下特征:

(1) 全面性

采用"主制造商—供应商"模式,产品的整个设计、工艺、制造等生命周期全过程都需要相应的质量管理,包括物料质量管理和供应商质量管理等,即大客质量管理需要体现出全面性。

(2) 全生命周期质量信息追溯

在产品的整个生命周期,应及时地、完整地、持续地掌握客户对产品的需求。同时,应对客户已购买的产品负责技术支持、服务维修,直到报废处理时不损害环境等,即产品的全生命周期质量信息追溯。

(3) 协作性

针对大客生产的全球化趋势,不管是国际协作生产,还是国内企业间的协作生产,都要求制造企业在质量管理上密切合作,围绕产品生命周期实现协同质量管理,即企业为满足客户、供应商和社会各个方面的质量需求,实现产品预期质量特性,各个成员企业共同参与的有组织的协调的质量管理。

(4) 动态性

为了快速响应动态多变的全球化市场,其企业的组织、产品、技术、管理模式和运行机制都将随着市场机遇的变化而改变。而质量管理涉及大客产品生命周期的各个方面,必须和企业动态环境相适应。一方面随着市场机遇的不同,大客制造企业的质量管理过程也将随着产品对象及产品实现过程的不同而呈现动态性特点;另一方面是由组织结构的动态性引起的,由于成员企业自身的质量管理过程各不相同,因此大客制造企业的质量管理过程也将随着不同的成员选择而呈现动态性特点。

(5) 集成性

大型客机协同生产过程中,各个合作伙伴之间的关键质量要素和质量信息需要集成。它们在合作的基础上共享信息,实时地交流信息,使企业快速、准确地获取各种质量信息,进行各个层次、环节的质量管理决策,避免了许多质量问题,一定程度上缩短了研制周期。

## 6.1.3 客机协同研制质量管理现状

航空复杂产品与传统制造业相比,具有如下特点:客户需求复杂、研制流程复杂、产品结构复杂、项目管理复杂、客户服务复杂、工作环境复杂、涉及多学科领域、研制阶段多、生命周期长、可靠性和安全性要求高。民用飞机产品属于复杂产品范畴订单生产模式,工期较固定,专用设备多,自制件多,设计与制造并行。质量管理是民用飞机产品生产研制过程中的重要组成部分,对研制过程质量控制与管理提出了更高的要求,具体体现在高可靠性、高要求性、可追溯性、生产质量问题不确定因素等多方面。国际主流民用飞机的制造模式是围绕主制造商—供应商的协作开展,这对其质量控制和管理也提出了更多的要求和挑战。

航空领域具有代表性的公司质量管理的应用情况,如表6.1.1所示。

**表 6.1.1　航空公司质量管理应用分析**

| 公司 | 质量管理体系 | 质量管理技术 | 供应商质量管理 | 质量数据信息管理 |
|---|---|---|---|---|
| 波音公司 | 采用国际认证的AS9100管理体系,根据自己公司实际情况,制定先进质量体系,包含供应商管理、物料管理,注重过程的波动管理 | 先进的质量管理方法,如质量功能展开法(QFD),采用防错技术,从成本进度、质量、减少浪费、顾客满意度和利润几个方面实现可测量改进,提出了关键特性波动管理工具 | 建立供应商评价体系,对供应商的绩效评分从质量、交付期和总体绩效3个方面考虑,采用权重衡量,实现了可量化的绩效测量。同时对供应商进行监督,包括产品评估、质量过程评估和制造过程评估等 | 关注质量信息共享,建立了完善的信息系统,如供应商信息传送网能及时反映其生产过程的不合格情况,并做出快速的响应 |
| 德国航天航空公司 | 以欧洲空间局的欧洲空间标准化组织(ECSS)产品保证体系为基础进行管理 | 采用质量与可靠性技术方法监测质量,包括材料及其来源、过程控制 | 对供应商进行选择,参考质量管理体系成熟度自我评价工具评估供应商 | 利用欧空局建立的产品保证数据库,同意管理产品质量信息,网上实时读取和写入质量数据 |

续表

| 公司 | 质量管理体系 | 质量管理技术 | 供应商质量管理 | 质量数据信息管理 |
|---|---|---|---|---|
| 格鲁曼公司 | 采用国际认证的 AS9100 管理体系,但是没有对供应商统一管理,对于不同的供应商,给出了不同的质量管理方法 | 数字化制造过程技术评审、质量记录、关键特性检测等技术 | 主要对供应商研制生产过程使用统计控制技术,监测被确定为关键特性的参数。通过对供应商质量计划或系统现场调查等进行量化评分,同时建立了供应商激励机制 | 建立了质量信息平台,如供应商管理上,通过网络在24小时内向格鲁曼公司报告不合格问题,及时处理 |
| 中国商用飞机有限公司 | 基于 AS9100 国际标准建立了质量管理体系,并通过第三方现场审核 | 除了航天领域的"双五条"归零等措施,主要结合实际侧重于过程信息、项目管理、供应商管理技术 | 通过派驻供应商质量代表监控供应商质量过程,对供应商进行定期考核,从进度、质量、技术、商务、服务、综合6项标准评估,进行分级管理 | 建立了信息化质量管理系统,包含体系考核、供应商管理、项目质量信息等 |

  从表 6.1.1 中可以看出,民机企业在参照质量标准体系基础上,建立了一整套完善的文件化的质量管理程序文件和过程规范,对影响飞机研制质量的主要过程都进行了策划,并制定了相应的控制办法。从 20 世纪 80 年代中期,波音公司实施全面质量管理战略,吸收了国际标准 ISO9001 质量管理体系总体要求,随着公司的管理发展及变化情况不断完善,建立严格的质量管理体系。波音公司将这套管理方法应用于波音 737 项目,取得了很好的效果。

  国际主流民机研制基本采用主制造商—供应商的风险合作模式,这种模式下其质量管理与控制复杂度明显提升,从协同的角度如何进行质量管理仍有诸多挑战。波音公司在 787 项目中首次采用了"全球供应链"战略模式,即飞机研制相关的大量设计和制造环节均外包给全球各地供应商,该模式曾经被认为是未来民机生产模式的新趋势。这种"全球供应链"模式充分体现了供应链的碎片化特性,但也导致 787 项目质量问题频发。之前出现了交付不准时的问题,波音向全日空航空公司(ANA)交付首批 787 客机的时间推迟了 3 年。2013 年 1 月 7 日到 1 月 16 日,短短十天,波音梦想飞机 787 连续出 7 次事故,从漏油到刹车系统故障再到计算机故障等等,集中爆发的事故让波音 787 也受到了前所未有的挑战。1 月 16

日,一架全日空公司的波音787-8型飞机在日本因故紧急迫降,随后,全日空航空公司宣布暂时停飞所有波音787飞机。这些都说明了质量管理将是一个永恒的研究主题。

## 6.2 适航认证概述

飞机上的所有零部件、机载产品、机体等都要通过适航认证。任何一个环节缺失都将造成飞机的不安全、不可靠。同类飞机出问题后,其他飞机都会停飞,将造成非常大的影响。适航认证是保障民用飞机安全的最低标准。

### 6.2.1 适航认证的内涵

适航认证,通俗地讲,就是民航飞机在其规定的使用范围内具有保证航行和乘员安全的性质。然而,在实际情况中,飞机的安全性不仅决定于飞机机体,还取决于它所安装的发动机和设备。因此,飞机的适航性也包括飞机机体、发动机和机载设备的适航性。

另外,适航性又分为"初始适航性"和"持续适航性"。"初始适航性"顾名思义,就是指该飞机在投入使用前所审查的安全性,就相当于是初次考试拿驾照的过程;而"持续适航性"则相当于是拿到驾照后每年都需要进行的年审,只不过对于飞机来说,这个"年审"不一定是一年一次,而是根据不同的标准进行不同的审核,因此,飞机投入使用后的适航性一般称为"持续适航性",它包括对使用和维修方面的适航性审查和监督,以保证飞行安全。

### 6.2.2 适航认证的凭证——适航证

航空器适航证(airworthiness certificate),是由适航当局根据民用航空器产品和零件合格审定的规定对民用航空器颁发的证明该航空器处于安全可用状态的证件,分为标准适航证和限制适航证。

标准适航证书颁发给所有按照普通(normal)、公用(utility)、特技(acrobatic)、通勤(commuter)和运输(transport)类分类认证的飞机。

特殊适航证分为初级类和限用类两类,限用类的作业类别可以在以下内容中进行选择:农业(喷洒药剂和播种等)、森林和野生动植物保护、航测(摄影、测绘、石油及矿藏勘测等)、巡查(管道、电力线和水渠的巡查等)、天气控制(人工降雨等)、空中广告。一般情况下,特殊适航证是颁发给通用航空器的。

### 6.2.3 适航认证的流程

民航飞机的适航性认证包括两部分,其中一部分是每一架飞机交付时都需要有的适航性证明,即对飞机所有硬件设施的考核,这相当于产品合格证。另一部分是型号认证,这是对飞机整个型号的安全性从设计、制造、供应链到测试过程的认证。只有具有型号认证了,具体飞机的产品合格证才有意义。而产品合格证一般情况下只要所使用的各种产品本身有合格证,达到了适航认证的要求,组装成整架飞机时,飞机也就相应直接获得了产品合格适航证。但型号适航证则非常难拿,因为不存在非常明确的标准,并且到底该机型合适与否很大程度上只能是实践出真理,所以型号适航证的考核更像是一场主观题答辩,答案由考官自己来判定。也因此在整个适航认证的过程中,型号认证花费的时间最长,不确定性最大,很多新机型长时间拿不到适航证的原因往往是型号适航认证通不过。

另外,不同的航空管理局有着自己不同的适航认证标准与流程,下面以美国联邦航空管理局(FAA)适航认证与中国民航总局的适航认证为例介绍适航认证的流程。

1. FAA适航认证的流程

FAA的飞机认证服务包括1300多名工程师、科学家、检查员、试飞员和其他安全专业人员。他们负责监督几乎所有美国民用航空产品的设计、生产、适航证书以及持续的适航计划:大型和小型飞机、旋翼飞机、发动机、螺旋桨和国外进口产品。美国联邦航空局与国际民用航空组织、其他民用航空当局合作,以维护和促进国际航空运输的安全。

美国联邦航空局的飞机认证程序已经完善,并始终确保飞机设计安全。作为任何认证项目的一部分,进行以下工作:

(1)对任何拟议的设计和方法的审查,这些设计和方法将用于证明这些设计和整个飞机均符合美国联邦航空局的规定;

(2)进行地面测试和飞行测试,以证明飞机安全运行;

(3)评估飞机投入使用所需的维护和操作适合性;

(4)与其他民航当局就批准进口飞机进行合作。

美国联邦法律授权FAA将合格的个人或组织授予代表该机构进行某些活动的权限。在最近的连续法案中,国会指示FAA简化认证,包括增加对组织指定授权(ODA)的授权。

FAA从未允许公司自行监管或对飞机进行自我认证。在FAA的严格监督下,代表团将FAA认证过程的严格性扩展到其他公认的专业人员,从而增加了确保飞机符合 FAA 法规的技术专长。该机构仍通过飞行标准化委员会直接参与任何新功能和新技术的测试和认证。

官方发展援助部门的成员可能被授权签发适航证。颁发这些证书的工作流程必须符合美国联邦航空局的要求,包括对飞机的检查和对飞机认证数据的审查。

在签发标准或特殊适航证书或特殊飞行许可证之前,ODA 单位成员必须检查飞机,并按照 FAA 8130.2 号命令(PDF)中的说明记录检查结果。在颁发实验证书或特殊飞行许可证之前,ODA 单位必须获得 FAA 书面批准。颁发证书后,ODA 部门必须将证书包发送给 FAA。

自 20 世纪 20 年代以来,使用授权一直是 FAA 安全系统的重要组成部分,如果没有授权,很可能会扼杀美国航空系统的成功。FAA 的授权计划类似于欧洲和其他国家/地区使用的组织计划,因此它有助于美国与外国竞争者保持公平的竞争环境。

例如,对于波音 737 MAX 认证,波音 737-8/9 Max 设计对 737 下一代(Next Generation,NG)设计进行了微小改动。因此,FAA 向 Max 飞机颁发了经修正的型号证书,该证书以 737NG 的型号证书为基础。FAA 花了大约五年的时间对波音 737 MAX 进行了认证。波音公司在 2012 年 1 月申请了认证。认证在 2017 年 3 月完成。经修改的型式证书通常需要 3~5 年才能完成。相比之下,新型飞机的认证可能需要 5~9 年的时间。

在认证过程中,FAA 的专家,包括首席科学家、工程师和飞行测试飞行员,对包括机动特性增强系统(MCAS)在内的飞行控制系统进行了飞行测试。

2. 中国适航认证的流程

取得中国正式国籍登记的航空器可以申请其型号适航证以及产品合格适航证。

型号适航证分为标准适航证和限制适航证。只拥有临时国籍证的航空器不能申请适航证,但可以申请特许飞行证。以下是标准适航证申请的相关事项。

(1)申请适航证的一般要求

①申请适航证的民用航空器必须首先按照《民用航空器国籍登记规定》(CCAR-45)的要求获得中华人民共和国国籍登记;

②适航证申请人应是该航空器的所有人或占有人。

(2)申请人的责任和义务

①申请人应提交相应的航空产品或零部件以供适航审定部门审查;

②申请人应为实施检查的适航监察员或生产检验委任代表提供必要的工作

条件和足够的时间,以保证适航检查工作的顺利进行;

③取得适航证的申请人,应将航空器的情况通知其运营所在地的地区管理局审定处。

(3)标准适航证的类别

标准适航证的类别如表6.2.1所示。

表6.2.1 标准适航证的类别

| 类别 | 分类依据 |
| --- | --- |
| 运输类 | 依据CCAR-25或与其等效的适航标准审定或认可的航空器,包括运输类(客运)、运输类(货运)、运输类(客/货运) |
| 正常类、实用类、特技类、通勤类 | 依据CCAR-23或与其等效的适航标准审定或认可的航空器 |
| 运输类旋翼航空器 | 依据CCAR-29或与其等效的适航标准审定或认可的航空器 |
| 正常类旋翼航空器 | 依据CCAR-27或与其等效的适航标准审定或认可的航空器 |
| 载人自由气球类 | 依据CCAR-31或与其等效的适航标准审定或认可的航空器 |
| 特殊类别 | 对于某些尚未颁布适航规章的航空器,依据CCAR-23、25、27、29、31、33、35中对其型号设计适用的要求,或中国民航局适航审定司认为适用于该具体的设计和预期用途,且具有等效安全水平的其他适航要求审定或认可的航空器 |

(4)中国适航认证的获取途径

依据中国民航相关规章,民用航空器材适航取证可以通过技术标准规定项目批准书(CTSOA)、零部件制造人批准书(PMA)、型号合格证(TC)、型号认可证(VTC)、重要改装设计(MDA)、进口器材设计批准认可等多种途径完成。采用哪种途径取证对民用航空器材商至关重要,可能直接影响取证的成本及进程,甚至成功与否。

①CTSOA途径取得适航认证。CTSOA方式主要用于存在CTSOA清单中机载成品和设备取证。CTSOA方式取证主要包括申请、受理、审查和批准颁证几个阶段。CTSOA形式取证流程。CTSOA申请阶段需提交申请书、工作计划、最低性能标准建议书、质量控制系统说明等资料。工作计划包括特种工艺、新工艺、关键工艺、新材料、性能和各种环境试验报告及时间等技术资料。在收到申请资料后,适航司授权机构对资料进行调查和评估并上报结果,由适航司根据调查预审决定是否受理,并以书面的形式通知申请人。审查阶段,适航司授权的有关部门对工程、

质量控制系统和存在的偏离进行审查评估,并将审查建议和评估结果上报。适航司在收到最终审查评估结果以后,30天内做出是否同意审批的决定,并以书面的形式告知申请人。两年期满仍未取得CTSOA,应重新递交申请或经允许后延长有效期。器材商在获取CTSOA后,按照设计的标准、生产许可的要求制造相应的产品,随后申请适航部门进行符合性审查,确认产品处于安全可用的状态,符合要求的可以颁发适航认证。

②PMA途径申请适航认证。PMA用于安装在已获TC与VTC的民航产品改装或已取得CTSOA批准品的替换件取证。根据申请对象属性情况可以将申请形式分为设计转让、已随机件和全面符合性三种类型,主要以一致性审查、符合性验证为主。因设计转让和随型号合格类型零部件的设计、制造、安装等已做了评估、批准,所以制造商只需用资料证明申请的PMA证件产品与随机批准的零部件或转让人的PMA项目同一性。全面符合性申请过程需要完成适航审定基础及计划、工程及质量控制体系的评审,合格即可获得PMA证件。然后零部件器材商需按照申请的设计标准、生产许可制造相应的产品,申请适航部门进行适航符合性审查,确认产品处于安全可用的状态,符合要求的可以颁发适航认证。

③随机型途径取得适航认证。器材商可以通过CTSOA和PMA形式单独向局方申请适航认证,也可以随机型一并提出申请取得适航签,取证工作内容和CTSOA和PMA流程相似。随机型取证的航空器材,在获得机型型号合格证或认可证后,还需获得生产许可证(PC),然后申请适航认证。PC申请过程包含申请、预审、受理、审查和颁证。预审主要质量控制和生产设施做初审,决定是否接受其申请;审查分为会议审查和现场评审,此阶段主要对质量控制系统、生产设备、设计资料等进行详细评审,然后做出相应的会议报告和现场审核报告并上报,当局决定是否颁证。在获PC后,零部件器材制造商按申请设计标准、生产许可制造的产品,随后申请适航符合性审查,确认产品是否处于安全可用状态,符合要求的颁发适航认证。

④其他申请适航证途径。首次单独进口的民用航空器料可通过向中国民航当局申请设计批准认可证的方式获得适航认证。这种方式需要经过申请、受理、审查和颁证这几个过程。一般情况,航空器材可通过CTSOA、PMA、随机型、进口器材设计批准方式取得适航认证。但特殊情况,还可以通过民航局认可的其他方式取得适航认证。

可以看出在中国,大型客机有多种渠道可以获得产品合格类适航证,但型号类适航证的获取方式则较为单一。此流程经过多年的发展,已经较为完善与成熟。这也为中国的客机取得别国的适航证提供了熟悉流程的机会。

## 6.3 美国适航认证体系

美国对民机的适航管理萌芽于20世纪20年代,依托美国强大的航空制造业,美国联邦航空局(FAA)发展成为当今世界经验最丰富、实力最强大的适航当局。作为美国本土航空公司的波音在这样的大环境下,也拥有十分完善的与之匹配的适航管理体系。

### 6.3.1 美国适航体系的发展历程

美国航空制造业的产业结构是典型的金字塔结构:塔尖是以波音公司为代表的、拥有雄厚技术实力和巨大市场份额的航空制造业巨擘;基座是数量众多、充满活力、各具技术特点、产品和服务多样化、经济总额巨大的小型航空制造企业。

美国作为世界航空工业的领航者,非常重视适航体系建设,其航空工业发展历史悠久,经验丰富。美国早在1926年即在商务部成立航空司,并颁发航空通报,对飞行员、航图、导航和适航标准进行管理。1934年,航空司更名为航空局,开始制定民用航空规章(CAR)。从1934年到1958年相继制定颁发了CAR04(飞机适航要求)、CAM04(要求和解释材料)、CAR03(小飞机)、CAR06(旋翼机)、CAR04a-1(TSO)、CAR7(运输类旋翼飞机)。1958年,航空局更名为联邦航空局(FAA),并赋予其制定美国航空规章(FAR)的职责。波音707飞机于1958年获得FAA型号合格证,获得了适航批准。在美国严格的审定标准和审定程序下,该飞机具有良好的安全性和市场表现,共交付1010架,被誉为商用民航客机的典范。美国的适航体系也得到了世界上绝大多数国家的认可。

在优良的适航体系下,催生了以波音为首的一大批民用航空公司,航空工业发展势头迅猛,产品种类繁多,管理和生产技术长期处于世界领先地位。

### 6.3.2 美国联邦航空管理局的组织体系

美国联邦航空管理局(Federal Aviation Administration,FAA)是美国运输部下属、负责民用航空管理的机构;与欧洲航空安全局同为世界上主要的航空器适航证颁发者。

(1) FAA 组织体系

FAA 是美国联邦政府下设的一个联邦航空局,其实行三级管理模式,机构设置分为总部、地区机构和地方机构三级,总部设在华盛顿,是国家的行政立法机构,负责制定民用航空政策、颁布航空规章制度、处理国际民用航空事务、领导本系统内各地区和地方机构的工作。FAA 的主要任务是保障民用航空飞行的安全,促进民航事业的发展,但不直接经营民航企业,其中总部内的部门设置如图 6.3.1 所示。

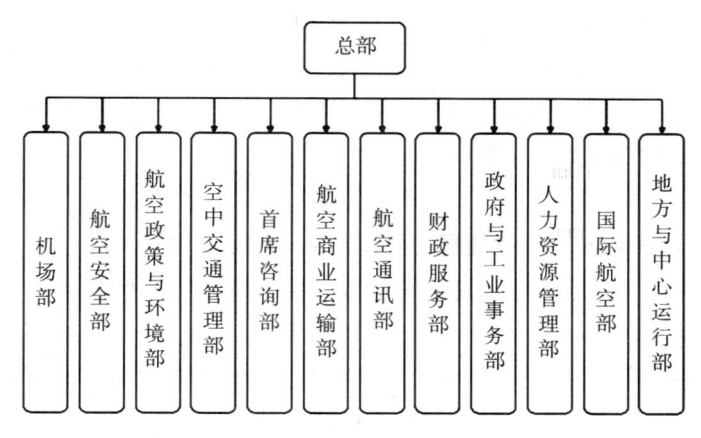

图 6.3.1　FAA 总部机构设置图

（2）FAA 适航法规体系

FAA 适航法规体系可分为两大类:一类属于法规性文件,具有强制性;另一类属于非法规性文件,不具有强制性。法规性文件包括:联邦航空条例、联邦航空条例修正案、专用条例、特殊联邦航空条例、适航指令、技术标准规定;非法规性文件包括资讯通告、指令、规章制定建议通知、政策备忘录、审定过程改进指导文件、通知。

（3）委任管理体系

FAA 的委任管理体系充分体现了其航空制造业的产业结构特点,通过委任个人或者机构的方式来支持对美国庞大的航空制造业的适航管理。一方面,通过逐步调整委任管理政策从个人到机构的委任授权,要求在有条件的大型航空制造企业建立机构来强化委任适航管理;另一方面,在政策上也支持对个人的委任,尤其对不隶属于一个航空制造企业的、自由顾问性个人的委任,来降低小型航空制造企业的适航管理门槛。

飞行器的适航认证与管理是 FAA 工作的主要内容,适航(airworthiness),即适航性的简称。民用航空器的适航性是指该航空器各部件及子系统的整体性能和操纵特性在预期运行环境和使用限制下安全性和物理完整性的一种品质。该品质主要是通过适航认证与管理来实现的,其中适航认证管理又包括初始适航管理

195

与持续适航管理。初始适航管理是对设计、制造环节的控制与管理。持续适航与初始适航管理不同,持续适航管理是在航空器获得适航证、投入运行后对使用、维修的控制与管理。

FAA的适航审定能力在世界上的领先地位,很大程度上得益于美国国会对FAA开展适航审定技术研究的重视与投入。FAA通过建设技术实力雄厚的科研体系,一方面解决审定中实际面临的应用技术难题,为其审定工作开展提供强有力的技术支持,保证了民用航空安全;另一方面,对相关技术发展趋势进行研究,满足并引领美国民机制造业发展。

### 6.3.3 美国联邦航空管理局适航审定部门的组织体系

美国联邦航空局(FAA)的适航审定部门组织体系经过不断完善,当前机构设置如图6.3.2所示。

在美国联邦航空局下,设置由负责航空器安全事务的副局长管理的航空器审定司,负责适航审定管理,位于美国首都华盛顿特区。在航空器审定司总部,设有四个处:

(1)生产和适航审定处。负责生产许可审定和单机适航审定政策制定。
(2)航空器工程处。负责航空器适航审定的工程技术的政策制定。
(3)国际政策办公室。负责国际适航双边协议和国际事务的政策制定。
(4)计划和项目管理处。负责型号合格审定的程序制定。

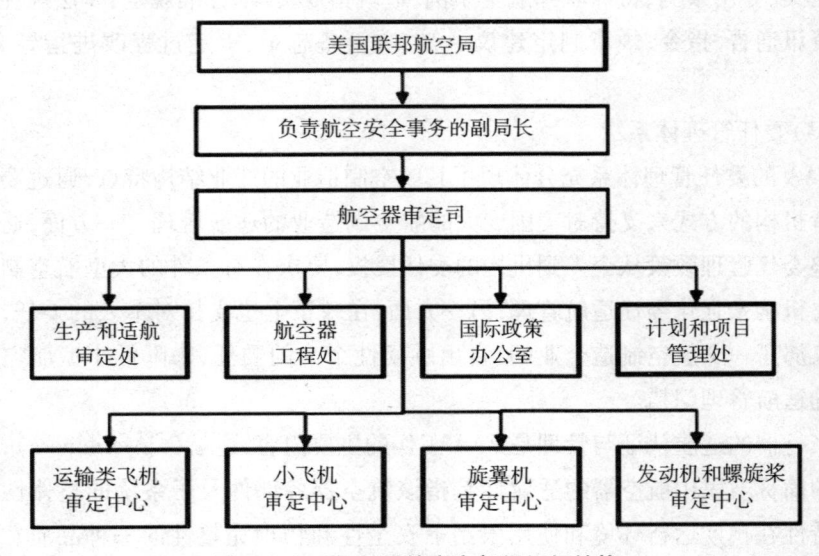

图6.3.2 FAA适航审定部门组织结构

### 6.3.4 美国适航规章对航空制造企业承担适航责任的相关规定

根据美国联邦航空规章第 21 部的规定,航空制造企业在型号合格审定过程中其责任不仅仅是设计和制造飞机,还必须承担通过提交型号设计、试验报告和各种计算,开展制造符合性检查和符合性验证工作,证明产品符合规章要求的适航责任,并且这部分工作应在局方审定之前由企业自己完成并确认。

航空制造企业内部应由怎样的管理机构来承担上述的适航责任,在美国联邦航空规章第 21 部中并没有规定。一般认为,美国联邦航空规章第 183 部给出了局方通过委任个人或者机构的方式来要求企业承担其适航责任。

自 20 世纪 40 年代起,FAA 的前身民航局(Civil Aeronautics Administration,CAA)就采用委任代表制度,委任申请人机构中的个人承担一定的适航审定任务。委任代表包括工程委任代表(Designated Engineering Representative,DER)和制造检查委任代表 DMIR(Designated Manufacturing Inspection Representative,DMIR)两种。

自 20 世纪 50 年代起,为了支持美国国内的小飞机、发动机和螺旋桨的迅猛发展势头,CAA 首次采用委任一个机构而不是个人来承担适航审定任务,即委任选项授权(Delegation Option Authorization,DOA)。

1958 年,FAA 成立取代了 CAA。自 20 世纪 60 年代起,FAA 创立了委任改装站(Designated Alteration Station,DAS)项目,允许修理站中的经批准的工程人员颁发补充型号合格证(STC)。DAS 允许符合要求的航空承运人、公务机运营人、国内的修理站和产品制造商颁发 STC。所以,DAS 同样是一种机构委任形式。

20 世纪 70 年代,FAA 评审了当时其现行有效的机构委任制度,发现这些委任机构只能批准重大的改装数据而不能批准重大的修理数据。为此,FAA 于 1978 年颁发特殊联邦航空规章第 36 号(SFAR 36),允许符合要求的航空承运人、公务机运营人和国内修理站可以无须 FAA 的批准即可编制和使用其自己的重大修理数据。

20 世纪 80 年代,FAA 创立了委任适航代表项目,扩大了对个人委任代表的适航审定权利范围。同时,在机构委任适航代表项目中,允许机构行使类似个人指定适航代表(Designated Airworthiness Representatives,DAR)的职责。这意味着,组织指定适航代表(Organization Designated Airworthiness Representatives,ODAR)也是一种对机构的委任形式。

2005 年 11 月 14 日,美国联邦航空规章第 21 部的第 86 号修正案(Amendment 21-86)正式生效。该修正案规定,自 2006 年 11 月 14 日起,不再受理 DOA 和

DAS 的申请；自 2009 年 11 月 14 日起，终止原有的 DOA 和 DAS 批准。同时，修订美国联邦航空规章第 183 部(183)，在 D 分部中以机构委任授权的形式，取代了原有的所有机构委任形式，包括 DOA、DAS、SFAR36 和 ODAR 项目。

2006 年 8 月 18 日，FAA 颁布 Order 8100.15，对组织指定适航(ODA)的申请、审批程序做出规定。同时要求目前的 DOA 和 DAS 批准持有人在 2009 年 11 月 14 日之前选择资源申请 ODA，或者自动放弃 DOA 或 DAS 批准。

综上所述，FAA 现行的委任形式包括个人和机构两种，对个人的委任可以是 DER、DMIR 或者 DAR 任何一种，对机构的委任可以是 DOA、DAS、SFAR36 或者 ODAR 任何一种，未来将统一为 ODA。对于大的飞机制造商，选择获得 ODA 批准将是一个局方和制造商双赢的选择。例如，波音公司就成立了波音委任符合性验证机构(Boeing Designated Compliance Organization，BDCO)，并且获得了 FAA 的 ODA 批准，其公司的 DER 和 DMIR 都转为在 BDCO 管理下的适航代表(Airworthiness Representative)。

### 6.3.5 美国波音公司的适航管理体系

1. 美国波音公司适航组织体系

美国波音公司的适航管理部门直接接受波音商用飞机公司副总裁领导，除了下设产品集成部门主要负责为支付飞机的单机适航检查、产品后续技术支持、安全管理外，还按照美国的适航规章要求建立了波音委任符合性验证机构并获得了 FAA 的 ODA 批准。其组织机构如图 6.3.3 所示。

波音公司的适航管理组织机构具有如下特点：

①适航管理部门按照型号成立了专职适航工程师队伍，主管型号合格审定项目，深入到型号合格审定项目的流程管理和符合性验证技术评估的各个环节；

②适航管理部门承担了委任代表体系培训、考核和管理工作；

③适航管理部门承担为交付的单机适航检查工作，并对运行中的机队提供技术支持和安全管理。

2. 波音公司的 BDCO 与 FAA 的关系

波音委任符合性验证机构(Boeing Designated Compliance Organization，BDCO)与联邦航空局(Federal Aviation Agency，FAA)的接口关系如图 6.3.4 所示。

图 6.3.4 分为五层，前三层是 FAA 层面，后两层是波音公司层面。其中：

①第一层。OMT Lead 为 FAA 对波音公司 BDCO 进行管理的机构管理组(Organization Management Team，OMT)的组长。

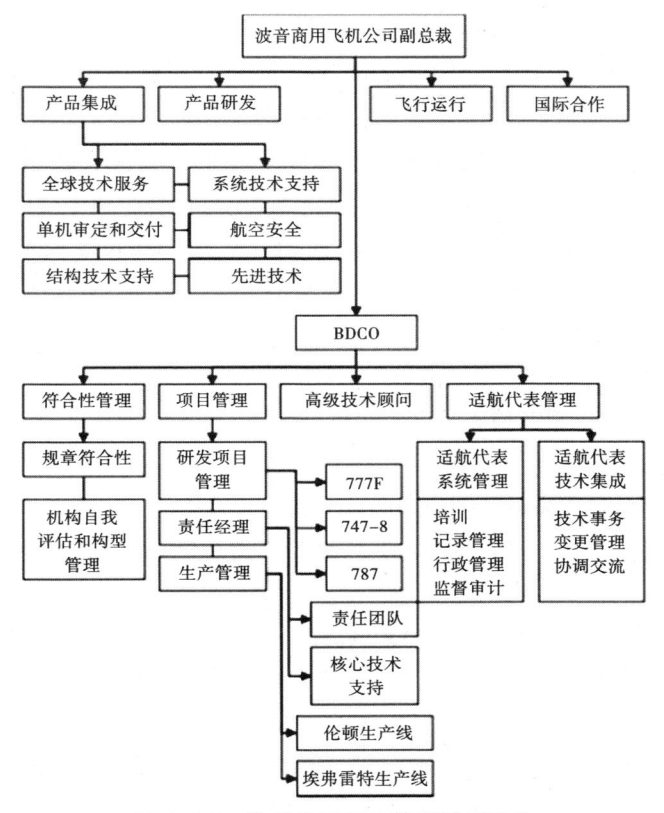

图 6.3.3　波音公司适航管理组织机构

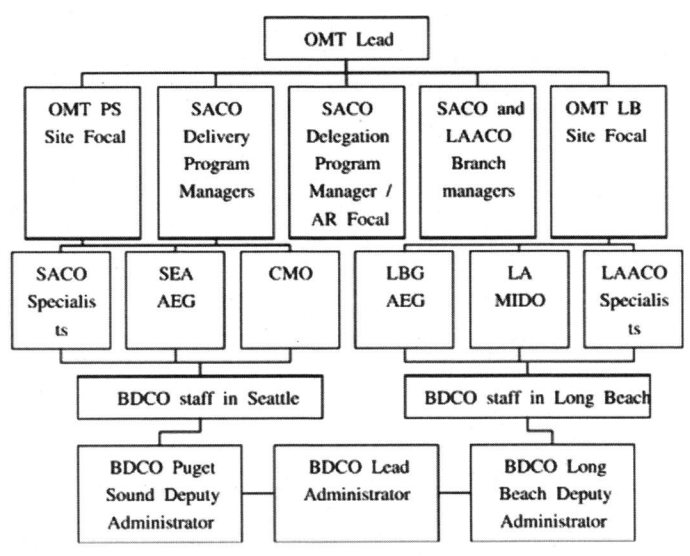

图 6.3.4　波音公司的 BDCO 与 FAA 的接口

②第二层。OMT PS Site Focal 为 OMT 位于普吉特湾地区(即波音西雅图地区)的联络人;SACO Delivery Program Managers 为西雅图航空器审定办公室(Aircraft Certification Office,ACO)交付项目经理;SACO Delegation Program Manager/AR Focal 为西雅图 ACO 委任项目经理兼适航代表联络人;SACO and LAACO Branch managers 为西雅图 ACO 和洛杉矶 ACO 各个业务部门经理,例如试飞经理、结构经理、航电经理等;OMT LB Site Focal 为 OMT 位于长滩(Long Beach)地区(即波音,原麦道)洛杉矶地区的联络人。

③第三层。西雅图 ACO、洛杉矶 ACO、西雅图证件管理办公室(Certificate Management Office,CMO)、西雅图航空器评审组(Aircraft Evaluation Group,AEG)、长滩 AEG 和洛杉矶制造检查地区办公室(Manufacturing Inspection District Office,MIDO)的相关人员。

④第四层。波音公司分别位于西雅图和洛杉矶的 BDCO 的工作人员。

⑤第五层。波音公司西雅图 BDCO 副管理员、洛杉矶 BDCO 副管理员和总的 BDCO 的管理员。

3. 波音飞机 B787 适航认证的案例分析

以豁免和等效安全为例,对 B787 飞机的适航认证进行分析。

(1)豁免

豁免是指由于不切实际或者对安全没有实质贡献,型号合格证申请人可以因技术原因申请豁免适航标准的某些条款。B787 飞机在审定过程中具体豁免项目,如表 6.3.1 所示。

表 6.3.1　B787 飞机审定过程中的豁免项目

| 序号 | 编号 | 对应规章条款 | 涉及机型 | 批准日期 |
|---|---|---|---|---|
| 1 | NO. 9486 | FAR25. 562 | B787 | 2007. 9. 11 |
| 2 | NO. 9801 | FAR25. 1447 | B787 | 2008. 12. 12 |
| 3 | NO. 8857 | FAR25. 841 | B787-8 | 2007. 3. 30 |
| 4 | NO. 9791 | FAR25. 853(a) | DC-9、MD-80、MD-90、DC-10、MD-11、B737、B747、B757、B767、B777 和 B787 | 2008. 11. 28 |

波音公司申请 B787 飞机豁免 FAR25. 841(a)(2)和(a)(3)条款的要求。

FAR25. 841(a)(2)和(a)(3)条款规定载人的增压座舱和隔舱必须装有设备,以保证在正常运行条件下,在飞机最大使用高度上保持座舱压力高度不超过

8000英尺。飞机必须设计成在发生任何未经表明是概率极小的失效情况而导致释压后不会使乘员经受超出下列座舱压力高度：7620米，超过2分钟；或12192米，任何时段。在评估座舱释压情况时应考虑机身结构、发动机和系统的失效。波音公司的此项豁免申请如果被批准，那么B787飞机将不受"当发动机失效引起座舱释压——7620米，超过2分钟；或12192米，任何时段"要求的限制。

波音公司申请的此项豁免主要是针对非包容性发动机转子失效导致机身出现大洞（有效面积超过20.9平方米）的情况下发生的座舱释压，波音认为基于机队运行的经验，发生这种情况下座舱释放的可能性非常小。新型飞机是符合FAA最新要求的，因此能够达到比先前审定的运输类飞机更高的安全基础水平。波音向FAA提供B787-8相关资料以及发生各种失效事件的可能。基于机械系统协调工作组报告的释压暴露完整性（DEI），在释压分析中提出了一种乘员暴露严重性的测量方法。主要通过座舱压力和释压严重性指示器（DSI）的关联来实现。依据分析发现，通过B787-8的设计和运行特征可以缓解座舱压力高度的影响。设计特征之一是座舱压力控制系统（CPCS），该系统的设计是用来减小可能导致座舱压力损失的系统失效。

B787飞机设计的飞行巡航高度是可以达到最高的燃油效率的高度。为符合FAR25.841(a)(2)和(a)(3)中发动机失效要求，需要减少最大巡航高度。这就导致了装有翼下发动机的飞机的制造厂需要更新或修订型号审定。迄今为止，通过审定在39000英尺以上运行、装有翼下发动机的运输类飞机在未获得豁免的情况下，不能满足FAR25中新的座舱高度限制。波音公司通过合理的设计、经证实的设计方法和运行中的考虑来缓解高座舱高度下旅客的风险。关键旋转件主动安全性的提高、发动机技术的发展以及第2代/第3代发动机设计都会减少发动机失效事件的发生。第2代和第3代发动机与第1代相比在发动机失效方面已经提高了近95%。

B787飞机巡航高度能够使飞机的运行更经济，而且将飞机运行都限制在较低高度也会加重空中堵塞的现象，也就是说为了保持已建立的空中交通水平和垂直间距的要求，将会付出更高的安全成本。B787设计中充分考虑了结构和系统设计、飞机高速下降的性能是确保飞机乘员的关键，在设计过程中将要求细化成各个子要求融入系统、结构、空气动力学和飞机的性能中，目的是满足相关的要求。B787设计中的另一个设计特征是飞行员自动压力需求面罩，该项目将依据FAR25.1441通过审定。

FAA详细研究和探讨了波音公司就此项豁免申请所提供的各项资料，从经济、环境、空中交通管理、公众利益和对安全的影响等方面进行分析，于2007年3

月10日批准了此项申请的部分豁免,但同时也提出了以下三项限制:

①B787-8飞机飞行手册中必须指明最大指示运行压力高度是43000英尺;

②飞行手册中必须包含可用的快速释压情况下飞行机组的程序,并指明飞行机组应当以最高下降速率和安全下降速度实施下降;

③波音必须提交B787-8飞机分析中用到的下降剖面飞行实验数据,来表明在飞机指示运行压力高度43000英尺释压后,座舱压力不会超过25000英尺达3分钟或40000英尺达1分钟。

(2) 等效安全

当一项设计不能完全按字面要求表明对于条例的符合性,但是可以通过采用设计补偿措施来表明提供与适航标准建立的同等安全水平时,则可以由适航部门进行等效安全水平的确认。一项等效安全水平确认,可以记录表明一种不同于规章要求的但是被适航当局判定为是可接受的符合方法。B787飞机在审定过程中具体等效安全项目,如表6.3.2所示。

表6.3.2 B787飞机在审定过程中具体等效安全项目

| 序号 | 编号 | 对应规章条款 | 涉及机型 | 批准日期 |
| --- | --- | --- | --- | --- |
| 1 | TC6918SE-T-ES-1 | FAR21.21、FAR25.1309、FAR25.1447、FAR25.841 | B787 | 2008.12.5 |
| 2 | TC6918SE-T-ES-5 | FAR25.831 | B787 | 2006.4.21 |
| 3 | TC6918SE-T-SF-5 | FAR25.777 | B787 | 2006.9.14 |
| 4 | TC6918SE-T-ES-16 | FAR25.1443 | B787-8 | 2008.5.1 |
| 5 | TC6918SE-T-F-14 | FAR25.677 | B787-8 | 2007.2.28 |
| 6 | TC6918SE-T-SA-29 | FAR25.1333 | B787-8 | 2008.4.10 |
| 7 | TC6918SE-T-SA-7 | FAR25.1301、FAR25.1309、FAR25.1310 | B787-8 | 2008.3.20 |
| 8 | TC6918SE-T-A-10 | FAR25.21、FAR25.335 | B787 | 2006.5.11 |
| 9 | TC6918SE-T-A-11 | FAR25.391、FAR25.393、FAR25.415、FAR25.519 | B787 | 2005.2.18 |
| 10 | TC6918SE-T-A-12 | FAR25.331 | B787 | 2006.5.8 |
| 11 | TC6918SE-T-A-13 | FAR25.629、FAR25.671 | B787 | 2006.5.11 |

<<< 第六章　大型客机协同研制的适航认证体系与获取策略

续表

| 序号 | 编号 | 对应规章条款 | 涉及机型 | 批准日期 |
| --- | --- | --- | --- | --- |
| 12 | TC6918SE-T-A-9 | FAR25.341、FAR25.343、FAR25.345、FAR25.371、FAR25.373、FAR25.391 | B787 | 2006.5.8 |
| 13 | TC6918SE-T-CS-12 | FAR21.21、FAR25.791 | B787 | 2005.8.30 |
| 14 | TC6918SE-T-CS-2 | FAR25.811 | B787 | 2004.12.15 |
| 15 | TC6918SE-T-F-4 | FAR25.1517 | B787 | 2005.3.3 |
| 16 | TC6918SE-T-F-6 | FAR25.107 | B787 | 2005.1.20 |
| 17 | TC6918SE-T-P-13R1 | FAR E25.1、FAR F25.1、FAR G25.1 | B787 | 2005.3.1 |
| 18 | TC6918SE-T-P-17 | FAR25.934 | B787 | 2005.8.17 |
| 19 | TC6918SE-T-P-19 | FAR25.1023 | B787 | 2005.8.8 |
| 20 | TC6918SE-T-SA-10 | FAR25.1459 | B787 | 2005.1.20 |
| 21 | TC6918SE-T-SA-11 | FAR25.1303 | B787 | 2004.11.29 |
| 22 | TC6918SE-T-SF-1 | FAR25.671 | B787 | 2005.4.27 |
| 23 | TC6918SE-T | FAR25.1023、FAR25.1121 | B787 | 2005.8.8 |

①设计空速(TC6918SE-T-A-10)。此等效安全项目是波音申请"在确定设计速度余度时使用超速保护功能"。B787-7装有一个电子飞行控制系统,该系统能够在速度高于VC/MC时提供正的警告和控制输入,此项功能将会影响根据FAR25.335(b)(1)来确定VC/MC和VD/MD之间的最小速度增量的传统恢复机动的结果。这个功能与B777-220LR和B777-300ER上安装的超速保护系统是类似的,减小B787-8速度余度的提议与B777飞机也是类似的。另外,波音也表明补偿特性的损失每飞行小时发生的概率小于$10^{-5}$。

为支持这一请求,波音将验证降低速度余度结合包线保护功能为787-8提供的安全水平将等效于符合适航标准25.335(b)。

②操纵载荷(TC6918SE-T-A-11)。此等效安全项目是波音申请"符合控制系统和表面载荷地面突风的要求"。自从1950年开始在大型运输类飞机的设计中就要满足于地面突风对控制表面和控制系统载荷影响的要求。提出此项要求的目的是为了保护飞行控制系统在飞机停靠或顺风滑行时不要达到地面突风载荷的峰值。当局和工业界已经提出修订现行控制系统和表面载荷地面突风的要

求,并且航空规章制定咨询委员会(ARAC)的建议中还包括了相关的咨询材料。ARAC 的此项建议已经写入 EASA CS-25,但是还没有被联邦法规法典(CFR)采纳。然而,根据 FAA 的政策,申请人可以申请使用 ARAC 已经成熟的建议来代替现行的规章要求,但是要提供一套等效安全方法。

③突风和紊流设计载荷(TC6918SE-T-A-9)。波音请求使用联合航空局(JAA)的 NPA 25-309 中的要求来表明对 FAA 关于突风和紊流设计载荷相关条款的符合性。

ARAC 召集美国、加拿大和欧洲的民航当局和航空界共同来研究突风和紊流载荷问题,目的是找到设计一个能够计算出离散突风和连续紊流的方法。经过对多个方法研究后,ARAC 建议使用实际大气参数下飞机连续紊流的标准来进行计算。ARAC 的建议(已包含在 NPA 25C-309 中)包括修改突风密度模型、取消任务分析方法、处理非限性的方法以及重新组织和明确规章要求。现行有效的规章只要求增稳系统中考虑非线性问题,但是在现代运输类飞机的设计过程中,主要飞行控制系统和飞机本身可能已经显现出重要的非线性特性。

④使用发亮"禁止吸烟"代替标牌(TC6918SE-T-CS-12)。FAA 已经同意在 B787 飞机上用发亮"禁止吸烟"的标示来代替"禁止吸烟"标牌,但是要求波音必须证实即使在飞行机组或客舱机组不去点亮标示的前提下,标示也能够连续发亮。在配有独立旅客信息标示系统的飞机上,通过硬连线系统(例如在飞机运行起来的任何时候标示都是发亮、可见的)来实现;在没有独立旅客信息标示系统的飞机上,通过使用先进客舱娱乐和服务系统(ACESS)数据库或同等作用的部件来提供充分模拟硬连接标示的构型控制。

⑤发动机和反推系统试验(TC6918SE-T-P-17)。FAR25.934 条要求安装在涡轮喷气发动机上的反推装置必须满足 FAR33.97 条的要求,如果发动机安装有反推装置,则持久校准、工作、振动和反推力循环试验必须在安装了反推力装置的情况下进行。波音申请通过使用辅助管道(slave duct)来做发动机实验、使用能够发生同等反推力的装置来做反推部分的实验。波音提议在 B787-8 飞机的审定过程中,前推力模式下发动机的耐久实验使用辅助管道来完成,而且认为类似设计的数千个小时的服役经验已经证实此方法的可行性。波音声明 150 个小时的前推力运行不能够有意义地证明反推力装置的结构完整性,因为它设计的寿命循环明显大于在发生风扇叶片断裂事件和飞行中的极限机动时所产生的载荷。并且只有在反推力工作时,才能获得反推装置中大部分关键载荷部件的耐久性。

⑥辅助动力系统(TC6918SE-T-P-19)。B787 飞机的辅助动力系统(APS,通常也称辅助动力装置 APU)使用了一个安装在排气通道上的引射型滑油散热器,

通过抽吸APS舱气体经过热交换器来冷却APS滑油。FAR25.1023(b)规定滑油散热器空气管的设置,必须使得在着火时,从发动机短舱正常开口冒出的火焰不会直接冲到散热器上。但是B787APU引射器上设计的正常开口可能会允许APU舱内冒出的火焰直接撞击到散热器上。FAR25.1121(c)规定凡可能受到排气系统高温影响的排气系统零件及其他部件,均必须是防火的。为了满足这个要求,可以使用防火材料,例如使用钢材。波音并没有去证实APS铝质滑油换热器是防火的、能够满足FAR25.1023(b)和FAR25.1121(c)的要求,而是提议做一个铝质滑油散热器安装防火实验来证明,一旦APS舱着火,铝质滑油换热器不会损坏或产生危害情形。由于滑油散热器的材料是铝,为了防止下面冒出的火焰直接冲向散热器,在B787的滑油散热器上设计了一个防火屏蔽件。另外,B787APS具有自动关闭的特性,能够在滑油超温或探测到APS舱着火的情况下启动。

## 6.4 欧盟适航认证体系

欧洲联合航空局(Joint Aviation Authorities,JAA)是因空客公司与波音公司相互竞争的大背景而诞生的;而欧洲航空安全局(European Aviation Safety Agency,EASA)则是伴随欧洲一体化进程诞生的。与JAA作为欧洲各国适航当局的协会不同,EASA是在欧盟框架下,依据欧盟议会规章的相关规定,集中行使各成员国部分民航管理主权的政府组织。随着欧洲航空制造业的发展,EASA已成为与FAA拥有同等话语权的重要适航当局。

### 6.4.1 欧盟适航管理概述

欧洲航空产业同样具有金字塔结构:塔尖是以空客公司为代表的、在欧洲跨国合作、拥有雄厚技术实力和巨大市场份额的航空制造业巨擘;基座同样是数量众多、充满活力、各具技术特点、产品和服务多样化、经济总额巨大的小型航空制造企业。但与美国小型航空制造企业相对独立的特点不同的是,这些小型航空制造企业往往作为大的航空制造企业的供应商来提供各种机载设备、零部件和飞机加改装方案,同时,这些企业具备专业化的特点,在各自领域具有其独到的技术优势。

与欧洲这种航空制造业的产业特点相适应,EASA在管理思路上也充分体现了欧洲航空制造业的特点。由于欧洲的众多航空制造企业作为主要航空制造企业的供应商提供产品和技术,EASA的适航管理特别关注企业的能力,并且制定了颇具特色的组织批准的适航管理方式,通过对设计生产组织进行评审和批准的方式来确保企业的能力。EASA要求航空制造企业通过获得设计组织批准书和生产组织批准(Production Organization Approval,POA)的方式来证明其设计与生产能力。POA的具体规章要求包含于欧洲21部的J分部中,其核心内容是要求申请人具备成熟的设计保证系统(Design Assurance System,DAS)并且通过编制和贯彻设计保证手册来实施DAS系统,以确保其能够承担相应的适航责任。欧洲的适航法规体系如图6.4.1所示。

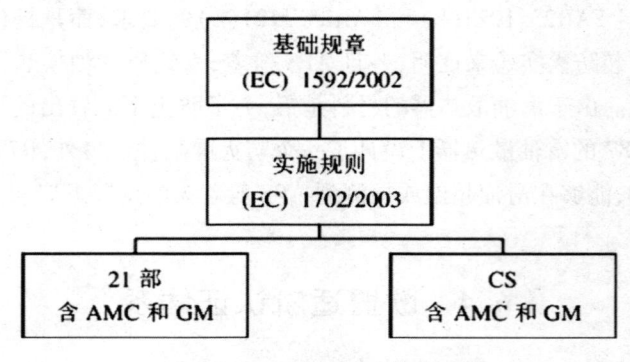

图6.4.1 欧洲适航法规体系

2003年,欧盟议会颁发第1702/2003号欧盟议会规章——航空器及其产品、零部件和机载设备的适航性和环境合格审定以及设计、生产机构合格审定的实施规则。以此为标志,EASA开始制定欧洲范围内统一的适航规章,该规章的J分部规定了设计组织批准书(Design Organization Approval,DOA)的具体规章要求。DOA产生的原因在于EASA期望通过确认申请人具有开展型号审定所必要的知识和方法以信任申请人的符合性声明,即EASA对申请人的设计能力提出要求。那么为落实表明符合适航性要求和环境保护要求开展的各种活动,则需建立一个有资质的相关组织机构。

欧洲空客公司在国际民机市场的崛起,从另一个侧面说明了强有力的适航审定能力是大型客机成功的关键因素之一。

### 6.4.2 欧洲航空安全局的组织管理体系

欧洲也非常重视提升适航审定能力,20世纪末,欧洲空中客车公司不断整合全欧洲资源,加快了欧洲民用航空一体化进程。欧洲为了在国际民机市场上和美国分庭抗礼,于1990年成立联合航空局(JAA),努力加强适航审定体系和适航审定能力建设,为空中客车公司后来居上、进而在国际大型民机市场与波音公司平分秋色起到了支撑和保障作用。

1991年,欧盟议会颁发第3922/91号欧盟会议规章——民用航空领域规章和管理程序的协调规定JAA成员国应采纳联合航空要求作为协调一致的民航规章。由此,整个欧洲都采用JAR(Joint Aviation Regulation,JAR)中的适航规章部分作为统一的适航标准。

2002年,欧盟议会颁发第1592/2002号欧盟议会规章——民用航空领域的通用规则和建立欧洲航空安全局。以此为标志,欧洲开始建立一个在欧洲范围内统一的民航当局,并得到制定欧洲范围内统一的、具有法律地位的、强制性的民航规章的授权。

2003年,欧盟议会颁发第1702/2003号欧盟议会规章——航空器及其产品、零部件和机载设备的适航和环境合格审定以及设计、生产机构合格审定的实施规则。以此为标志,EASA开始制定欧洲范围内统一的适航规章。

欧洲航空安全局的适航审定部门的组织体系也不断完善,当前的机构设置如图6.4.2所示。

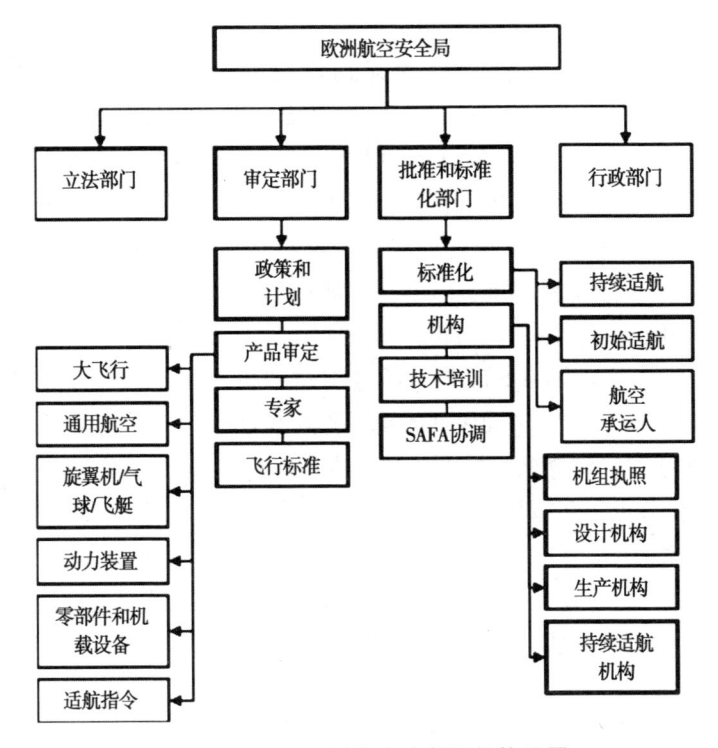

**图6.4.2 JAA适航审定部门机构设置**

与美国联邦航空局相比,欧洲航空安全局的适航组织体系具有以下三个不同特点。

(1) 产品审定分类不同

与美国分为运输类飞机、小飞机、旋翼机和发动机/螺旋桨不同,欧洲航空安全局单设了负责零部件和机载设备适航审定的部门和负责适航指令的部门。

(2) 重视标准化工作

由于欧洲航空安全局的具体适航审定工作仍由欧洲各国民航局的适航审定人员承担,因此对适航标准和程序执行的标准化问题尤为重要。所以欧洲航空安全局的适航组织体系中特别设置了标准化部门,负责标准化和培训工作。

(3) 具备机构评审的职能

与美国的适航标准管理体系不同,欧洲对航空产品的设计和生产机构还单独颁发有别于适航证件的机构批准。因此,欧洲航空安全局的适航组织体系中设置了机构评审的部门,负责设计机构、生产机构和持续适航机构评审和批准。

### 6.4.3 欧洲适航规章对航空制造企业承担适航责任的相关规定

欧洲21部具有与美国联邦航空规章第21部一致的对航空制造企业所应承担的适航责任的要求。但是,EASA 要求航空制造企业通过获得设计机构批准(Design Organization Approval, DOA)和生产机构批准(Production Organization Approval, POA)的方式来证明其设计能力和质量系统。DOA 的具体规章要求在欧洲21部的J分部中,其核心内容是要求申请人具备成熟的设计保证系统(Design Assurance System, DAS),并且通过编制和贯彻设计机构手册(Design Organization Manual, DOM)来实施 DAS 系统,以确保其能够承担相应的适航责任。POA 的具体规章要求在欧洲21部的G分部中,其核心内容是要求申请人具备成熟的质量系统(Qualification System, QS),并且通过编制和贯彻生产机构手册(Production Organization Manual, POM)来确保其能量系统的有效性。

在欧洲的适航管理框架下没有美国的委任制度。换言之,在欧洲的适航规章要求中,航空制造企业在型号合格审定过程中同样必须承担通过提交型号设计、试验报告和各种计算,开展制造符合性检查和符合性验证工作,证明产品符合规章要求的适航责任,并且由规章明确要求申请人应当设置设计机构、获得 DOA 批准来承担上述的适航责任;在批生产过程中应当设置生产机构、获得 POA 批准来实施其质量系统。

### 6.4.4 欧洲空客公司的适航管理体系

1. 欧洲空客公司适航组织体系

欧洲空中客车公司(Airbus)按照欧洲的适航规章,建立了设计机构(Design

Organization)并且获得了欧洲航空安全局(European Aviation Safety Agency,EASA)的设计机构批准(Design Organization Approval)。其设计机构主管由公司的首席执行官(Chief Executive Officer)任命,直接接受公司的首席运营官(Chief Operation Officer)领导,下设五个主要部门,其组织机构如图6.4.3所示。

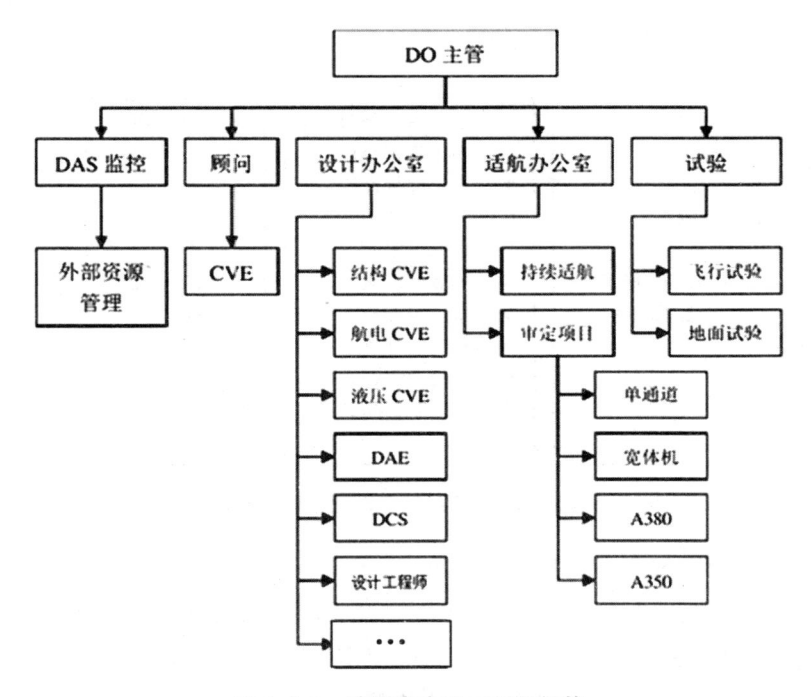

图6.4.3 欧洲空客公司组织机构

其中,设计办公室负责产品的研发设计,人员主要包括负责研发设计的设计工程师和在空客DOA内部负责符合性确认的符合性验证工程师(Compliance Verification Engineer)。

适航办公室负责协调法国、德国、英国和西班牙空客公司的适航活动,负责包括A320/330/380飞机和正在研发的A350飞机的项目管理,负责单机适航审定等持续适航工作。

设计保障系统(Design Assurance System,DAS)监控办公室负责设计机构的手册编写、贯彻实施,执行内部监督和审计。

综上所述,空客公司的设计机构主要包括三大职能:设计职能、适航职能和DOA的独立监督职能,如图6.4.4所示。

```
                        ┌─────────┐
                        │ DO 主管  │
                        └────┬────┘
          ┌──────────────────┼──────────────────┐
    ┌─────┴────┐       ┌─────┴────┐       ┌─────┴──────┐
    │ 设计职能 │       │ 适航职能 │       │ DOA 独立监督│
    │          │       │          │       │   职能     │
    └──────────┘       └──────────┘       └────────────┘
```

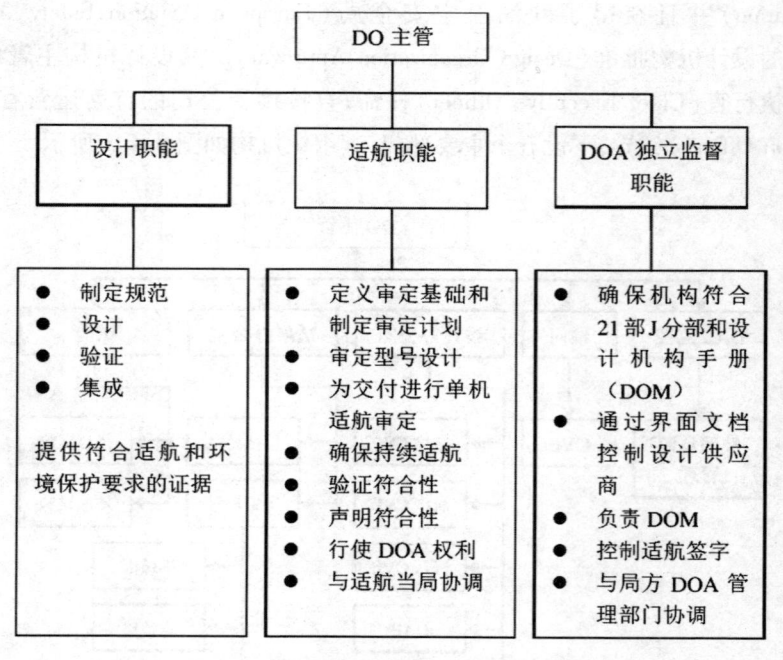

设计职能：
- 制定规范
- 设计
- 验证
- 集成

提供符合适航和环境保护要求的证据

适航职能：
- 定义审定基础和制定审定计划
- 审定型号设计
- 为交付进行单机适航审定
- 确保持续适航
- 验证符合性
- 声明符合性
- 行使 DOA 权利
- 与适航当局协调

DOA 独立监督职能：
- 确保机构符合 21 部 J 分部和设计机构手册（DOM）
- 通过界面文档控制设计供应商
- 负责 DOM
- 控制适航签字
- 与局方 DOA 管理部门协调

图 6.4.4　欧洲空客公司设计机构职能内容

## 2. 空客 A380 适航认证的案例分析

以专用条件、偏离、等效安全为例，对空客 A380 的适航认证进行分析说明。

A380 在 EASA 进行型号审定时，型号审定基础为：JAR 1（第 5 次修订）以及 1/97/1 和 1/99/1 橙皮书；JAR 25（第 15 次修订）；JAR AWO（第 2 次修订）。基于这些基础，EASA 于 2006 年 12 月 12 日为 A380 颁发了型号合格证（TC）。

（1）专用条件

专用条件是指在 JAR-25 部所针对的航空产品设计活动中，由于产品的新颖的或者不同于一般情况的设计，而颁布的专用条件。在 A380 型飞机的审定过程中，EASA 颁布的专用条件如表 6.4.1 所示。

表 6.4.1　A380 审定专用条件

| 序号 | 专用条件 | 名　称 |
| --- | --- | --- |
| 1 | SC B-1 | 失速和设定运行速度 |
| 2 | SC B-2 | 驾驶舱控制的运动和影响 |
| 3 | SC B-4 | 静态方向、侧向和纵向稳定性和低能判别 |
| 4 | SC B-5 | 飞行包线保护 |

续表

| 序号 | 专用条件 | 名　称 |
|---|---|---|
| 5 | SC B-6 | 正常载荷限制系统 |
| 6 | SC B-10 | 驾驶舱内部新技术的人为因素评估 |
| 7 | SC C-1 | 大型飞机结构的适坠性 |
| 8 | SC C-2 | 离散阵风 |
| 9 | SC C-3 | 多支架起落装置的落地条件 |
| 10 | SC C-4 | 低盘侧转载荷 |
| 11 | SC C-5 | 通过起落装置支顶 |
| 12 | SC C-6 | 动态制动 |
| 13 | SC C-11 | 系统和结构的交互 |
| 14 | SC C-13 | 设计操作要求 |
| 15 | SC C-15 | 设计俯冲速度 Vd |
| 16 | SC C-16 | 限制驾驶力量 |
| 17 | SC D-3 | 外部紧急出口设置 |
| 18 | SC D-4 | 机组休息隔间 |
| 19 | SC D-6 | 上下客舱的楼梯使用 |
| 20 | SC D-7 | 在客舱的火焰检测和保护 |
| 21 | SC D-12 | 保安设计 |
| 22 | SC D-28 | 协同 671/672 |
| 23 | SC D-33 | 可延伸长度撤离滑梯 |
| 24 | SC F-1 | JAR 25.1301 和 1309 符合性:设计确保和安全评估过程 |
| 25 | SC F-2 | 滑梯/救生筏便携性 |
| 26 | SC F-12 | HIRF 保护 |
| 27 | SC F-26 | 飞行记录器,数据链记录 |
| 28 | SC F-52 | 锂离子电池安装 |
| 29 | SC K-8 | 平视显示系统(可选) |

　　由于该产品的非常规性使用而颁布的专用条件有:牵引支架(SC D-20)、高海拔运行(SC D-31)和单发失效时的运送(SC G-6)。

　　由于其他产品的使用经验中已经表明可能出现不安全状态而颁布的专用条

件(JAR 21.16(a)(3)):隔热与隔音材料的防火保护(SC D-13)、刹车和刹车系统-NPA 25D291(SC D-15)、油箱安全性(SC E-2)、反推系统要求(SC E-4)和持续发动机不平衡(SC E-5)。

就 SC D-4(机组休息舱 CRC)作简单介绍。为了适应 A380 这种大型、远程飞机的使用,EASA 将 SC D-4 作为 A380 型号审定的一个条件,该专用条件主要针对飞机上设置机组休息舱 CRC 的情况下,提出的特别审定要求,主要内容如下:

①除飞行机组隔舱专用条件 SC-20 适用的情况外,CRC 不允许在滑行、起飞和着陆的过程中使用,CRC 内的乘员数量不得超过该舱内安排的总座位数。

②在 CRC 内必须有适当的告示以表明:

a. 在飞行过程中允许的机组成员的数量;

b. 乘员仅局限为接受过紧急设备、紧急程序和 CRC 系统的使用训练的运行机组;

c. 严禁吸烟;

d. 机组休息区仅限于机组成员行李的存储,而且不得用于货物或旅客行李的存储。

③必须在任何进入 CRC(Crew Rest Compartment)的通道口的内外都至少设置一个烟灰缸。

④建立在飞机飞行手册的限制或者其他适用方法以确保仅限机组成员使用并说明允许使用各 CRC 的飞行成员的时期。

⑤允许进入 CRC 中的每一名成员,必须有批准的能够承受最大飞行载荷的座位或铺位。

⑥对于所有安装门,必须有一种方法以防止任何人被锁在 CRC 中。如果安装门锁的话,该锁必须确保从外部不需任何工具就可打开,在任何时候该门不得限制从内部打开。

⑦必须至少有两个紧急撤离路径,并保证 CRC 乘员可以快速地撤离到旅客舱位中。

⑧对所有紧急撤离路径的失能人员的撤离(用一个代表95%的男性的身高和相应体重)必须演示。机组成员数量,可能在内部提供紧急撤离中的协助,必须与舱内空间相适应。额外的协助可以由客舱中三名以下的人员提供。

⑨下列标志或指示必须提供在 CRC 中:

a. 至少一个出口标志,位于每一个机组休息门或者舱门满足 JAR25.812(B)(1)(i)的要求;

b. 显著安置一个指示牌或者每一个座椅附近安置指示牌,指明紧急路线的位

置和操作指令;

c. 指示牌必须在紧急情况的灯光下 30 英寸距离处可以看清;

d. 指示牌在紧急情况下必须以最低 160 微朗伯的亮度点亮。

⑩必须提供一种方法,在飞机主发电机失效的时候,或者正常 CRC 灯光系统失效后,CRC 的紧急警示可以自动地提供。

⑪在 CRC 中的成员和驾驶舱机组以及各机组站位之间必须有双向通讯方法。

⑫必须有手动激活的一个听觉警告系统,在正常和紧急条件下可听到,以使驾驶舱的机组成员以及每一个地面高度紧急出口处警告 CRC 内乘员。

⑬必须有一个方法,便利地由就座或站立的成员知晓:座椅安全带应系紧。

⑭必须有抵御湍流的方法,如果椅背不能提供一个牢固的抓手,或者没有固定的座椅,必须安装一个抓手或者横栏以确保人员能固定自身。

⑮CRC 必须满足下列安全要求

a. 至少一个批准的手持灭火器;

b. 一个便携式的保护性呼吸设备装置,满足欧洲技术标准规定(ETSO - C116);

c. 一个手电筒;

d. 在 CRC 内的乘员位置处须安装烟雾和火焰检测系统;

e. 必须提供一个当 CRC 内没有人员时进行灭火的方法;

f. CRC 必须安装有将来自 CRC 的烟雾排除或者消灭的装置。

⑯当安装了 CRC,或者 CRC 作为货舱的一个可移动模块,或者直接与货舱相连而没有隔板,应满足如下要求:

a.所有模块的壁板,包括货舱防火壁板以及各集装设备的壁板必须满足 JAR25.855 的要求;

b.在没有集装装备时,需提供使货舱防火等级满足 JAR 25.855,JAR 25.857 和 JAR 25.858 的要求的方法;

c.紧急路线的使用不能要求 CRC 乘员从货舱进入客舱。

⑰CRC 中每一个座位或铺位必须安装与旅客舱相同的补充氧气供应系统。

⑱对于将 CRC 用布帘或隔板分为几部分的情况,需满足如下情况:

a.针对睡眠乘员,需要提供听觉警告以及氧气系统;

b.指示牌需靠近出于隐私而隔开空间所用的布帘以及隔板,在无人时,布帘和隔板必须打开;

c.在每一个独立隔间内,必须有禁止吸烟标示、紧急撤离说明、紧急撤离报警系统、座椅安全带系紧信号以及烟雾和火焰探测系统；

d.当CRC的分隔影响直接进入外部时，需要提供进入主撤离路线的指示。

⑲材料、椅垫以及床垫必须满足JAR 25.853的要求。

⑳安装在CRC内部的卫生间需满足与旅客舱内卫生间一样的要求，除取代JAR25.854(a)款要求的有关烟雾探测器的第12号专用条件。

㉑在安装废物箱的位置，必须安装满足JAR25.854要求的自动灭火器。

㉒在滑行、起飞和落地过程中(TT&L)，飞行机组休息舱(FCRC)可能被占用时需要满足下列要求：

a.在TT&L阶段，在FCRC中的飞行机组成员数量不得超过批准在飞行/地面载荷以及紧急落地条件下安装的座椅数量；

b.隔离FCRC与客舱的门和舱口不得阻碍成员的紧急撤离，或者在打开时可能导致成员受伤；

c.在机组休息入口以及其他入口处必须显著地安置指示牌；

d.必须对影响进入撤离路线的新的特征进行评估；

e.必须在飞行手册中或者其他适当形式，要求机组成员必须接受紧急撤离的相关训练。

(2)偏离

在A380型号审定过程中，申请偏离的只有一项：APU悬挂系统的防火性(DEV J-04)。

(3)等效安全

在A380型号合格审定过程中，主要涉及表6.4.2所示等效安全项目。

表6.4.2 A380审定过程等效安全项目

| 序号 | 等效安全 | 名 称 |
| --- | --- | --- |
| 1 | ESF C-12 | 震动冲击和气弹稳定性要求 |
| 2 | ESF C-14 | 结构防护 |
| 3 | ESF C-19 | 俯仰抑制操作载荷 |
| 4 | ESF C-20 | 发动机失效载荷 |
| 5 | ESF C-21 | 持续湍流载荷 |
| 6 | ESF D-17 | 油料舱门 |
| 7 | ESF D-19 | 铸造因子 |
| 8 | ESF D-21 | 飞机舱内二氧化碳允许浓度和舱内臭氧浓度 |

续表

| 序号 | 等效安全 | 名称 |
|---|---|---|
| 9 | ESF D-24 | 停止运行 |
| 10 | ESF E-6 | 落雪和吹雪 |
| 11 | ESF E-9 | 燃油箱的防撞性 |
| 12 | ESF E-10 | 燃油箱入口盖 |
| 13 | ESF E-11 | 罗尔斯·罗伊斯遄达(Rolls-Royce Trent)涡轮过热检测(仅适用于A380-841/-842) |
| 14 | ESF E-12 | 作为无燃区的GP 7200风扇区(仅适用于A380-861) |
| 15 | ESF E-15 | 发动机燃油过滤器的报警方法(仅适用于A380-841/-842) |
| 16 | ESF E-16 | 反推装置测试 |
| 17 | ESF E-17 | 油料温度显示 |
| 18 | ESF E-19 | 发动机燃油过滤器位置(仅针对A380-861型号) |
| 19 | ESF F-11 | 气压系统 |
| 20 | ESF F-15 | 液压系统 |
| 21 | ESF F-23 | 落地灯光开关 |
| 22 | ESF F-29 | 新协同 JAR 25.1329 |
| 23 | ESF F-38 | 过压安全阀和溢流阀 |
| 24 | ESF F-48 | 针对高能转子污染显示的计算机模拟和简化方法的使用 |
| 25 | ESF J-2 | APU安装要求 |
| 26 | ESF K-6 | 定位信标过度偏离警告 |
| 27 | ESF K-7 | 限制风险(NPA AWO 14) |

## 6.5 中国适航认证体系

按照目前国际航空市场的规则,民机要投入商业运营必须具备适航性,而适航标准正是为了保证实现民机的适航性而制定的最低安全标准。民机要交付使用,必须申请并获得飞机型号合格证TC、生产许可证PC和适航证AC,这三个证,是一家飞机公司研制、生产、销售、运营的前提条件,由适航当局颁发给飞机制造商。

适航关乎一个国家在民用航空产业的地位和话语权,适航审定是民机成功研制和走向市场的安全保障,是民机产业核心竞争力的重要组成部分,加快适航审定能力的建设将为实现国家大飞机战略、发展民机产业、确保大型客机项目获得商业成功提供有力支撑。

### 6.5.1 中国适航认证体系发展现状

自20世纪70年代以来,中国就开始着手参照美国联邦航空局的适航管理模式对民用飞机进行适航管理。然而,中国的适航管理模式与中国航空制造业的产业特点并不完全匹配。一方面,中国航空制造业长期以军机型号为主,一直没有形成完善的民机产业体系。另一方面,相较于欧美适航当局,中国适航当局欠缺国内的航空产品审定实践。中国适航管理体系的建设正处于初期的探索阶段。由于个体间的差异,规模性地复制波音、空客等公司的管理模式并不适合我国适航管理体系的发展,但其先进的适航管理模式及经验能够为我国适航体系的建设提供参考。

伴随着中国航空制造业和航空运输业的日益繁荣,中国适航当局和适航体系得到了不断完善和提高。在小飞机和机械类机载设备领域,具备了和欧美适航当局相当的审查能力。ARJ21-700飞机是正在审定的我国第一种严格按照国际先进适航标准研制并开展型号合格审定的民航运输类飞机,工业方适航取证能力和局方适航审定能力得到了相应的锻炼和提高。同时,也暴露出我国民机适航审定技术、人才和研究手段的严重短缺和不足。随着我国具有自主知识产权的ARJ21-700型号审查工作进入攻坚阶段,FAA的影子审查也正式提上日程。FAA明确提出,中国运输类飞机取得FAA型号合格证的条件是:不仅飞机的设计制造要满足FAA适航标准的要求,而且中国适航当局的审定能力也应与美国基本相当。ARJ21-700的审定工作表明,目前我国的适航审定能力与美国相比存在一定差距,尚需不断提高与完善。大型客机项目将采用新技术、新标准,在设计中大量运用高度综合复杂系统,复合材料应用范围更加广泛,配套供应商类型和数量大幅增加,这必将给适航审定工作带来新的挑战。建设强有力的中国民航适航审定能力,是大型客机适航取证工作顺利进行的前提和基础,也是大型客机成功走向民用市场、走向国际的重要保证。

2009年12月16日,大型客机基本总体技术方案经过评审并获得通过,标志着大型客机转入初步设计阶段。2017年5月6日,C919大型客机首飞成功。目前,中国民航局已经和中国商飞签署了安全保障合作计划,双方将在适航方面开展大量工作,通过建立并逐步完善中国商飞飞机项目的设计保障体系和适航符合性验证体系、及时确定型号合格审定基础和符合性验证计划,来实现按时、高效地完成中国商飞飞机项目的型号合格批准和生产批准的目标。

"民机发展,适航先行"是民用航空产品开发的基本理念。随着我国大型客机项目的快速发展,加强适航审定能力建设、适航审定队伍建设、与之相匹配的法规体系建设工作已迫在眉睫。如果没有健全的适航标准和法规体系,布局合理的组织机构,专业齐全、数量充分、能力足够的适航审定队伍的审查监控,稳定的适航技术研究手段提供支撑等,就无法顺利开展大型客机的型号审查工作,其适航性和安全性也就无从谈起,更不能保证大型客机项目的最终成功。

中国航空工业由于特殊的发展经历和历史背景,尚没有形成完整的民机产业链。尽管在一些领域内,中国的适航当局已经具备了和欧美适航当局相当的审查能力,然而中国民机适航管理与世界先进水平还有较大差距,对民机适航管理的理解和自觉性也仍有较大的发展空间。与欧美等国相比,中国的民机研制起步晚、基础薄,适航验证水平也正处于发展阶段,与世界先进水平仍存在较大差距,尚未形成相对科学、完整的验证方法和验证程序,且经验和积累极度欠缺。因此,需要结合中国民机研制与适航工作的实际,深入研究适航符合性验证方法,尤其针对适航规章和适航标准的研究,探究一套与中国民机产业相配套的符合性验证方法,逐步建立起完整的民机适航符合性验证程序。

繁荣的航空运输业保障了中国适航当局具有大量的适航管理经验,国内航空制造业努力发展民机产业也促进了中国适航当局组织机构和审定能力的不断完善和提高;在小飞机审定和机械类机载设备审定领域,中国适航当局基本具备了与欧美适航当局同等的审定体系和审定能力。在此基础上,以国内航空制造业研发支线客机和大型客机为契机,中国适航当局的组织体系和审定能力将进一步加强,逐步成为国际上有影响力的重要适航当局。

### 6.5.2 中国民用航空局(CAAC)组织体系简介

20世纪70年代末,民航局成立工程司,开始着手开展适航审定管理。于1985年与美国联邦航空局(FAA)合作开展了对MD82飞机在中国进行转包生产的监督检查,以及1985年FAA为Y12Ⅱ型飞机颁发型号合格证,进而扩展涵盖23部飞机(正常类、实用类、特技类和通勤类飞机)、机械类机载设备的中美适航双边为标志,中国民航适航审定系统逐步建立健全与国际接轨的适航法规体系和组织机构。

随着中国民航产业的发展和变革,中国民航的适航审定系统自2003年启动对国产新支线飞机ARJ21-700的适航审定工作以来,适航审定系统得到了进一步加强。2007年1月,上海航空器适航审定中心成立,侧重运输类飞机的适航审定;2007年12月,沈阳航空器适航审定中心成立,侧重旋翼机和轻型航空器的适航审定,还将陆续成立发动机/螺旋桨适航审定中心、航油航化适航审定中心和适航验证中心,分别侧重航空发动机和螺旋桨的适航审定、航油航化产品的适航审定、适航标准及其符合性方法的验证技术。

  未来的适航审定系统的组织机构将是以地区管理局适航审定处为基础,以各中心的专业化审定队伍为支撑,全方位立体交叉的矩阵式组织框架。其中,适航审定中心作为适航标准、管理政策的执行、监督、检查主体发挥适航审定管理的生力军作用;适航验证中心作为适航标准、管理政策的立法研究主体发挥决策支持和科技引领的支撑作用。中国适航审定系统的组织结构如图6.5.1和图6.5.2所示。

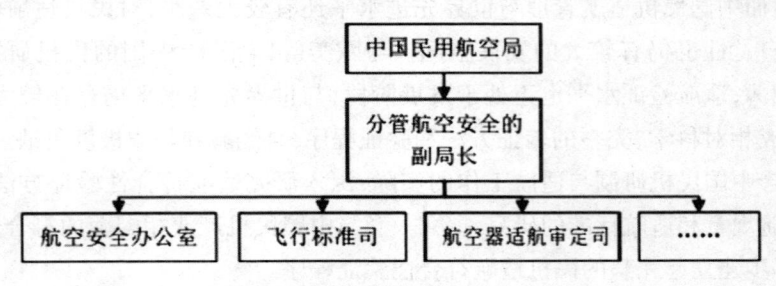

图 6.5.1 中国民航局的适航审定部门

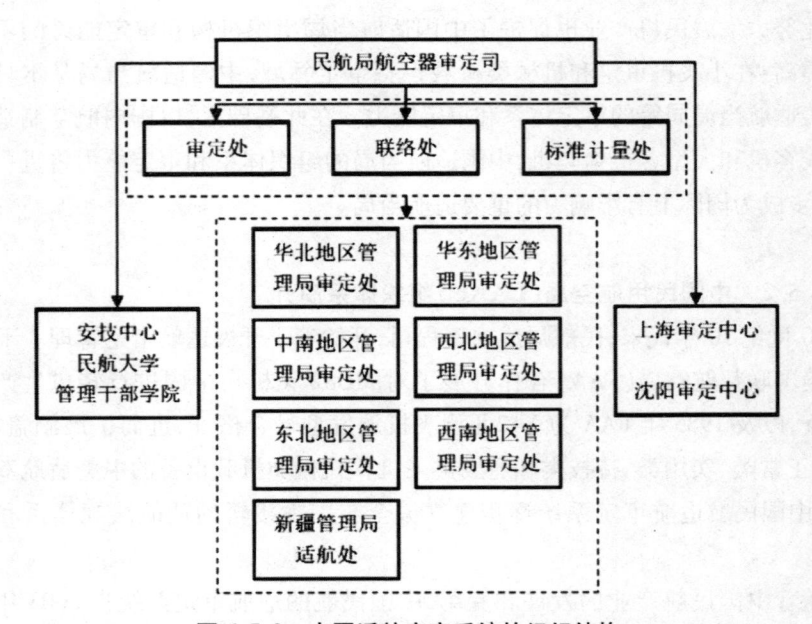

图 6.5.2 中国适航审定系统的组织结构

### 6.5.3 中国适航组织体系(CAAC)法规体系

CAAC 的适航审定系统组织体系是以地区管理局适航审定处为基础,以各中心的专业化审定队伍为支撑,立体交叉的矩阵式组织框架。其中,适航审定中心已发展成为适航审定的核心执行机构。

CAAC 的适航法规体系分为四层,从法律地位上来说,第一层《中华人民共和国航空法》属于国家法律,是从事民用航空活动的最高文件;第二层是国务院颁发的《中华人民共和国民用航空器适航审定管理条例》和《中华人民共和国民用航空器国籍登记条例》,属于行政法规;第三层是民航局适航规章;第四层是指导开展适航工作的指南性文件。前三层是法律法规性文件,第四层没有法律效力,仅是指导开展适航工作的指南性文件。如图 6.5.3 所示。

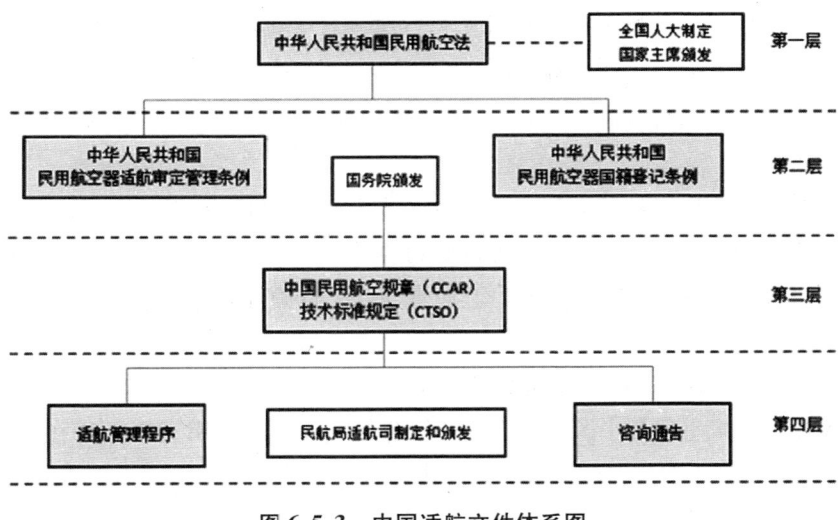

图 6.5.3 中国适航文件体系图

### 6.5.4 中国商飞公司适航管理体系

中国商飞公司的适航管理体系依据中国适航当局的要求,结合公司实际而建,将组织框架分为总部和成员单位两级,成员单位的适航职能部门在业务上均接受总部适航管理部的领导,通过供应商的适航管理部门将适航职责予以延伸。总部适航管理部负责本公司的型号适航取证、生产许可取证、持续适航和其他有关的适航工作,是中国商飞公司对内和对外协调适航事务的唯一接口单位,并直接向中国商飞公司总经理负责,建立向其报告的工作程序,下设适航技术标准处、项目适航处、适航体系管理处及持续适航处,如图 6.5.4 所示。

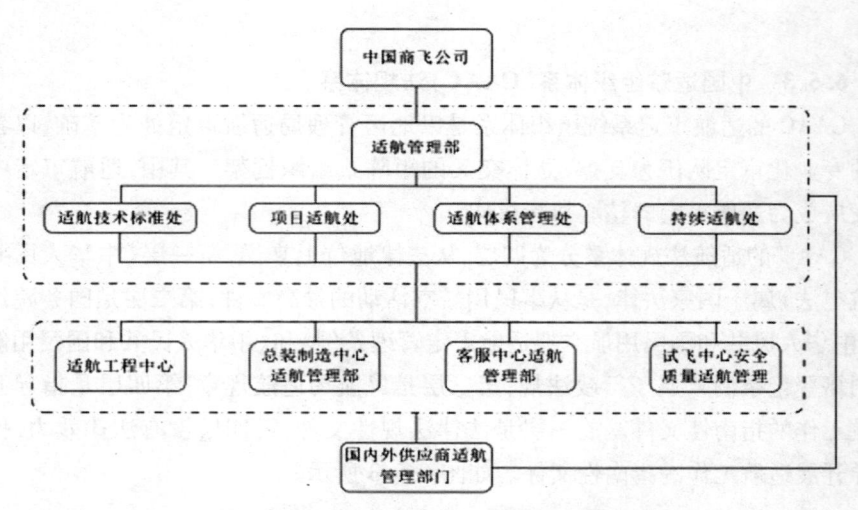

图 6.5.4 中国商飞公司适航管理组织体系

中国商飞公司根据适航规章的要求建立了委任代表管理体系，委任代表由适航管理部门提名，经培训合格后推荐给中国民航局航空器适航审定司，由适航司正式批准。

在最新的中国民航适航规章中增加了有关设计保证系统的审查要求，据此，中国商飞公司在国内首次建立了民机研制的设计保证系统，并编制了设计保证手册，详细阐述了中国商飞公司的机构、职责、程序、资源等对于规章的符合性。

### 6.5.5 ARJ21-700 的适航取证历程

ARJ21 飞机不仅是中国第一次生产符合国际标准的民用飞机，也是中国民航总局（CAAC）第一次按照国际标准对民机进行适航认证。ARJ21 飞机适航取证的历程如表 6.5.1 所示。

表 6.5.1 ARJ21 飞机适航取证历程

| 年月 | 适航取证内容 |
| --- | --- |
| 2010 年 1 月 | 按照适航条款进行的第一项验证项目——高寒地面试验和高寒飞行试验获得成功 |
| 2010 年 6 月 | ARJ21-700 飞机全机稳定俯仰（2.5G）情况极限载荷静力试验在西安阎良圆满完成 |
| 2010 年 8 月 | 103 架机在海南顺利完成高温高湿环境下的试验试飞 |
| 2011 年 4 月 | 101 架机取证前静力试验任务顺利完成。这是我国第一次满足了 CCAR-25 部适航要求的一次完整的静力试验 |

续表

| 年月 | 适航取证内容 |
|---|---|
| 2011年8月 | 颤振试飞任务圆满完成,通过了中国民航局和美国联邦航空局的联合审查 |
| 2012年2月 | 首次局方审定试飞在西安举行 |
| 2012年3月 | 104架机转场乌鲁木齐进行自然结冰试验试飞 |
| 2012年5月 | 104架机转场乌鲁木齐进行自然结冰试验试飞 |
| 2012年7月 | 在上海进行高温高湿局方审定试飞 |
| 2013年3月 | 103架机完成前起应急攻关研发试飞 |
| 2013年4月 | 102架机转场嘉峪关完成大侧风试飞 |
| 2013年5月 | 103架机转场银川完成航电系统试飞 |
| 2013年6月 | 102架机转场格尔木完成高原试飞 |
| 2013年7月 | 103架机转场长沙完成高温高湿试飞 |
| 2014年1月 | 103架机转场海拉尔完成高寒试飞 |
| 2014年4月 | 在北美圆满完成自然结冰试验试飞后返回阎良 |
| 2014年9月 | 104架机在成都完成最小飞行机组试飞后返回阎良 |
| 2014年10月 | 103架机完成全机排液试验 |
| 2014年12月 | 105架机完成功能和可靠性试飞,该款飞机适航取证前全部试飞任务全部完成,当月月底获得中国民航局型号合格证 |
| 2015年9月 | 完成了为期半年的航线演示飞行 |
| 2015年11月 | 通过T5测试,标志着ARJ21飞机的训练大纲、手册、培训体系以及程序通过局方审定,AEG评审项目已全部通过 |
| 2016年12月 | 获得了首个国外(刚果)适航当局颁发的型号接受证 |
| 2017年2月 | ARJ21飞机顺利完成全球首次C检 |
| 2018年3月 | 圆满完成冰岛大侧风试飞任务,标志着ARJ21—700具备适航规章要求的全部气象条件下的安全运营能力 |

由表6.5.1看出,从2010年1月按照适航条款进行的第一项验证项目——高寒地面试验和高寒飞行试验获得成功开始,直至2018年3月,ARJ21飞机完成了一系列相关的飞行测试,但是仅获得了中国民航局型号合格证与刚果适航当局的型号合格证。根据官网的资料,直至2019年10月,并未取得任何与适航认证相关的突破性进展。而此时距离开始进行适航取证已过去了十年多,可见ARJ21飞机适航道路之艰难。

作为中国民航第一次依照国际标准从设计开始就按照《运输类飞机适航标准(CCAR-25-R3)》("25部")进行的适航审定项目,ARJ21-700的适航过程将为国产干线大飞机的适航取证积累经验。民机要进入国际市场,必须获得相应国家的型号合格证。目前,中国已与18个国家签订了123份双边适航协议。但与美国的双边协议并不对等:美国审定完的飞机,中国可以通过认可接受;然而中国审定完成的,美国并不接受。而在ARJ21-700的认证过程中,美国联邦航空总局(FAA)都作为旁观者进行"影子审查",这是美国与其他国家建立或者拓展航空安全双边协议(BASA)的一个必要步骤,其宗旨是在今后的CCAR-25部运输类飞机型号审定过程中,尽可能减少重复性工作。若ARJ21-700审查过程获得FAA认可,中国民航总局的适航审核即可直接获得FAA认可。此外,中国商飞专门成立了适航工程中心,该中心不仅从事ARJ21的适航认证工作,同时也承担C919的适航工作,以便将ARJ21-700适航认证的许多技术和方法成功地应用于C919的取证。

### 6.5.6 C919客机的适航现状

C919大型客机的适航工作,从2008年开始项目论证时就已启动,以确保将适航要求纳入设计准则、贯穿于飞机研制的每一个阶段和各个方面。C919大型客机适航取证历程如表6.5.2所示。

**表6.5.2 C919大型客机适航取证历程**

| 年月 | 适航取证内容 |
| --- | --- |
| 2011年4月 | C919大型客机首次型号合格审定委员会会议在上海召开,C919飞机研制全面进入正式适航审查阶段 |
| 2011年12月 | C919大型客机项目通过国家级初步设计评审,转入详细设计阶段 |
| 2012年12月 | 历时19个月的C919飞机七大部件之一的复合材料后机身部段强度研究静力疲劳试验项目全部完成 |
| 2013年12月 | C919飞机铁鸟试验台在中国商飞上飞院正式投用,C919项目系统验证工作正式启动 |
| 2016年4月 | C919大型客机全机静力试验正式启动 |
| 2017年4月 | C919大型客机完成高速滑行前轮试验 |
| 2017年5月 | C919大型客机101架机在上海圆满首飞 |
| 2017年11月 | C919飞机101架机成功从上海转场西安阎良,正式开展后续试飞取证试验工作 |
| 2017年12月 | C919飞机102架机在上海浦东国际机场完成首次飞行 |
| 2018年3月 | C919飞机102架机顺利完成第5次试飞 |
| 2018年6月 | C919完成全机静力试验首个极限载荷工况 |

续表

| 年月 | 适航取证内容 |
|---|---|
| 2018 年 7 月 | C919 大型客机 102 架机转场东营试飞基地。同日,C919 大型客机完成 2.5g 极限载荷静力试验 |
| 2018 年 12 月 | C919 飞机 103 架机在上海浦东国际机场完成首次飞行 |
| 2019 年 8 月 | C919 大型客机 104 架机完成首次试验飞行 |
| 2019 年 10 月 | C919 大型客机 105 架机完成首次试验飞行 |

在民航局的适航审定工作过程中,C919 确定了需要符合的适航标准,制定了 6 份审定计划,规划了 4000 余份用于符合特定适航标准的技术报告计划和近 1500 项的试验验证计划。截至 2018 年底,民航局 C919 的型号合格审查工作已经完成了近 300 项的验证试验的试验目击审查,批准了 500 余份的试验大纲和 20 余份试验报告。审查组计划完成包括审定试飞在内的证明飞机设计符合适航要求的大量技术审查工作,目前 C919 的适航审定工作还有不少技术难题需要攻克,例如,符合材料结构的验证、电传操作飞行控制率的验证、综合航电系统验证等。

### 6.5.7 借鉴与启示

适航体系的发展,不仅能为今后大飞机制造取得国内的适航证提供便捷性,而且可为获得国际适航证提供坚实的基础。国内外客机适航认证的发展历程及经验对我国大型飞机适航体系的建设与发展具有较强的参考、借鉴意义。

1. 加强民用飞机的飞行实践

国外一些先进的民用飞机制造商积累了丰富的飞行实践数据,形成了一套完整的适航管理程序和过程。可以借鉴国际经验并结合我国民用飞机研制的实际条件,加强民用飞机的飞行实践,针对民用航空飞机的发展对适航操作制定具体的实施细则,完善民用飞机适航标准、法规建设,从发展的战略角度,合理制定适航管理程序,满足民航适航管理的要求。

2. 提高民用飞机适航管理水平

保证民用飞机适航不仅是民航部门的责任,而且与民用飞机设计、制造部门密切相关,需要双方的共同努力,不断提高民用飞机的安全性能。从民用飞机发展实践来分析,不断提高民用飞机的适航管理水平,可促进适航管理部门的发展,实现民用飞机的适航认证、指导和民航监管,最终达到持续稳定的安全。

3. 完善适航管理认证框架

飞机的适航性是飞机的固有性质,集中体现了飞机各种设计技术的安全性能,并通过合规的生产可以充分地体现。要求在飞机研制的管理力度上,严格按照有关适航要求,建立和完善组织认证系统和框架,基于适航管理信息平台服务制度体系,逐步完善适航管理认证系统,以便确保飞机研制的高效、高质量、稳定性。

4. 突破标准制定的瓶颈

适航标准是长期经验的积累,是吸取了飞行事故的教训,经过反复的验证和论证并公开征求公众意见制定的,纵观FAA和EASA两家适航当局,它们能够在世界上有最大的发言权,其优势在于其拥有世界上最先进、最完善的适航标准,并具有高度的国际化。因此,若要在国际上拥有更多的话语权,必须注重标准的国际化,积极开展与国外先进适航当局的交流与合作,了解和掌握国际上适航法规及标准的最新动态,突破标准制定的瓶颈。

5. 深度推进大飞机关键技术的研究与成果转化

目前中国国产大型客机大部分的机载电子设备、发动机均来源于国外知名大飞机部件供应商,在获取适航认证的时候国际适航认证组织较为认可,然而在未来中国自己的大飞机必将实现大部分核心部件的国产化,届时势必会遭遇更大的适航认证挑战。又如飞机制造所用的复合材料,对飞机的整体性能提升具有重大作用,目前C919整个飞机所使用的复合材料比例仅12%,远低于波音、空客的水平。CR929飞机拟将复合材料的使用比例提升至51%,这对于技术突破将是一个巨大的挑战。促进企业、科研所、大学间的深度合作,协力突破大飞机关键技术的研发与转化,开发出满足适航要求又具有中国特色的机载设备等,打破技术壁垒,进一步通过严谨科学的试验方法验证技术的可靠性,为国际适航取证奠定坚实的基础。

6. 培养适航管理相关领域的复合型人才

大飞机各项技术的突破离不开相关的人才队伍,过程、工具、人员是适航工作不可或缺的要素。适航标准虽然强调的是过程控制,但其中隐含着许多对适航管理人员能力的要求。适航是基于需求的系统工程,许多适航要求的符合性需要通过高质量的需求和设计过程来体现,如果适航管理人员不具备需求开发、设计以及验证(评审、分析、测试等)等相关领域的知识、能力,就无法满足相关目标的要求。当前我国适航技术专业人才的缺乏是制约我国航空产业发展的瓶颈,这一现状不可能通过培训等方式在短期内解决,需要较长时间的工程积累,培养具有良好的适航管理专业素质和审定技术的高层次复合型人才已成为迫在眉睫的工作。

7. 创造良好的外交政治环境

大飞机的适航取证是技术难关,更是政治难关。欧美的波音和空客垄断着全球90%的民用市场份额。然而,位于德国科隆的欧洲航空安全局(EASA)和位于美国华盛顿的美国航空管理局(FAA)却垄断了近乎100%的世界飞机适航认证,适航认证已经成为美国和欧洲的航空霸权象征。因此,这两家公司创造的利润是无比巨大的,也就造成了其对于所在国的战略意义重大。就美国波音公司而言,它是美国国会、美国总统竞选活动中主要的资金"赞助"者,它在深刻影响着美国统治阶层的部分决策。在政治上创造良好的条件,是中国国产大飞机能够取得国际适航证的又一关键所在。

## 6.6 本章小结

适航证也叫作适航证书,飞机制造商的新机型若要在全球市场上投放,除了需要得到欧洲航空安全局(EASA)和美国航空管理局(FAA)的适航证外,还需要获得进口国家相关监管部门的证明。这是由波音、空客两家公司在全球民航客机的垄断地位所决定的,也是目前国际的通用标准之一。目前我国大飞机适航体系相对于波音、空客还不够完善,关键技术的掌握相对落后,国产大型客机大部分的机载电子设备、发动机均来源于国外知名大飞机部件供应商,这些部件在获取适航认证的时候国际适航认证组织较为认可,随着我国客机研制能力的增强,必将实现大部分核心部件的国产化,届时将会遭遇更大的适航认证挑战。飞机制造所用的复合材料,对飞机的整体性能提升具有重大作用,目前C919整个飞机所使用的复合材料比例仅占12%,远低于波音、空客的水平,正在研制的CR929飞机拟将复合材料的使用比例提升至51%,此类技术的突破及取得国际适航认证也将是一个巨大的挑战。中国民用飞机的适航管理研究需要结合我国民用飞机的具体现状,科学合理地建立和完善民用飞机适航管理体系,从法律法规、管理系统和文档系统等方面,为民用飞机的发展提供有利的条件,并通过实践训练提高民用飞机适航人员的管理和服务水平,进而提升民用飞机的适航管理水平。

## 思考题

1. 简述客机协同研制的质量管理。
2. 美国适航体系与欧盟适航体系对中国适航体系的建立有哪些借鉴意义?
3. 中国民机获得美国(欧盟)适航认证的难度表现在哪些方面?
4. 对中国客机取得国际适航证你还有哪些好的建议?

# 第七章 大型客机协同研制的虚拟产业集群

传统的产业集群主要指地理上的集聚,一般指在一定的区域内,相同或相关产业的企业所产生的集聚现象以及产业链上下游不同类型企业的集聚、位于产业链上下游不同类型企业之间的合作。随着信息技术发展的突飞猛进,由于基于"地理集聚"的传统产业集群受到地理资源等限制,虚拟产业集群的概念应运而生。本章大型客机协同研制的虚拟产业集群模式是指以航空工业制造企业为核心,以现代先进的通信技术与网络技术为依托,通过相应的合作管理平台,连接地理分散的供应商企业,使得相关协同研制能够共同聚集在虚拟空间上运营。

## 7.1 国际大型客机协同研制的组织管理模式演化

大型客机是当今世界工艺最复杂、技术含量最高的产品之一,被誉为"工业之花",在20世纪70年代以前,世界民用客机市场被美国牢牢把持,当时的三大客机制造公司——波音公司、洛克希德飞机公司和麦克唐纳·道格拉斯公司,特别是波音公司,被公认为是美国最优秀和最受赞扬的公司之一。空中客车是1970年由欧洲四国联合组建的,目的是应对来自美国的威胁,发展欧洲的航空工业。经历了数十年的发展,目前能进入国际市场的大型客机制造商只有波音和空客两家公司。

### 7.1.1 波音飞机的组织管理模式演化历程及趋势

波音飞机研制的组织管理模式演化过程中,共经历了三个阶段:早期的"金字塔"管理模式,中期的"扁平化"管理模式,以及后期的"网络化"管理模式。

1. "金字塔"的组织管理模式

在发展早期,波音通过"金字塔"的管理模式生产飞机,如图 7.1.1 所示。从设计、零部件制造到总机组装,绝大部分工作都由波音独立完成。公司冗员过多、组织机构的运转效率不高直接影响了信息的快速流动,从而降低了飞机研制的效率。20 世纪 50 年代,波音 707 只有大约 2% 的零部件是在外国生产的,波音的合作者们和供应商没有加入研发团队,直到最后阶段才会参与细节的设计。

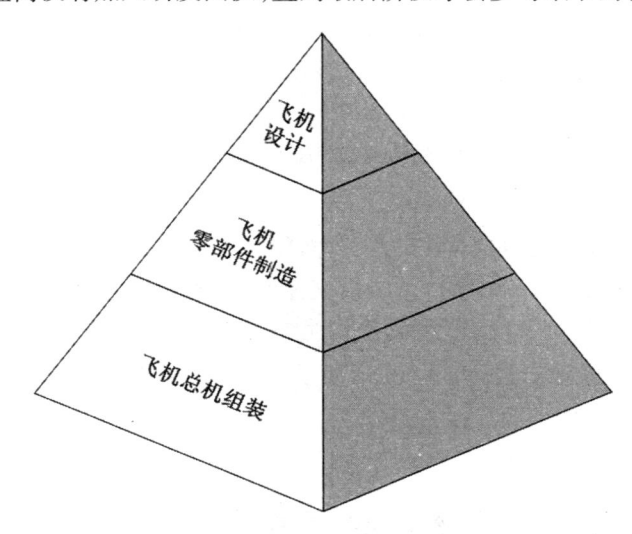

图 7.1.1　波音公司早期的"金字塔"组织管理模式

2."扁平化"的组织管理模式

在发展中期,波音慢慢将自己从复杂的生产环节中局部解放出来,转变为如图 7.1.2 所示的"扁平化"组织管理模式,开始把一些不重要、替代性强的零部件交给供应商去做,如此便减少了管理的层级,自己则将精力大多放在"整机设计"和"关键环节的控制"上,担任一个"中央集权"的角色。

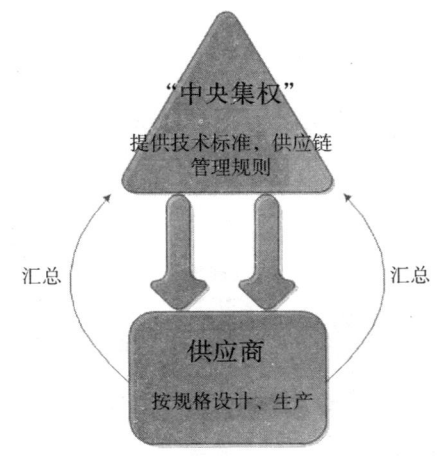

图 7.1.2　波音公司中期的"扁平化"管理模式

波音的做法是"集中控制",即将一整套"技术标准"和"供应链管理规则"作为自己与供应商合作的桥梁。在这种模式下,波音给供应商列出条条框框,比如波音777给电子部件供应商的规则说明书就多达2500页,其中针对每个部件都给出了精确的要求和详细的说明。在"扁平化"的管理模式下,供应商是被动的,他们未能参与早期"设计"和"预生产"环节,只是按规格设计、生产,最后汇总到波音。但是,在汇总的过程中,零部件的反馈过程之长,足以错过任何商机,也增加了成本。事实上,供应商比波音更了解生产的细节,因此,供应商理应拥有一定的话语权。

3. "网络化"的组织管理模式

在市场全球化和竞争全球化的趋势下,波音又将自己从"集权者"的角色中释放出来,让"供应商"在一个平台上相互交流和协作,自己则承担起"平台的维护者、监督者、推动者和支持者"的角色。波音公司设计一套全新的组织管理模式——"网络化"管理模式,如图7.1.3所示,用以研制波音787,全球的供应商都参与到研制的过程中。

图7.1.3 波音公司后期的"网络化"管理模式

在这样的组织管理模式下,"与供应商的协调合作"才是第一位的,而并非早期被波音当作"绝密文件"的技术。波音和达索系统公司共同创造了一个名为"全球协作环境"的实时协作系统,就是波音公司创建的"网络",在这个网络上,除了部分非常尖端的技术外,所有技术资料和数据都是不加密的,全球各地的合作伙伴可以在任何时间、地点,对设计图进行访问、检阅和修订,可以即时、有效地沟通。

波音787的设计,由日本、俄罗斯、意大利和美国的"设计伙伴"共同完成。他们会得到一份新机型的主设计图,图上注明了相关的设计要求。例如,什么地方应该焊接着陆装置,机翼折叠后有多大空间等。在设计飞机之前,波音还会邀请航空公司客户(包括飞行员、乘务员等)提供相关数据,整理后转交给设计伙伴。完工的设计,被保存在达索系统公司的另一系统——协同技术(Enovia)上。在波音787研制的管理过程中,供应商得到的规则说明书只有20页,与波音777的2500页说明书相比,无疑是一个质的飞跃。

波音飞机研制的组织管理模式由"金字塔"演变为"扁平化",再进一步演化至"网络化"模式的过程中,逐渐改变了自己与"利益相关者"(即供应商)之间的"交易结构",不仅将开发和制造成本分摊给其全球各地的供应商,同时这些供应商的深入参与,也有利于波音在他们所在的国家和地区获得飞机订单。得益于"网络化"组织管理模式,波音的收获不仅仅在于提升生产效率、削减制造成本,更是推动了波音飞机在全球的销售。如今,波音不再是一家单纯的飞机生产商,还是一家高端的系统集成商。

尽管现在实时技术的运用看似让人们的交流更加便捷,但事实是工人之间的交往越来越疏远。对于阻碍协同工作的"距离",可以通过一个包括11大要素的指标体系进行评分。其中3个要素与"实际"或"现实"距离有关,包括不同公司之间在地理距离、地区差异、组织结构方面的差异。其他8大要素为软要素,包括文化差异、社会要素、人际关系和工作历史、目标和角色的依存度、技术技能、多重任务的数量、工作小组的规模、面对面交流相对电话和视频交流等的融合程度。语言差异和地域差异确实是沟通交流的一大问题,但远不及工作方式和职业规范的差异。工作小组的虚拟风险得分越高,就越容易失败,项目领导力的有效程度就越低,创新能力就越不足。因此,了解存在的隔阂仅仅是一个开始,如何让波音公司在消除协同工作"距离"的问题上采取相关应对措施,将是一个关键,同时也是下一个阶段波音公司组织管理模式发展的新趋势。

### 7.1.2 空客飞机协同研制的组织管理模式演化历程及其趋势

空客飞机研制的组织管理模式演化历程主要分为两个阶段：经济利益体阶段（1970—2000年）、一体化阶段（2001年至今），如图7.1.4所示。

```
┌─────────────────────────────────────────┬──────────────────────────┐
│   经济利益体阶段（1970—2000年）         │  一体化阶段（2001年至今）│
│                                         │  "Power8"计划（2006年）  │
└─────────────────────────────────────────┴──────────────────────────┘
  1970年                                    2001年
```

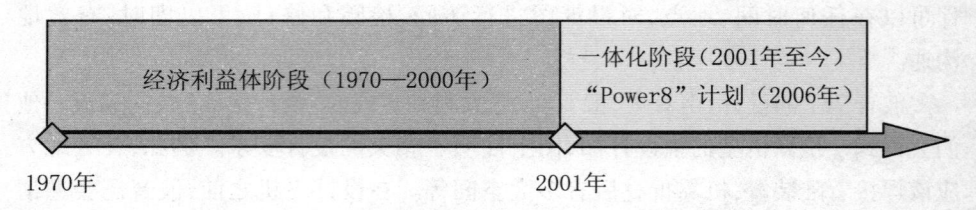

**图7.1.4 空客组织管理模式的演化历程**

1. 经济利益集团的组织管理模式

在成立初期的经济利益体阶段，空客采用经济利益集团（Economic Interest Groups, GIE）的组织管理模式。空客的4家成员公司在经济上相当于"股东"，他们并不直接向空客投资，但却按比例完成工作任务和享有权利，同时对空客的债务也承担责任，他们在生产上为"伙伴"关系，对被分配的任务各自负责。4家的股份和分工比例分别为法国37.9%、德国37.9%、英国20%、西班牙4.2%。各成员公司应按其所占股比从空客获得收益，然而空客成立后前30年并没有盈利。在"经济利益联合体"阶段的空客，各成员公司之间的关系更大程度上应看作是风险合作伙伴关系，在其初创阶段，设在法国图卢兹的空客总部是飞机型号合格证（TC）的持有者，作为公司法人独立面对航空公司和适航当局，承担相应的法律责任和社会义务，四家伙伴公司按照承担工作任务的需要，划出本公司"资产"（包括固定资产、员工等）的一部分来参与空客开展的业务，但这部分"资产"仍隶属于各成员公司，这种组织管理模式不会影响各成员公司本身的主营业务。特别是在开发全新飞机型号时，在项目前景明朗前有利于降低成员公司的风险，这也是在市场经济高度发达的背景下，开发重大项目初始阶段时在组织管理模式上的必然选择。空客的组织管理结构如图7.1.5所示。其中，监管委员会是控制总方针政策和作出重大决策的最高层，由4家成员公司各派一名代表以及他们推选的一名主席共5人组成；执行委员会是控制空客各种项目和执行监管委员会决定的机构，由7名成员组成，每家成员公司各一名，并设管理总监、财务总监和首席运营官各一名，由管理总监任委员会主席，他授权首席运营官负责日常工作；工程部等6个部门是空客具体工作的实施机构，每个部门均由一名高级副总裁负责，工程高级副总裁即为空客设计部的负责人。

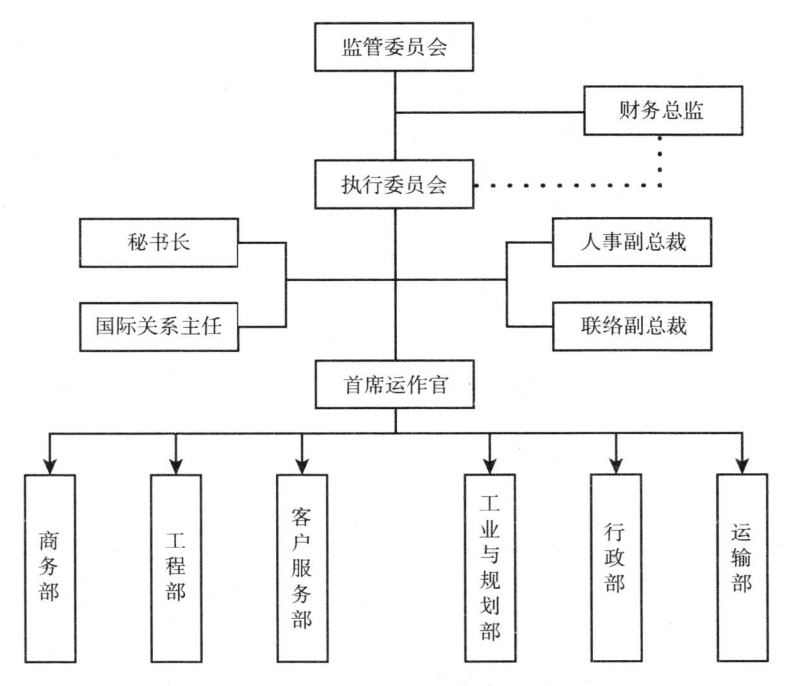

图 7.1.5　空客经济利益体阶段组织管理结构

由图 7.1.5 可以看出，空客在经济利益体阶段采用的是矩阵式的组织管理结构，这种结构是以产品线为纵轴、区域机构为横轴的交叉组织管理模式，是多产品线、跨区域或跨国企业经营的基本模式。矩阵式组织管理结构具有灵活、高效、便于资源共享和组织内部沟通等优势，可以适应多元化产品、分散市场以及分权管理等复杂条件。在矩阵组织中，强调区域本地化及产品业务垂直化，各地分公司和产品线经理都可以更好地了解客户需求，提供差异化的产品及服务，从而赢得更多订单和市场。

历经 30 多年的努力，空客产品在民机市场上的份额不断增长，市场需求的不断拉动，促使空客必须提高生产效率，加快新项目的开发，以及时响应市场需求。而此时"经济利益联合体"的组织模式，导致四家伙伴公司的业务过于分散，各成员公司在投资计划、技术发展、投入战略、基础研究、信息系统、转包政策、客户服务及采购等方面存在差异，缺乏统一性和协调性，无法高效应对急剧增长的市场需求。这种项目初期行之有效的组织形式已经开始制约空客的进一步发展，进而要求空客的组织管理模式必须进行变革。

2. 一体化的股份公司组织管理模式

2001 年 7 月 12 日进入一体化阶段，空中客车完成了从一个经济利益联合体集团到一体化的股份公司的转变,80%的股份由欧洲宇航防务集团(EDAS)控制,20%的股份由英国宇航(BAE)系统公司控制,一体化之后的空客下辖4个国家级(实体)运营公司,即空客法国公司、空客西班牙公司、空客德国公司、空客英国公司。2006年下半年,BAE出于发展战略考虑,将其所持有的20%股份转让给EADS,这样空客公司就成为EADS的独资公司。在经济利益联合体集团体制中,空中客车的转包合同都是各伙伴公司根据本国的利益选择转包商。一体化的空中客车公司通过基于欧洲的新全球发展战略和风险共担的方式,迅速发展成为一个真正意义上的全球化企业。一体化最明显的成果是:空客变成了一个整体的集中管理公司,空客的中央实体履行公司级的管理职责,推动整个空客公司改变旧的习惯和各自持有的工作方式,接受空客公司通用的企业文化,在统一制度体系下工作。

一体化之后,空客设立了股东委员会,下设财务、审计、薪酬、转包、市场协调分委员会,负责对公司执行委员会进行领导和监督,并对公司重大事项进行决策。执行委员会是公司的核心经营班子,下设财务、项目、运营、采购、风险管理分委员会,执行委员会实行例会制,其成员组成一般包括:总裁和首席执行官、项目执行副总裁、运营执行副总裁、优良中心执行副总裁、客户事务执行副总裁、人力资源执行副总裁、财务执行副总裁和采购执行副总裁。如图7.1.6所示。

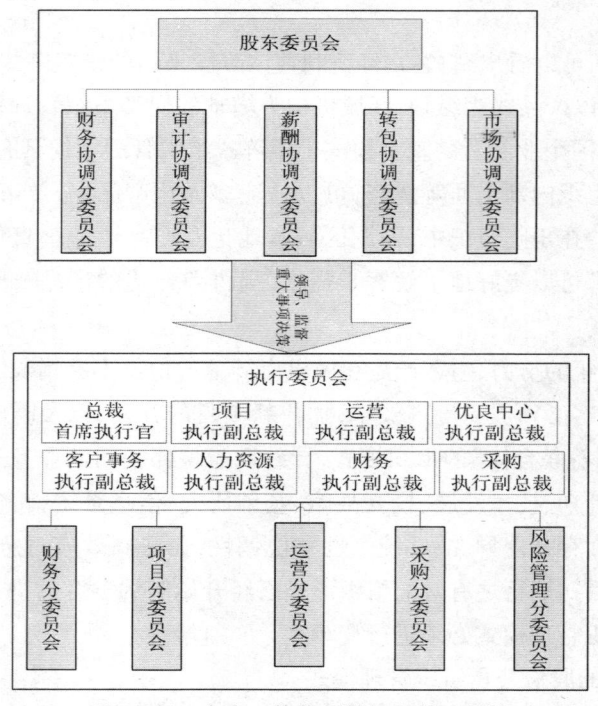

图 7.1.6 空客一体化后的组织管理结构

为深入推进一体化进程,重塑公司组织管理结构,强化现场授权,空客在2004年推行了以交付为中心的又一轮变革,这轮变革的亮点在于优良中心的创建,从而使空客的管理构成简化为"项目部""优良中心"和"核心职能部"三个板块,如图7.1.7所示。

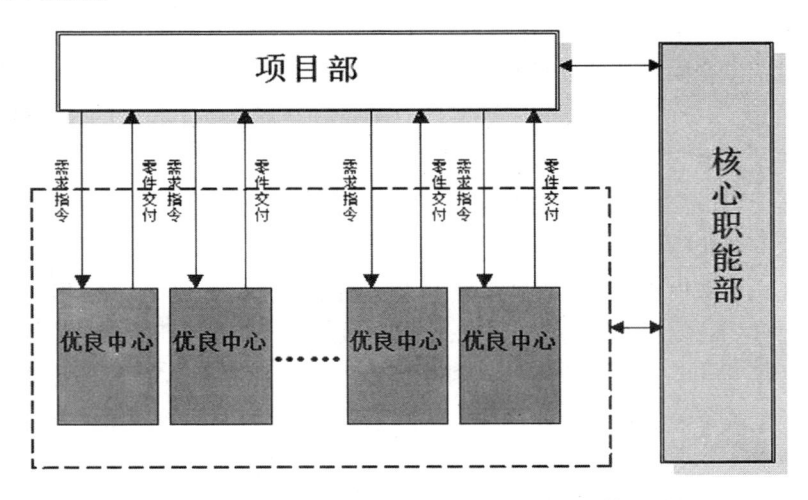

图 7.1.7　2004 年空客"以交付为中心"的组织管理结构

"项目部"负责设定所有项目的任务目标。通过项目开发责任人(开发阶段)和总装线责任人(系列生产阶段),向优良中心和总装线发出需求指令,这些指令从整机层面给出,包括产品定义、项目计划和质量等要素,这些要素明确地描述了客户的需求以及空客的获利预期。简而言之,项目部具体负责项目的开发、总装和交付,是空客运行的心脏。

"优良中心"负责飞机主要部件的综合集成。它是飞机主要部件(如机翼、垂尾等)集成的专业化中心,负责其详细设计、制造、采购和保障,并向总装线交付。

"核心职能部"负责制定空客内部的制度,包括政策、标准、权限和控制等方面,确保各个优良中心之间协调一致,同时担负着优良中心责任范围之外的诸多运营职责。核心职能部门涵盖了人力资源、财务、审计、核心工程、法律、采购、质量、客户服务、信息系统和政府关系等方面的职能,如同空客公司的大脑。

三大板块的管理运作通过项目贯穿到各国分公司,优良中心分布在四个国家的分公司,直接从项目获得任务,各国分公司在法律、财务和社会义务等方面为优良中心提供现场支持和服务,更大程度扮演"保障"的角色,各国分公司的领导人则扮演"空客驻所在国大使"的角色。这种组织变革强化了空客对全公司的集权管理,提高了管理的效率,推动了空客的"一体化"进程。

空客通过一体化的组织结构变革，形成了全新的网络化组织管理模式，这种组织架构是利用现代信息技术手段适应与发展起来的一种新型的组织机构，是一个有机性、扁平化的组织形式，层级较少而功能较专精，各种内部作业整合成任务小组式的单位，随时可以独立出去单独作业，也随时能够为了新的商机而将新的功能小组整合进组织内，共同执行新的任务。在网络型组织结构中，中心组织依靠其他组织以合同为基础进行制造、分销、营销或其他关键业务的经营活动的结构，组织的大部分职能从组织外"购买"，这给管理当局提供了高度的灵活性，并使组织集中精力做它们最擅长的事。

空客公司以交付为中心的组织变革中非常重要的一环就是在各国分公司建立了多个专业化的优良中心：机翼，英国的布莱顿、菲尔顿；前、后机身，德国的汉堡、诺丁汉、不来梅、瓦雷尔；机头和中机身，法国的图卢兹、圣·纳泽尔、南特、米尔特；垂直尾翼，德国的施塔德、汉堡；水平尾翼和A380的腹部整流罩，西班牙的赫塔费、伊勒斯卡、普爱托·里尔。创立优良中心的前提是尊重空客发展历程中形成于各个国家分公司的专业优势，实质是在空客内部进行专业化整合，目的在于弱化空客4个国家分公司的经营职能，集中各类专业技术和人才，实现空客内部的专业分工，增强空客各实体的专业依存度，减少大规模异地专业调整和人员调动带来的巨额成本。

一体化的推进实施需要时间来磨合，在这种多国背景之下的实施更需要耐心。A380项目三次推迟交付时间，据报道其主要原因是不同国家分公司使用的软件版本不同，其实质是空客一体化进程跟不上发展速度所造成的"同步"失误。空客高层2006年频繁更迭，导致2004年启动的以创建交付为中心的组织变革并未全面完成，这种人事变更对空客一体化进程造成了极大的破坏。2006年底，空客开始推进"Power8"重构计划，这个计划应该理解成空客一体化进程的继续和深化，可以看作是一体化进程的加速器。

"Power8"计划所要打造的是更加高度一体化的"新空客"，实施该计划将使空客有能力应对目前美元疲软的严峻挑战和不断增加的竞争压力，也将使空客有能力解决由于A380飞机推迟交付带来的财政困难，并满足未来其他项目的投资需要。"Power8"计划提出了强有力的节约成本的措施，旨在改变空客的商业模式，发展全球合作伙伴网络，并使空客能把各种资源集中于公司的核心业务上，更好地提高生产效率。"Power8"计划的主要内容包括以下11个方面。

（1）更简洁和节省成本的管理，重点是通过削减公司员工人数降低成本。

（2）更短的开发周期。旨在将新飞机的研发周期从7年半缩短到6年，并和风险合作伙伴建立一个富有活力的研发流程，以确保缩短研发周期，保证产品投入运营时的成熟性,这一措施的另一目标是将公司的产品研发能力提高15%。

(3)精益制造。空客将进一步整合生产和相关的研发设计工作,确保所有工厂实施一致的精益生产原则。

(4)精明采购。旨在降低空客的供应成本,包括重新规划和巩固供应链,与空客的一级供应商建立起强大的风险共担合作网络,精减后勤保障中心,把中心数量从80个减少到8个。

(5)实现现金最大化。旨在减少财务运营资金,在公司的所有活动中严格控制现金流。

(6)客户第一。旨在确保客户利益始终是空客的首要考虑。

(7)集中发展公司核心业务。这些业务多是对整机完整性和安全性,或是发展公司的技术和商业特长,以及飞机投入运营后的操作性、可靠性和成熟性至关重要的业务,主要包括:整机和客舱建造,系统整合,主要部件和大型复杂部件的设计、组装、总装、设备配置、客户化,新技术部件的生产。

(8)建立长期的全球合作伙伴关系。空客将重组工业生产结构,与有实力的合作伙伴建立长期合作关系,这一措施将使空客与合作伙伴共同承担研发成本,共享设计研发资源。

(9)整合飞机总装线,提高总装能力。A350宽体飞机将在法国图卢兹进行总装和客舱内饰安装,与当前A330/A340飞机共用总装线,以进一步提升该条总装线的生产能力。为了满足眼下快速增长的A320系列飞机的生产要求,第三条A320系列飞机总装线将在德国汉堡现有的生产设施内建设,并使其拥有总装未来新的空客单通道系列飞机的能力。此外,为了使飞机部件的组装在最合理的地点完成,缩短整个产品生产周期,一部分A320飞机的上游预制部件和A380的客舱内饰工作将从汉堡转移到图卢兹,客舱安装仍将在德国汉堡进行,A380飞机仍将在德国汉堡和法国图卢兹交付。

(10)组建4个跨国专业化优良中心。机身和客舱、机翼和吊挂、机尾、飞机结构,其中飞机结构优良中心还将负责机身段的组装和客舱内饰工作。4个跨国专业优良中心将取代空客现有的8个位于不同国家的专业化优良中心,目的是通过更明确的分工、更快的决策、更简化的工作界面来节省成本,强化对整个公司的领导,实现流水线生产。

(11)与母公司EADS共享服务,也是空客为提高支持流程效率、优化资源和节省开支将采取的措施之一。

"Power8"重组计划是在空客遭遇A380推迟交付、高层管理人员频繁更迭、财务状况恶化等困难情况下推出的一项战略举措,11条措施里边既有强力节约成本的要求,也有集中资源于核心业务的内容,更多的还是理顺空客工作流程的举措,"Power8"是对空客一体化的一种继续和深化。

## 7.2　大型客机的产业集群发展现状

随着经济格局的不断变动,国际竞争日益激烈,制造业全球化和生产外包成为不可逆转的时代趋势。经济全球化下的企业很难再保持单独行动,整个集群内所有企业将共同参与到行业的竞争当中,每个节点企业都将充分利用自己的资源和知识来有效地展现自己的优势。

### 7.2.1　波音飞机协同研制的产业集群

波音公司从 787 项目立项以来,就开展了积极的全球供应链战略,波音 787 的主要海外供应商如表 7.2.1 所示。全球供应链战略的形成标志着波音的虚拟产业集群的完善和成熟,集群企业关系复杂,同时也建立了更为成熟高效的全球协同式信息系统平台。因此从供应商分布的角度来看,波音 787 的这一次尝试,已经将产业布局完全扩大到全球范围,生产外包程度也大幅增加,区域分布也从单一的以美国为主变成多国参与共同研制。

表 7.2.1　波音 787 主要海外供应商

| 供应商名称 | 主要所属国家 | 从事的业务范围 |
| --- | --- | --- |
| 波音制造分部 | 加拿大、澳大利亚 | 垂直尾翼组件、可移动后缘装置、翼身整流罩、内饰 |
| 阿莱尼亚航空航天公司 | 意大利 | 垂直尾翼、机身中段、机身后段 |
| 富士重工、川崎重工、三菱重工、松下、普利司通、亚姆科 | 日本 | 中央翼盒、主起落架轮舱的集成、主起落架轮舱、主机翼固定后缘装置、部分前机身、翼盒、轮胎 |
| 马瑟-道蒂、达索公司、泰利斯公司、拉比纳尔公司、梅西埃-比加蒂公司、拉泰科雷 | 法国 | 起落架、全球协作工具/软件、电传系统、电缆、电动刹车、舱门 |
| 史密斯航空、FR-HiTemp、罗尔斯·罗伊斯、厄尔特拉电子设备控股公司、英国 GKN 航空航天服务公司、伊佩科 | 英国 | 公共核心系统、燃油泵和燃油活门、发动机、机翼防冻系统、驾驶舱座 |

续表

| 供应商名称 | 主要所属国家 | 从事的业务范围 |
|---|---|---|
| 迪尔航空器械公司、PFW | 德国 | 机舱照明设备、Metallic tubing and ducting |
| CTT系统公司(CTT Systems)、萨伯飞机公司 | 瑞典 | 飞机结构、分区干燥系统、各类舱门 |
| 大韩航空公司宇航分部 | 韩国 | 787-8的斜削式小翼 |

资料来源：波音公司官方网站(http://www.boeing.com)

波音飞机的虚拟产业集群具有以下特征。

1. 全球布局范围扩大

当前波音公司扩大了供应商在全球范围内的布局，不再局限于美国本土，并通过业务外包，波音与全球供应商建立长期合作伙伴关系，采用技术共享，以此争取到供应商所在国的市场。在供应商所在国家经常组织一些制造工作，作为对这些国家购买波音飞机的补偿。例如波音787便是这种全球化布局的国际化产物，波音公司本身只负责生产总价格的大约10%——尾翼和最后组装，是波音公司在全球外包生产程度最高的机型，零件供应商遍及全球，形成一个错综复杂的全球供应链，波音全球生产布局主要根据客户和市场的需求而制定。日本生产机翼，意大利和美国等国家生产碳复合材料机身，法国生产起落架。波音公司加强了与中国的供应商之间的合作伙伴关系，中国的沈飞、哈飞与成飞都参与了787的制造，是相应部件的唯一供应商，沈飞负责垂直安定面前缘，哈飞生产飞机前裙板，成飞生产飞机的垂直尾舵。在中国加工波音787飞机的配件可以降低成本，波音更看重中国是世界上增长最快的和最大的飞机市场。

同时，为了共同的利益，波音与竞争对手也会加强合作。波音选择竞争对手的母公司作为自己最新机型的供应商，拥有空客80%股份的欧洲航空防务及航天公司(EADS)在2005年11月成为波音787的供应商之一，EADS生产波音787机尾的隔水壁。另一个空客的关联公司加拿大复合材料大西洋(Composites Atlantic)公司也成为波音787的供应商。能否有能力提供质量最佳且成本最优的产品是波音选择供应商的唯一标准。在客机行业的全球供应链中，只有一小部分公司能胜任飞机制造的外包，很多零部件是某些公司的核心技术，这是全球化的一个必然结果。

2. 复杂产品模块化

当外包程度增加，虚拟产业集群的地理跨度扩大时，集群内的企业供应商关系将会更加复杂,各个部件、各个行业的企业协同并行设计、研发和试制需要更合理的规划。因此波音采取了模块化的生产方式,将同一产品、产品过程的各子模块进行并行设计与生产制造,大幅缩短产品的开发时间,让企业快速响应市场变化。模块化是把产品整个大系统分解成耦合度很弱的若干模块,模块生产的各方从事自己所擅长的工作,各自完成分担的工作。波音作为主集成制造商与"模块"供应商制定产品的分工界面和标准规范。例如波音将 787 飞机机体结构与各主要系统的功能结构进行合理分解,将全机结构分解成多个整体结构功能模块,接着选定不同的"模块"供应商,赋予一级供应商全面的结构设计制造、系统集成任务和责任,波音完成产品最终的总装集成、生产和交付工作。复杂产品模块化就是要利用外部资源进行创新,每个模块的设计和改进在模块设计的过程中都是独立的,这有利于吸引外部的专业人员、设备、资金等投入模块的设计中。同时还可以更好解决产业内复杂产品系统的合理分工和结构功能划分问题。"模块"供应商自行决策,让分布式决策、并行开展设计、研发和生产制造成为可能,降低了企业生产系统管理和控制决策的复杂性,也发挥了企业特色优势,提高了资源重组和驾驭不确定性市场的敏捷竞争能力。

3. 建立全球协同式信息系统

信息技术的支持是虚拟产业集群有条不紊进行的基础。现如今波音已经建立了包括信息搜集、原材料采购、生产、市场营销和客户支持及客户关系管理等环节在内的全球协同式信息系统平台。

波音在 787 项目中实现了与全球合作伙伴的高水平、实时虚拟协同,其根本原因在于采用了全球数字化设计、制造、测试、销售、市场以及交付的协作平台。为了运作这个世界上最复杂的生产线,波音利用先进的数据库系统和管理系统与世界各地的供货商保持密切联系,实现 24 小时设计。在波音公司,信息技术功能远非后台支持,而是协同的驱动器。波音要求所有合作伙伴使用法国达索系统公司(Dassault Systemes)的设计和协同软件交互式 CAD/CAE/CAM 系统(CATIA),飞机的设计工作通过名为"全球协同环境"的在线网站完成,波音公司负责维护该网站。

### 7.2.2 空客飞机协同研制的产业集群

空中客车,是一家集法国、德国、西班牙和英国等 4 家航空制造公司为一体的国际化飞机制造企业。20 世纪 70 年代,空客公司积极围绕 A300 项目依托法国、德国、英国和西班牙等国的航空工业公司进行产业配套,具体包括零部件厂商、发动机厂商、航空机载系统、设备厂商以及这些配套厂商的二次配套承包商,并根据协议和技术专长进行分工。20世纪八九十年代,利用各国自身技术专业特长提供产业链配套,实施协同研制、合理分工,并在各国政府的推动和集聚效应的作用下,吸引其他零部件、机载设备、机场空管设备等生产商,逐步形成空管设备、飞机零部件、发动机零部件、机载设备、航空维修、物流配送、人员培训等七大产业群。空客在此基础上,纵向完善产业链,并不断向价值链上附加值高的环节(研发)转移;同时,横向拓展产业链,向产业链各个环节的相关业务拓展。进入21世纪至今,空客主制造商的专业化程度不断提高,建立了专业化的优良中心,形成独具优势的产业组织结构:整机制造企业集中度高,是寡头垄断;发动机等直接为整机配套的系统供应商相对集中;零部件配套企业数量众多,相对分散。整机制造企业在全球采购飞机系统和部分主要组件,大部分零部件则由主机承包商在国际市场上采购。空客的产业集群具有以下特征。

1. 核心配套集中、零部件分散

空客在欧洲的各工厂和研发中心所在的城市航运交通运输非常便,如图卢兹每天有航班飞往法国和欧洲的主要城市,它有20条国内航线、17条国际航线,同时图卢兹有便利的铁路和海洋运输;汉堡交通十分发达,拥有便利的水陆交通运输条件,世界各地的远洋轮来德国时,都会在汉堡港停泊,其中汉堡港是河、海两用港,欧洲河与海、海与陆联运的重要枢纽,有30多条航线和世界各主要港口联系;不来梅州位于德国北部威悉河入海口处,不来梅港是德国第二大港;南特圣纳扎尔港是继马赛、勒·阿弗尔和敦刻尔克之后的法国的第四大港。

而大型客机的零部件生产一般都分布在好几个国家的工厂,甚至横跨几个大洲。生产好的部件需要运送到分装工厂初步组装,最后才进行总装。而便利的水路铁路和航空交通运输条件,为民机零配件及时运输及民机制造产业发展的供应链物流管理创造了条件,提高民机制造的生产效率。

目前在欧洲以空客公司为首的民机制造业形成了多个民机制造业相关配套产业集群区,如空客的16个研发中心和主要的部件制造厂就是位于以空客总部图卢兹和德国汉堡为中心的航空产业集群带内。空客公司除了整机设计、制造和集成组装外,关键环节技术方面的复杂电子系统和关键部件的飞机发动机均由法国制造或集成制造,这一切形成了以法国图卢兹地区为中心的航空产业群,该航空产业群是法国最大的产业群,并主要有两个特点:第一,航空制造核心企业成为产业集聚的主要推动者。第二,众多子系统承包商集聚于集群区域内。它们的集聚使图卢兹形成了以航空制造业寡头空客公司为龙头带动的完善的产业链,最大限度地提高了生产效率、降低了成本,实现了相关产业的资源共享等一系列好处,增强了空客在民机制造的竞争优势。

## 2. 建立全球协同式信息系统

与波音公司相同,信息技术的支持是虚拟产业集群有条不紊进行的基础,而空客也建立了相应的统一设计软件和平台。空客公司在最新的机型研制中,要求承包的供应商和设计伙伴统一使用达索系统公司的产品生命周期管理(PLM)解决方案软件和 AdaCore 公司的 GNAT Pro 计算机辅助设计软件。这些软件的统一使用以及制定的统一标准,为空客全球虚拟产业集群的协同研制提供了基础和平台。

### 7.2.3 中国客机协同研制的产业集群

中国商用飞机有限责任公司的总部设于上海市,其下辖的六家成员单位中有五家都位于上海市,分别为:中航商用飞机有限公司、上海飞机设计研究院、上海飞机制造有限公司、上海飞机客户服务有限公司、上海航空工业(集团)有限公司。

目前,我国航空工业企业拥有整机制造能力的企业主要有 13 个,零散分布在 11 个省区 13 个市,主要包括辽宁、陕西、江苏、四川、贵州、天津、上海、黑龙江和江西等地区,如表 7.2.2 所示。对于我国航空发动机及部件生产的主要企业,主要分布在包括江苏、辽宁、上海、黑龙江、贵州、湖南等 9 个地区,如表 7.2.3 所示。

表 7.2.2 拥有整机制造能力的航空企业及其分布

| 编号 | 名称 | 主要产品 | 分布地域 |
| --- | --- | --- | --- |
| 1 | 沈阳飞机工业(集团)有限公司 | 多种型号歼击机;民用飞机零部件转包生产;大中型机械、机电产品生产 | 辽宁-沈阳 |
| 2 | 西安飞机工业(集团)有限责任公司 | "飞豹"、轰-6 系列运用飞机;运-7 系列和新舟 60 民用飞机;飞机结构件转包生产 | 陕西-西安 |
| 3 | 陕西飞机工业(集团)有限公司 | 运-8 系列飞机;夹具、模具、刀具、标准件等多项民用产品 | 陕西-汉中 |
| 4 | 成都飞机工业(集团) | 歼-10、歼-20、枭龙等歼击机;波音、空客有限公司等民用飞机零部件转包;还涉及摩托车、磁悬浮列车、汽车模具等 | 四川-成都 |
| 5 | 洪都飞机工业(集团)有限责任公司 | 猎鹰 L15 高级教练机;K8 基础教练机;强-5 飞机;利剑无人作战飞机 | 江西-南昌 |

续表

| 编号 | 名称 | 主要产品 | 分布地域 |
|---|---|---|---|
| 6 | 石家庄飞机工业（集团）有限责任公司 | 运-5B系列飞机；小鹰500飞机；蜻蜓系列超轻型飞机；海鸥300水陆两栖飞机 | 河北-石家庄 |
| 7 | 哈尔滨飞机工业（集团）有限责任公司 | 运-12系列飞机；H425系列民用直升机；直-9系列直升机；EC120直升机；ERJ145支线飞机 | 黑龙江-哈尔滨 |
| 8 | 昌河飞机工业（集团）有限责任公司 | 直-8系列；直-11系列；CA109直升机；S-76C++直升机；S300C直升机；航空零部件转包生产 | 江西-景德镇 |
| 9 | 中国贵州飞机工业有限责任公司 | 歼教7系列飞机；多用途无人机；汽车零部件、医疗器械基础件等 | 贵州-贵阳 |
| 10 | 中国商用飞机有限责任公司 | 运-10大型客机；ARJ21-700支线客机；C919大型客机研制；航空零部件转包生产 | 上海 |
| 11 | 空中客车（天津）总装有限公司 | 空客A320飞机总装 | 天津 |
| 12 | 南京轻型飞机股份有限 | AC500五人座轻型飞机 | 江苏-南京 |
| 13 | 北京科源轻型飞机实业有限公司 | 蓝鹰QD200型多用途系列飞机 | 北京 |

资料来源：根据《中国航空工业要览（2008）》和《中国民用航空工业企事业单位概览（2009）》数据整理。

### 表7.2.3 我国主要航空发动机及部件制造企业的分布

| 编号 | 名称 | 主要产品 | 分布地域 |
|---|---|---|---|
| 1 | 沈阳黎明发动机（集团）有限责任公司 | 航空发动机及其零部件；燃气轮机及其零部件；零部件转包生产 | 辽宁-沈阳 |
| 2 | 成都发动机（集团）有限公司 | WP6和WP13系列航空发动机；美国普惠公司的JT8D、PWA2037、PWA400D系列航空发动机零部件，FT8燃气机及航改燃机 | 四川-成都 |

续表

| 编号 | 名称 | 主要产品 | 分布地域 |
| --- | --- | --- | --- |
| 3 | 贵州黎阳航空发动机公司 | WP7 和 WP13 两大系列共 20 余种型号的涡喷发动机 | 贵州-贵阳 |
| 4 | 哈尔滨东安发动机（集团）有限公司 | 为运-7 飞机配套涡桨 5A1 及涡桨 5E 发动机；直-9 直升机的传动系统；直-8 直升机减速器 | 黑龙江-哈尔滨 |
| 5 | 西安航空发动机（集团）有限公司 | 各种航空发动机的燃油和液压系统及其自动控制装置；中、轻燃气轮机的供油及自动调节装置 | 陕西-西安 |
| 6 | 保定惠阳航空螺旋桨有限责任公司 | 生产 60 余种以航空螺旋桨、调速器、顺桨泵为代表的航空产品和舰船空气螺旋桨；生产直升机旋翼、尾桨等动部件；为各类特种螺旋桨、系列风机、风洞风扇设计制造模具、螺旋桨等 | 河北-保定 |
| 7 | 上海航空发动机制造有限公司 | WS8 型涡扇发动机、3K42 型燃气轮机及各种喷气发动机零部件 | 上海 |
| 8 | 长沙航空工业中南传动机械厂 | 航空精密齿轮、空气压缩机、传动机匣、滑油泵、中小减速器等航空附件 | 湖南-长沙 |
| 9 | 贵州红湖机械厂 | 航空发动机加力可调喷口、扩散器、后机匣、火焰筒等涡轮燃气发动机热端部件制造 | 贵州-安顺 |
| 10 | 常州兰翔机械厂 | WZ6 和 WZ6A 涡轴发动机系列 | 江苏-常州 |

我国的航空产业集聚主要是依靠航空产业基地的建设作为载体，目前，我国已经批准建设了陕西阎良航空高技术产业基地、沈阳国家航空高技术产业基地、成都国家航空高技术产业基地、上海国家航空高技术产业基地、天津航空航天产业集聚区、哈尔滨国家航空高技术产业基地、安顺国家航空高技术产业基地、南昌国家级航空高技术产业基地等 8 个国家级飞机制造业产业基地，其中西安阎良、成都、沈阳等国家航空技术产业基地已经相对成熟；上海、天津、南昌、安顺、哈尔滨等地则处于发展阶段，产业集聚初具规模。

## 7.3 典型大型客机项目的虚拟产业集群分析

虚拟产业集群(Virtual Industrial Cluster)是指在特定领域内具有各自专业知识和特长的企业,可以忽略地理局限,形成产业链上下游,这些企业之间共享市场机遇,并且在集群内部寻找合作伙伴。

尽管大型客机有多种不同的型号,样式上也存在差异,然而所有的客机都必须包含最基本的结构,这是其能够顺利起飞并服务好乘客的基本要求。如图7.3.1所示,大型客机的整体架构大致可分为三部分:机体结构、动力装置、系统与设备。

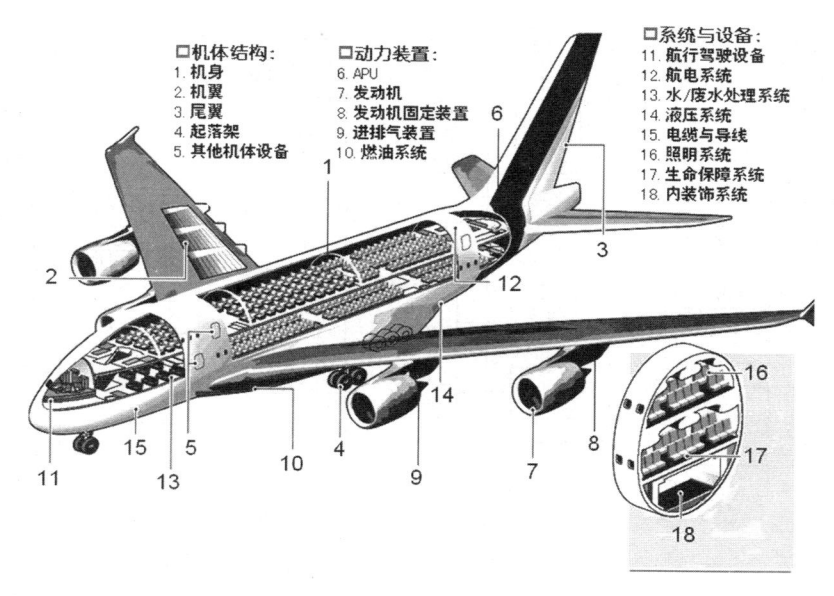

**图 7.3.1 大型客机的整体架构**

(1)机体结构。主要用来装载人员、货物、燃油、武器和机载设备,并通过它将机翼、尾翼、起落架等部件连成一个整体。

(2)动力装置。飞机动力装置是用来产生拉力(螺旋桨飞机)或推力(喷气式飞机),使飞机前进的装置。采用推力矢量的动力装置,还可用来进行机动飞行。

(3)系统与设备。其中航行驾驶设备及航电系统是对飞机飞行中的各种信息、指令和操纵进行测量、处理、传送、显示和控制。机载设备将飞机的各个组成部分连接起来,相当于飞机的大脑、神经和指挥系统。它能帮助飞行员安全、及时、可靠、精确地操纵飞机,自动地完成预定的飞行任务。而其余设备则是用来服务于客机上的乘客。

### 7.3.1 波音 787 项目的虚拟产业集群

以发展成熟期的典型机型波音 787 为例对波音客机的工作包结构及核心供应商的区域分布进行分析。

1. 工作包结构的分解

将波音 787 项目按照工作包主要划分为 6 个生产子系统,包括:设计系统、材料系统、组件系统、机身系统、航空电子系统、动力系统,工作包结构如图 7.3.2 所示。

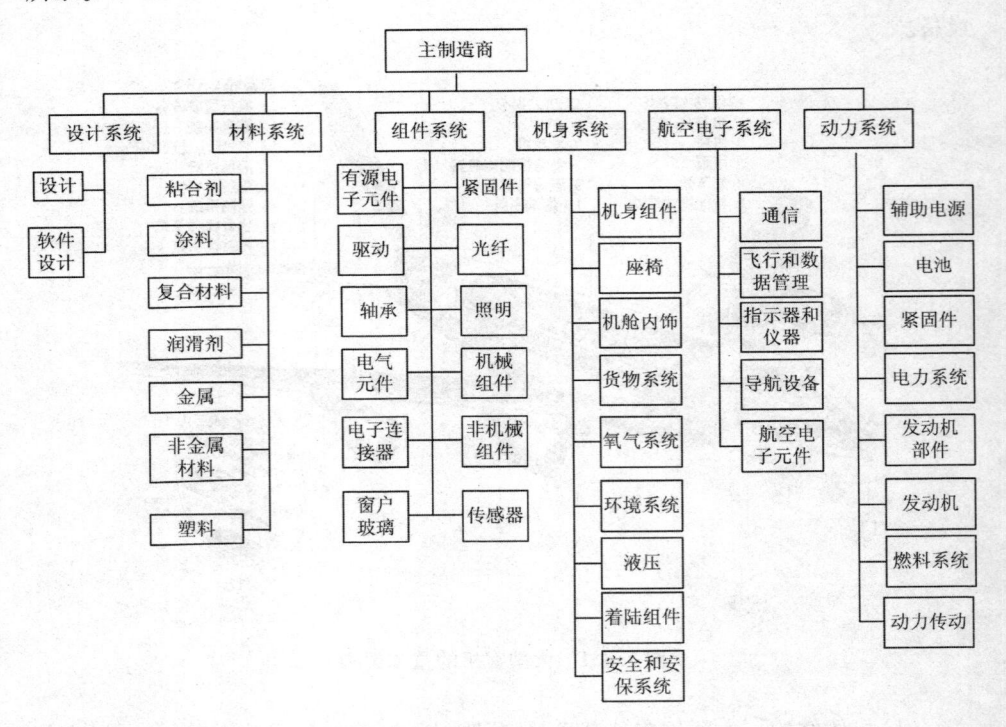

**图 7.3.2 波音 787 工作包结构图**

与波音 767 不同的是,波音 787 在工作包分解上增加了许多工作包,例如航空电子系统下的指示器和仪器、机身系统下的座椅、组件系统下的轴承等。在波音 767 中,这些项目未被划分在外包的工作包结构里,而是作为标准零部件进行统一采购,但在波音 787 上,波音将这些部件的设计标准开放给了相应的供应商,在加强协同研制的同时,满足了更多航空公司定制化的需求。值得一提的是,在设计系统部分中,波音787增加了软件设计这一工作包,设计同样指的是开发统一使用的开发工具、生产工具,而软件设计则是开发统一使用的计算机相关软件,这部分项目由达索系统公司负责,具体内容便是完成设计和协同软件CATIA的开发,以及最后"全球协同环境"在线网站的创建。

2. 波音787项目虚拟产业集群网络的拓扑结构

Airframer数据库搜集的资料显示,波音787项目主要包含了58个核心供应商。将所有供应商与主制造商均视为协同研制网络中的一个节点,分别编号1~59节点,2~59节点是供应商,1号节点表示主制造商(波音公司),网络中的边表示成员间的知识交流关系,构造邻接矩阵,依据此矩阵,可以得到波音787项目网络的拓扑结构,如图7.3.3所示。每个节点的详细信息如表7.3.1所示。

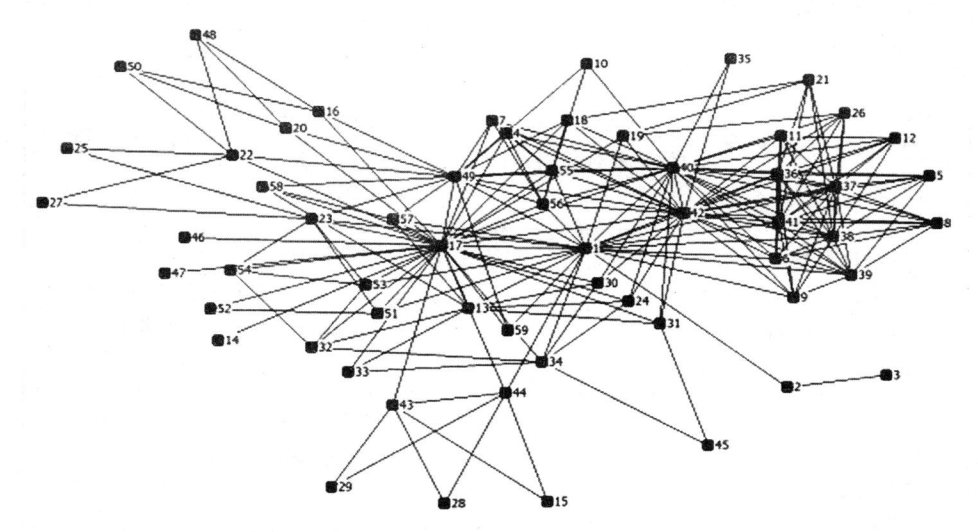

图7.3.3 波音787虚拟产业集群网络拓扑结构

表7.3.1 波音787节点信息

| 编号 | 名字 | 工作包 | 编号 | 名字 | 工作包 |
| --- | --- | --- | --- | --- | --- |
| 1 | 波音公司 | 主制造商 | 31 | 联合工业有限责任公司(Unison Industries,LLC) | 组件/机械组件 |
| 2 | 阿弗森(Aversan) | 设计/设计 | 32 | 卢斯公司(Loos&Co. Inc.) | 组件/机械组件 |

245

续表

| 编号 | 名字 | 工作包 | 编号 | 名字 | 工作包 |
| --- | --- | --- | --- | --- | --- |
| 3 | 达索系统（Dassault Systemes） | 设计/软件设计 | 33 | Flexfab Div. | 组件/非机械组件 |
| 4 | 汉高公司（Henkel Corporation） | 材料/粘合剂 | 34 | 阿米特克航空航天与防御（AMETEK Aerospace & Defense） | 组件/传感器 机身系统/环境系统 |
| 5 | 德国凯密特尔集团（Chemetall GmbH） | 材料/涂料 | 35 | Ppg 透明胶片（PPG Transparencies） | 组件/窗户玻璃 |
| 6 | 波音天津复合材料（BTC） | 材料/复合材料 | 36 | 中航工业哈尔滨飞机工业（集团）有限公司 | 机身系统/机身组件 |
| 7 | 复合材料地平线有限责任公司（Composites Horizons LLC） | 材料/复合材料 | 37 | 澳大利亚波音航空建筑公司（Boeing Aerostructures Australia） | 机身系统/机身组件 |
| 8 | 哈里斯公司（Harris Corporation UT） | 材料/复合材料 | 38 | 波音制造服务、复合材料制造（Boeing Fabrication Services, Composite Manufacturing） | 机身系统/机身组件 |
| 9 | 赫氏复合材料（Hexcel Composites） | 材料/复合材料 | 39 | 成都飞机工业（集团）有限公司 | 机身系统/机身组件 |
| 10 | 奥雷卢贝公司（Orelube Corporation） | 材料/润滑剂 | 40 | 川崎航空航天 | 机身系统/机身组件 动力系统/发动机部件 |
| 11 | 弧面航空组件（Arconic Aerospace Components） | 材料/金属 | 41 | 大韩航空航天事业部 | 机身系统/机身组件 |

续表

| 编号 | 名字 | 工作包 | 编号 | 名字 | 工作包 |
|---|---|---|---|---|---|
| 12 | 诺斯克钛合金公司（Norsk Titanium AS） | 材料/金属 | 42 | 三菱飞机公司 | 机身系统/机身组件<br>动力系统/发动机部件 |
| 13 | 明尼苏达矿业及机器制造公司（3M） | 材料/非金属材料<br>机身系统/环境系统 | 43 | 贾姆科公司（Jamco Corp.） | 机身系统 机舱内饰 |
| 14 | 化学布公司（Chemical Cloth Company） | 材料/非金属材料 | 44 | 松下航空电子公司 | 机身系统/机舱内饰 |
| 15 | 通用塑料制造公司 General Plastics Manufacturing Co. | 材料/塑料 | 45 | 派克宇航液压系统（Parker Aerospace Hydraulic Systems） | 机身系统/液压 |
| 16 | 爱特公司（Actel） | 组件/有源电子元件 | 46 | 米其林飞机轮胎公司（Michelin Aircraft Tire Corporation） | 机身系统/着陆组件 |
| 17 | 柯林斯宇航（Collins Aerospace） | 组件/驱动<br>组件/照明<br>机身系统/座椅<br>机身系统/货物系统<br>机身系统/氧气系统<br>机身系统/环境系统<br>机身系统/着陆组件<br>机身系统/安全和安保系统<br>航空电子/通信<br>航空电子/指示器和仪器<br>航空电子/航空电子元件<br>动力系统/辅助电源<br>动力系统/电力系统 | 47 | 基韦斯特（BaseWest） | 机身系统/安全和安保系统 |

续表

| 编号 | 名字 | 工作包 | 编号 | 名字 | 工作包 |
|---|---|---|---|---|---|
|  |  | 动力系统/发动机部件<br>动力系统/燃料系统<br>动力系统/动力传动 |  |  |  |
| 18 | 雅克温工业公司<br>（Arkwin Industries Inc.） | 组件/驱动 | 48 | 美国宇航公司<br>（Astronautics Corp of America） | 航空电子/飞行和数据管理 |
| 19 | 凯旋驱动系统有限责任公司（Triumph Actuation Systems LLC） | 组件/驱动 | 49 | 美国通用电子公司（GE） | 航空电子/飞行和数据管理<br>动力系统/发动机部件<br>动力系统/发动机 |
| 20 | 穆格控制（英国）<br>Moog Controls（UK） | 组件/驱动 | 50 | 霍尼韦尔航空（Honeywell Aerospace） | 航空电子/导航设备 |
| 21 | 奥罗拉轴承公司<br>（Aurora Bearing Company） | 组件/轴承 | 51 | 勋爵公司（USA）<br>（LORD Corporation (USA)） | 动力系统/辅助电源 |
| 22 | 柯蒂斯赖特控制公司<br>（Curtiss-Wright Controls Inc.） | 组件/电气组件 | 52 | 葛兰素电池（GS Yuasa） | 动力系统/电池 |
| 23 | 中陆工程公司<br>（Mid-Continent Engineering, Inc） | 组件/电气组件 | 53 | 起重机航空航天电子（Crane Aerospace & Electronics） | 动力系统/电力系统 |
| 24 | 赛峰电气与电源公司（Safran Electrical & Power） | 组件/电气组件 | 54 | 萨博电子防御系统（Saab Electronic Defence Systems） | 动力系统/电力系统 |
| 25 | 万能连接器公司<br>（Omnetics Connector Corp.） | 组件/电子连接器 | 55 | 巴恩斯航空航天公司 | 动力系统/发动机部件 |

续表

| 编号 | 名字 | 工作包 | 编号 | 名字 | 工作包 |
|---|---|---|---|---|---|
| 26 | 弧形紧固系统（Arconic Fastening Systems） | 组件/紧固件 | 56 | 波音加拿大温尼伯（Boeing Canada Winnipeg） | 动力系统/发动机部件 |
| 27 | 奥罗拉光学公司（Aurora Optics, Inc.） | 组件/光纤 | 57 | 劳斯莱斯控制和数据服务 | 动力系统/燃料系统 |
| 28 | 迪尔航空航天有限公司（Diehl Aerospace GmbH） | 组件/照明 | 58 | 派克宇航燃气轮机燃料系统（Parker Aerospace Gas Turbine Fuel Systems） | 动力系统/燃料系统 |
| 29 | 航空航天·四硝基复合材料（AIM Aerospace - Quatro Composites） | 组件/机械组件 | 59 | 阿维奥航空（Avio Aero） | 动力系统/动力传动 |
| 30 | 斯黛莉亚北美航空公司（STELIA Aerospace North America） | 组件/机械组件 | | | |

可以初步看出，整个网络有多个中心，围绕着几个度数较大的节点，同时主制造商不再与每个供应商都有连接，仅对一级供应商进行直接管控。在诸多供应商中不乏罗克韦尔·柯林斯、中航工业、哈尔滨飞机工业、川崎航空、三菱飞机公司、大韩航空、GE等，这些公司均为与波音总装直接对接的一级供应商，主要控制着机身系统、航空电子系统、动力系统三个工作包系统内的供应商，主制造商只与负责这些子系统的23个一级供应商直接联系，除了材料与组件系统外，每个子系统内的供应商会与一级供应商进行对接，同时供应商彼此之间存在协同研制，并且存在跨系统的协同研制，例如组件系统机械组件工作包存在机身系统供应商，环境系统供应商提供环境控制系统管道组件。

3. 网络节点的区域集群分析

通过收集787项目每个核心供应商的经纬度信息,利用世界地图的形式反映出来,以观察波音公司的核心供应商在地理上的集聚。

可以初步断定,得益于现代信息技术,整个集群网络大幅度突破地理位置的约束,与国际供应商的联系更加紧密,其中包括加拿大、德国、挪威、瑞典、英国、法国、意大利、中国、日本、韩国、澳大利亚等国家,度数大、联系紧密的节点不再只分布在美国,网络的重心分散在世界各地,除了美国以外,在加拿大蒙特利尔、西欧、东亚和澳大利亚地区均存在着网络密度高、度数较大的节点。这些外包给非美国企业的部分包含了除了航空电子系统外的每一个系统,涵盖的工作包种类19种,占全部工作包种类的45.24%。

波音787在美国境内的企业分布中,主要的核心供应商依然主要分布于美国西雅图和南加州两个航空城,其中该时期分布在西雅图的企业相比波音767的发展期,更增加了航空电子、动力系统供应商,虽然涉及飞机总装的机身系统和其他组件需求也相当大,但是考虑到西雅图此时的产业高端化,其他的工作包可能在更长期的产业迁移中转移到其他城市或者中国等低成本制造业大国;而航空电子和动力系统的制造作为航空产业相对更为核心的环节,在区域产业集群中占据重要地位。

相较于西雅图,位于南加州的洛杉矶的航空产业则有了一定程度的萎缩,位于此区域的波音787供应商多为组件、材料供应商,以及少部分的机身系统供应商。由于洛杉矶所在的南加州地区航空航天产业正面临着政府投入减少、企业经营成本升高、生活成本较高、其他州的优惠刺激政策竞争、工程技术人员年龄老化严重等诸多严峻挑战,许多传统产品生产线被迫关闭或转移,如波音在洛杉矶的长滩市生产军用运输机C-17的工厂已经在2015年11月关闭,并且南加州地区目前已基本没有大型航空航天公司总部。

### 7.3.2 空客A350XWB项目的虚拟产业集群

以发展成熟期的典型机型A350XWB为例对空客客机的工作包结构及核心供应商的区域分布进行分析。

1. 工作包结构的分解

在空客A350XWB项目中,按照工作包可以划分为6个生产子系统,包括设计系统、材料系统、组件系统、机身系统、航空电子系统、动力系统,工作包结构如图7.3.4所示。

空客A350XWB项目中增加了设计系统这一部分,尤其是增加了软件设计工作包。根据工作包供应商的描述,设计指的是研发统一使用的开发工具、生产工具,而软件设计则是开发统一使用的计算机相关软件。在设计部分,空客A350XWB使用的是空客集团创新公司(Airbus GroupInnovations)和欧洲航空航天设计顾问有限公司(EADCO)提供的RHEA虚拟现实设计软件和设计服务,软件设计部分使用的是达索系统公司的PLM软件方案软件和阿达科尔(AdaCore)的GNAT Pro计算机辅助设计软件。这些软件的统一使用以及制定的统一标准,为空客飞机全球协同研制提供了基础和平台。除此之外,空客A350XWB在机身系统部分还增加了流体动力的工作包,其他工作包和A321相比并没有太大变化。

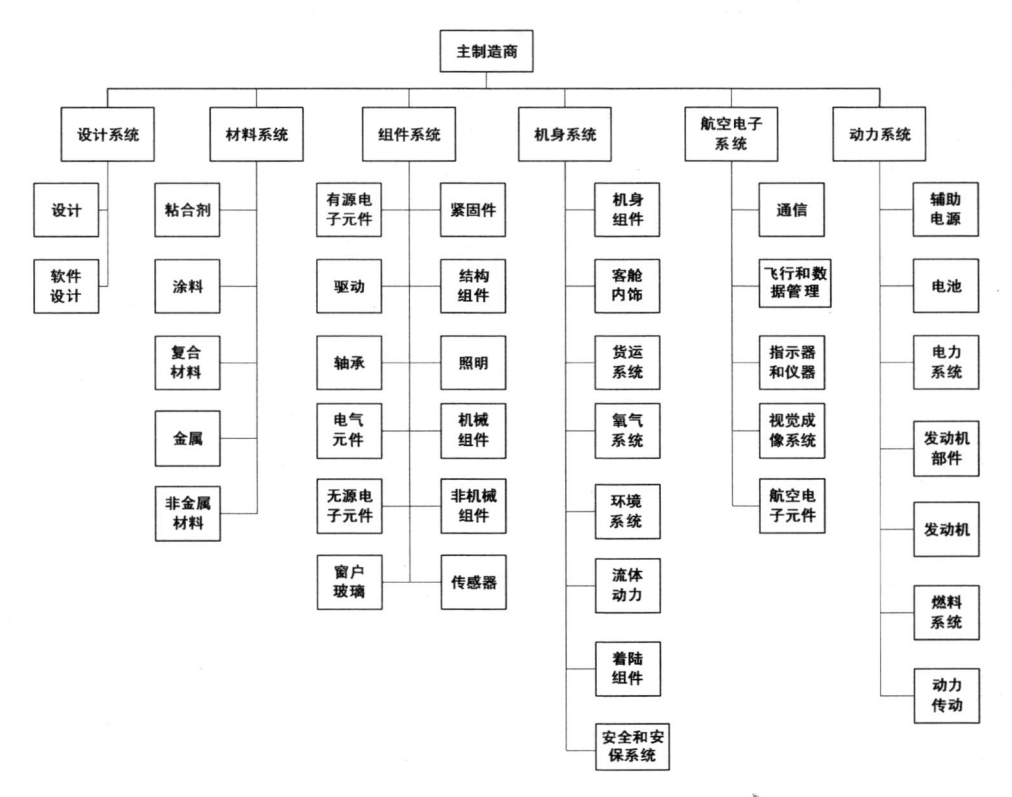

图 7.3.4 空客 A350XWB 客机工作包结构图

**2. 空客 A350XWB 项目虚拟产业集群网络的拓扑结构**

数据库搜集的资料显示,空客A350XWB项目主要包含了67个核心供应商。将所有企业作为节点分别编号为1~68,其中2~68节点为核心供应商,1号节点表示主制造商(空客公司),网络中的边表示成员间的知识交流关系,构造邻接矩阵,依据此邻接矩阵,可以得到空客A350XWB项目协同研制的网络拓扑结构,如

图 7.3.5 所示，每个节点的详细信息如表 7.3.2 所示。

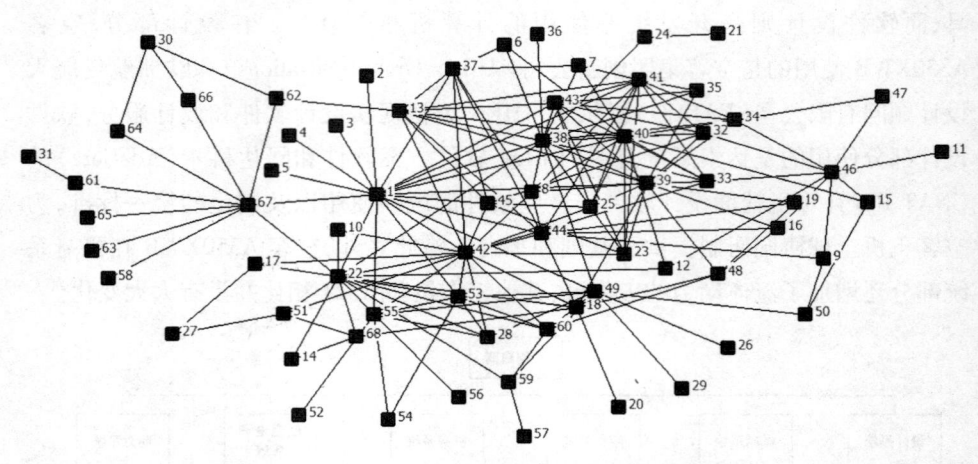

图 7.3.5 空客 A350XWB 产业集群网络拓扑结构

表 7.3.2 空客 A350XWB 节点信息

| 编号 | 名字 | 工作包 | 编号 | 名字 | 工作包 |
|---|---|---|---|---|---|
| 1 | 空客公司 | 主制造商 | 35 | 米德兰航空（Midland Aerospace） | 组件/结构组件 |
| 2 | 空客集团创新（Airbus Group Innovations） | 设计/设计 | 36 | 圣戈班萨利（Saint-Gobain Sully） | 组件/窗户 |
| 3 | 欧洲航空航天设计顾问有限公司（EADCO） | 设计/设计 | 37 | 安诺瓦（AERnnova） | 机身系统/机身组件 |
| 4 | 达索系统（Dassault Systemes） | 设计/软件设计 | 38 | 空客德国有限公司（Airbus Deutschland GmbH） | 机身系统/机身组件 |
| 5 | 阿达科尔（AdaCore） | 设计/软件设计 | 39 | 空客英国公司（Airbus UK） | 机身系统/机身组件 |

续表

| 编号 | 名字 | 工作包 | 编号 | 名字 | 工作包 |
| --- | --- | --- | --- | --- | --- |
| 6 | 索尔维复合材料（Solvay Composite Materials） | 材料/粘合剂组件/非机械组件 | 40 | 加拿大ASCO航空（ASCO Aerospace Canada） | 机身系统/机身组件 |
| 7 | 唐纳森航空欧洲公司（Donaldson Aerospace Europe） | 材料/涂料 | 41 | 成都飞机工业（集团）有限公司 | 机身系统/机身组件 |
| 8 | 阿克苏诺贝尔航空涂料（AkzoNobel Aerospace Coatings） | 材料/涂料 | 42 | 柯林斯航空（Collins Aerospace） | 机身系统/机身组件<br>机身系统/客舱内饰<br>机身系统/着陆组件<br>机身系统/氧气系统及设备<br>机身系统/安全和安保系统<br>航空电子/通信<br>航空电子/飞行和数据管理<br>航空电子/指标和仪器 |
| 9 | 赫氏复合材料（Hexcel Composites） | 材料/复合材料 | 43 | 韩国航空航天工业公司 | 机身系统/机身组件 |
| 10 | 戴铂集团（Diab Group） | 材料/复合材料 | 44 | 哈尔滨哈飞空客复合材料制造中心 | 机身系统/机身组件 |
| 11 | 单位技术复合材料公司（Unitech Composites） | 材料/复合材料 | 45 | 土耳其航空航天工业（TAI）（Turkish Aerospace Industries（TAI）） | 机身系统/机身组件 |
| 12 | 美国铝业公司（Alcoa Corporation） | 材料/金属 | 46 | 精神航空系统有限公司（Spirit AeroSystems, Inc.） | 机身系统/机身组件 |

253

续表

| 编号 | 名字 | 工作包 | 编号 | 名字 | 工作包 |
|---|---|---|---|---|---|
| 13 | 西格玛精密度组件英国有限公司（Sigma Precision Components UK Ltd） | 材料/金属 | 47 | FACC 股份公司（FACC AG） | 机身系统/客舱内饰 |
| 14 | PPG 航空航天密封剂和涂料公司（PPG Aerospace Sealants & Coatings） | 材料/非金属材料 | 48 | 泰莱国际航空公司（Telair International） | 机身系统/货运系统 |
| 15 | 泰进有限公司（Teijin Limited） | 材料/非金属材料 | 49 | 霍尼韦尔航空航天（Honeywell Aerospace） | 机身系统/环境系统 航空电子/通信 航空电子/视觉成像系统 动力系统/辅助电源 |
| 16 | 迪尔航空航天有限公司（Diehl Aerospace GmbH） | 组件/有源电子元件 组件/照明 | 50 | 凯旋航空（Triumph Aerospace） | 机身系统/环境系统 |
| 17 | 航空之星公司（Aerostar SA） | 组件/驱动 机身系统/着陆组件 | 51 | 派克宇航（Parker Aerospace） | 机身系统/流体动力 动力系统/动力传动 |
| 18 | 利勃海尔-航空航天林登伯格有限公司（Liebherr - Aerospace Lindenberg GmbH） | 组件/驱动 组件/机械组件 机身系统/着陆组件 | 52 | L3 航空记录器（L3 Aviation Recorders） | 航空电子/航空电子元件 |
| 19 | 梅塔尔-埃莱克特出口有限公司（Elektro - Metall Export GmbH） | 组件/驱动 | 53 | 西塔纳（SITA-OnAir） | 航空电子/通信 |

续表

| 编号 | 名字 | 工作包 | 编号 | 名字 | 工作包 |
| --- | --- | --- | --- | --- | --- |
| 20 | 特瑞堡密封系统英国有限公司（Trelleborg Sealing Solutions UK Ltd） | 组件/轴承 | 54 | 松下航空电子公司 | 航空电子/通信 |
| 21 | 起重机航空航天和电子、电源解决方案（Crane Aerospace & Electronics, Power Solutions） | 组件/电气组件 | 55 | 法国泰利斯汽车公司 Thales AVS France | 航空电子/飞行和数据管理 |
| 22 | 赛峰（Safran） | 组件/电气组件<br>机身系统/客舱内饰<br>机身系统/着陆组件<br>航空电子/飞行和数据管理<br>动力系统/燃料系统 | 56 | 特利斯航空电子有限公司（Thales Avionics S.A.） | 航空电子/指标和仪器 |
| 23 | 弧形紧固系统（Arconic Fastening Systems） | 组件/紧固件 | 57 | 萨夫特（Saft） | 动力系统/电池及配件 |
| 24 | 欧洲经济委员会（ECE） | 组件/照明<br>组件/机械组件 | 58 | 福克.埃尔莫（Fokker Elmo） | 动力系统/电力系统 |
| 25 | Alarin 飞机铰链公司（Alarin Aircraft Hinge, Inc.） | 组件/机械组件 | 59 | 泰勒斯航空电子电气系统（Thales Avionics Electrical Systems） | 动力系统/电力系统 |
| 26 | EnCore 复合结构（EnCore Composite Structures） | 组件/机械组件 | 60 | 轴突电缆 SAS（Axon Cable SAS） | 动力系统/电力系统 |

255

续表

| 编号 | 名字 | 工作包 | 编号 | 名字 | 工作包 |
|---|---|---|---|---|---|
| 27 | 细管（Fine Tubes） | 组件/非机械组件 | 61 | 巴恩斯航空航天公司（Barnes Aerospace Inc.） | 动力系统/发动机部件 |
| 28 | 维克多信息有限公司（Vector Informatik GmbH） | 组件/无源电子元件 | 62 | Arconic 动力和推进（Arconic Power and Propulsion(Arconic TITAL)） | 动力系统/发动机部件 |
| 29 | 美国通用电子公司（General Electronics, GE） | 组件/传感器 | 63 | 马来西亚复合技术研究（CTRM）（Composite Technology Research Malaysia(CTRM)） | 动力系统/发动机部件 |
| 30 | 先进制造（谢菲尔德）有限公司（Advanced Manufacturing (Sheffield) Ltd.） | 组件/结构组件 | 64 | 美国涡轮推进工业公司（ITP-Industria de Turbo Propulsores, S.A.） | 动力系统/发动机部件 |
| 31 | 铬合金（Chromalloy） | 组件/结构组件 | 65 | 川崎航空航天 | 动力系统/发动机部件 |
| 32 | 杜康气动结构（Ducommun Aero Structures） | 组件/结构组件 | 66 | 皮埃特罗罗莎TBM有限公司（Pietro Rosa TBM Srl） | 动力系统/发动机部件 |
| 33 | 利勃海尔-航空航天图卢兹SAS（Liebherr-Aerospace Toulouse SAS） | 组件/结构组件 | 67 | 劳斯莱斯公司民用航空航天公司 | 动力系统/发动机 |
| 34 | 麦哲伦航空航天公司（英国）（Magellan Aerospace (UK) Ltd） | 组件/结构组件 | 68 | BMT宇航国际（BMT Aerospace International） | 动力系统/燃料系统 |

由图 7.3.5 可以看出,整个网络中有较多度数大的节点,与主制造商空客公司直接对接的除了负责开发设计软件和设计服务的公司外,还有大部分整机制造供应商、发动机和部分系统供应商,如锡托奈尔(SITA On Air)、霍尼韦尔、劳斯莱斯公司民用航空航天公司、赛峰(Safran)、韩国航空航天工业公司、柯林公司等,以及空客在各国的全资、合资公司,如德国的德国空客有限公司(Airbus Deutschland GmbH)、空客集团创新(Airbus Group Innovations)、英国的英国空中客车公司(Airbus UK)、中国的哈尔滨哈飞空客复合材料制造中心等。这些公司主要涵盖了机身系统、动力系统、航空电子三个整机配套的工作包系统,其他组件、材料子系统等供应商则围绕着这些公司分布,参与到各个系统的协同研制当中,并且存在着许多组件、材料供应商同时为多个子系统的供应商提供零部件的情况。

3. 网络节点的区域集群分布

通过收集 A350XWB 项目核心供应商的经纬度信息,并以世界地图的形式反映出来,以观察空客公司的核心供应商在地理上的集聚。

空客 A350XWB 项目供应商的主要地区分布在北美、欧洲、东亚和南亚,欧洲以外国家外包数量大幅增加,其中北美部分美国占比 27.94%,加拿大占比 2.94%;亚洲部分日本占比 4.41%,中国占比 2.94%,韩国和马来西亚占比 1.47%。总的来看,外包占比最多的 4 个国家分别为美国、法国、英国、德国。

同时可以看出,考虑到促进欧洲各国民机制造业的发展,空客将大部分较为核心的组件项目、动力系统项目和部分航空电子都保留在了欧洲,而机身组件和材料部分则外包给大量欧洲以外的供应商,尤其是机身系统的各个部件,均由北美、亚洲及欧洲来承包。欧洲以空客公司为首的民机制造业已经形成了多个民机制造业相关配套产业集群区,关键环节技术方面的复杂航空电子系统和关键动力系统大部分均由法国和德国制造或集成制造,形成了以法国图卢兹、巴黎以及德国西南部劳普海姆地区为中心的航空产业集群,关键组件部分则主要由分布在英国南部和德国劳普海姆地区的产业集群制造。而其中图卢兹发达的高等教育,可为空客和当地航空航天产业提供众多的人才。图卢兹的 4 所大学、25 所高等专业学院以及众多科技机构,培养了航空安全系统电子工程师、航线驾驶员、卫星通信、航行和监视专业硕士,有效促进了空客的快速健康发展。

由此可见,当波音快速适应"系统集成"这一商业哲学削减新型飞机研制成本时,并不是所有世界主要航空制造公司都选择了这一战略。空客的复杂或关键的机身部件(特别是较新的飞机型号)在集团内部生产,外包的主要是濒临生命周期结束的型号。此外,罗尔斯·罗伊斯喷气发动机同样如此,复杂或核心技术仍植根于设计、开发和生产活动内部,而周边的或较不关键的功能由于系统集成的需要才外包出去。

### 7.3.3 商飞C919项目的虚拟产业集群

以我国正在研制的机型C919为例对中国商飞客机的工作包结构及核心供应商的区域分布进行分析。

1. 工作包结构的分解

在C919项目的协同研制中,按照工作包主要可以划分为6个生产子系统,其中包括设计系统、材料系统、组件系统、机身系统、航空电子系统、动力系统,工作包结构图如图7.3.6所示。

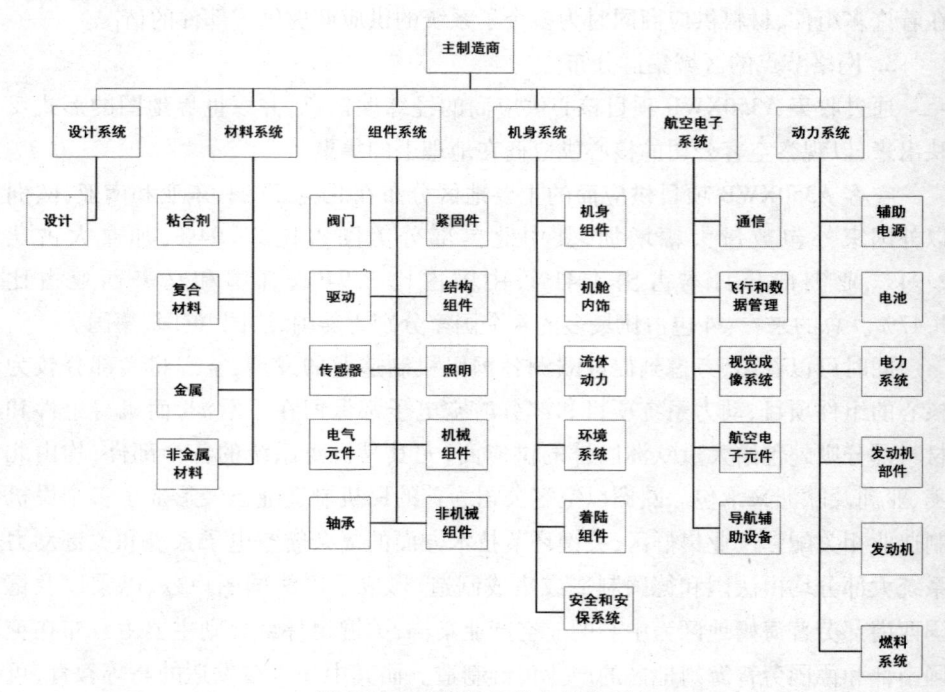

**图7.3.6　C919工作包结构图**

2. 商飞C919项目虚拟产业集群网络的拓扑结构

在外包工作包结构分解上,材料系统和机身系统的工作包数量上都要比波音和空客几个机型少,同时在软件和设计系统上缺乏完善的全球协作平台,仅有Aversan Inc提供的硬盘控制设计和开发软件。

收集到的数据显示,C919主要包含了43个核心供应商,将供应商和主制造商分别编号1~44,其中1号节点为商飞(COMAC),2~44号节点为核心供应商,网络中的边表示成员间的知识交流关系,构造邻接矩阵,依据此邻接矩阵,可以得到

C919项目集群网络的拓扑结构,如图7.3.7所示。每个节点的详细信息如表7.3.3所示。

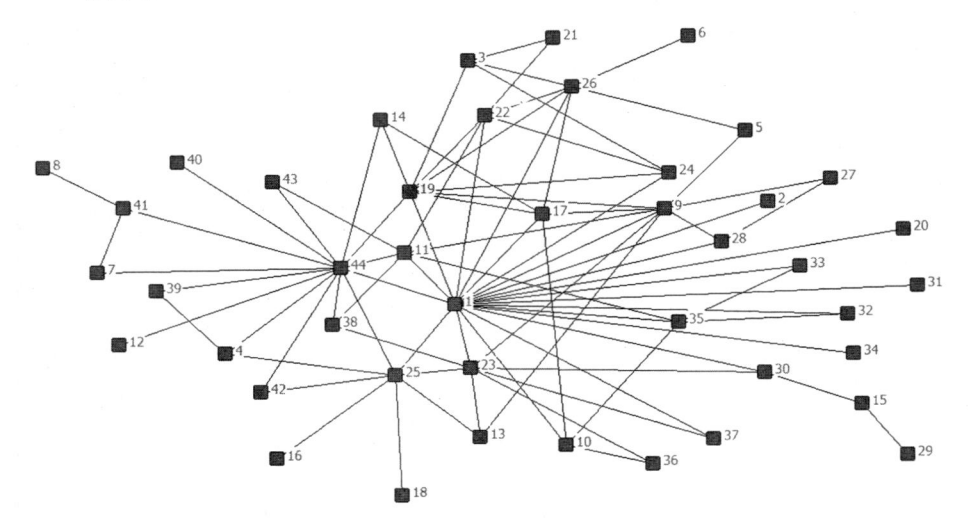

图 7.3.7　C919产业集群网络拓扑结构

表 7.3.3　C919节点信息

| 编号 | 名字 | 工作包 | 编号 | 名字 | 工作包 |
|---|---|---|---|---|---|
| 1 | 商飞(COMAC) | 主制造商 | 23 | 霍尼韦尔航空(Honeywell Aerospace) | 动力系统/电力系统<br>动力系统/辅助电源<br>航空电子/导航辅助设备<br>航空电子/指标和仪器<br>机身系统/机身组件<br>机身系统/着陆组件 |
| 2 | 阿弗森公司(Aversan Inc) | 设计/设计 | 24 | 江西洪都航空工业(集团)有限公司 | 机身系统/机身组件 |
| 3 | 戈尔公司(W.L. Gore&Associates) | 材料/粘合剂 | 25 | 派克宇航(Parker Aerospace) | 动力系统/燃油系统<br>机身系统/机身组件<br>机身系统/流体动力 |
| 4 | 赫氏复合材料(Hexcel Composites) | 材料/复合材料 | 26 | 西安飞机工业(集团)有限公司 | 机身系统/机身组件 |

259

续表

| 编号 | 名字 | 工作包 | 编号 | 名字 | 工作包 |
|---|---|---|---|---|---|
| 5 | 索尔维复合材料（Solvay Composite Materials） | 材料/非金属材料 | 27 | 科巴姆公司（Cobham plc） | 机身系统/机舱内饰 |
| 6 | 赢创资源效率有限公司（Evonik Resource Efficiency GmbH） | 材料/复合材料 | 28 | FACC股份公司 FACC AG | 机身系统/机舱内饰 |
| 7 | 美铝公司（Alcoa Corporation） | 材料/金属 | 29 | 电子薄膜制造公司（Electrofilm Manufacturing Co.） | 机身系统/环境系统 |
| 8 | Aleris轧制产品德国有限公司（Aleris Rolled Products Germany GmbH） | 材料/金属 | 30 | 利勃海尔中航起航空（长沙）有限责任公司 | 机身系统/着陆组件 |
| 9 | 柯林斯宇航（Collins Aerospace） | 动力系统/电力系统 航空电子/导航辅助设备 航空电子/视觉成像系统 机身系统/安全和安保系统 机身系统/机舱内饰 机身系统/机身组件 组件/机械组件 组件/驱动 组件/照明 | 31 | 米其林飞机轮胎公司 | 机身系统/着陆组件 |
| 10 | 伊顿宇航（Eaton Aerospace） | 航空电子/飞行和数据管理 组件/驱动 组件/照明 | 32 | AD宇航有限公司（AD Aerospace Limited） | 航空电子/视觉成像系统 机身系统/安全和安保系统 |

续表

| 编号 | 名字 | 工作包 | 编号 | 名字 | 工作包 |
|---|---|---|---|---|---|
| 11 | 赛峰(Safran) | 动力系统/发动机部件组件/电气组件/驱动 | 33 | FTG航空航天(天津)FTG Aerospace 天津 | 航空电子/航空电子元件 |
| 12 | 斯凯孚集团(SKF Group) | 组件/轴承 | 34 | 松下航空电子公司 | 航空电子/通信 |
| 13 | 起重机航空航天电子(Crane Aerospace & Electronics) | 航空电子/指标和仪器 机身系统/着陆组件 组件/传感器 组件/电气组件 | 35 | 起重机航空航天电子(Crane Aerospace & Electronics) | 航空电子/飞行和数据管理 航空电子/指标和仪器 |
| 14 | 奥科宁(Arconic) | 动力系统/发动机部件 组件/结构组件 组件/紧固件 | 36 | 深钻化学品有限公司(Deep Drilling Chemicals Ltd. DDC-I, Inc.) | 航空电子/飞行和数据管理 |
| 15 | 利勃海尔航空图卢兹SAS(Liebherr-Aerospace Toulouse SAS) | 机身系统/环境系统 机身系统/机身组件 组件/机械组件 | 37 | 帅福得(Saft) | 动力系统/电池 |
| 16 | 德鲁克(Druck) | 组件/传感器 | 38 | 福克埃尔莫(Fokker Elmo) | 动力系统/电力系统 |
| 17 | 浙江西子航空工业有限公司 | 机身系统/机身组件 组件/结构组件 | 39 | 奥尔巴尼工程复合材料(Albany Engineered Composites) | 动力系统/发动机部件 |
| 18 | 加肯扬航空与国防(GarKenyon Aerospace & Defense) | 组件/阀门 | 40 | 阿维奥航空(Avio Aero) | 动力系统/发动机部件 |

续表

| 编号 | 名字 | 工作包 | 编号 | 名字 | 工作包 |
|---|---|---|---|---|---|
| 19 | 中航工业商用飞机有限公司 | 动力系统/发动机部件 | 41 | 麦加克罗（法国）（Mecachrome France） | 动力系统/发动机部件 |
| 20 | 成都飞机工业（集团）有限公司 | 机身系统/机身组件 | 42 | 美捷特（Meggitt） | 动力系统/发动机部件 |
| 21 | 吉凯恩航空（GKN Aerospace） | 机身系统/机身组件 | 43 | MRA系统（MRA Systems（MRAS）） | 动力系统/发动机部件 |
| 22 | 上海飞机制造有限公司 | 机身系统/机身组件 | 44 | CFM国际公司 | 动力系统/发动机部件 |

网络中主制造商是度数最高的节点，除此之外也存在其他度数较大的节点，但整体网络的外圈较为稀疏，分布不均匀，可以初步看出企业间的协作存在着一定程度的不足。

3. 网络节点的区域集群分析

收集该网络中每个节点的经纬度信息，将拓扑结构映射到世界地图中，以观察虚拟产业集群网络地理上的集聚。

在C919项目中，外包数量最多的国家为美国，占比38.64%，其次是中国，占比20.45%，英国、法国和德国占比分别为13.64%、9.09%和4.55%。其中国内的供应商，除了加拿大飞朗技术集团（FTG）在中国设立的外商独资企业FTG Aerospace天津是负责C919航空电子中的驾驶舱控制面板组件外，其余供应商全部为机身系统及配套供应商，包括客舱门、机身、水平复合尾翼、翼盒、压力舱壁等所有机身外壳部分，其中中航工业商用飞机有限公司额外负责了发动机塔架部分。上海及其周边则是中国部分网络密度最高的地区。C919虽然实现了机身外壳的100%国产化，但机身系统除外壳外的飞行控制器和飞行系统等，仍由美国柯林公司和帕克航空研发。

虽然机身实现了国产，但动力系统、航空电子、材料和组件系统下的外包，全部由欧美国家和日本生产。其中动力系统主要来自法国和美国，航空电子系统主要来自美国，其中法国供应商分布在图卢兹、巴黎集群带内，美国供应商则零散分布于东海岸,由于西雅图更多的是波音公司的总装基地,因此西雅图地区的集聚也相应弱化,整体上美国部分网络在东海岸最为密集。

## 7.4 借鉴与启示

通过综合分析大型客机协同研制的产业集群发展现状,可获得以下值得借鉴的经验与启示。

1. 大型航空公司的存在对当地航空产业集群的形成与发展起至关重要的作用

国际四大航空城市航空产业的形成都与当地的大型航空企业有关,如西雅图的波音公司、坎普斯的巴西航空工业公司等,这些大型航空公司在集群地扮演着"龙头"的角色,其规模一般比较大而且掌握着这一行业里最核心的技术,在产业集群的内部分工网络中处于控制中心的地位,其他企业围绕这个核心企业集聚布局,共同组成一个专业分工较强的协作生产体系。这些大企业的大项目一旦落定,会形成一个巨大的市场,吸引大量一级、二级和其他零部件供应商入驻该地区,相关的配套服务企业也会紧跟其后进行布局,进而形成产业集群。另外,这些龙头企业通过外部性投资和与配套企业之间的协作可以促进集群内部资源共享,实现新技术、新思想在不同企业之间的转移和扩散,带动企业创新,进而推动当地产业的升级与发展。这些大型航空工业公司通常被看作是专业化分工形成和产业集群发展的动力,对产业集群的整体竞争优势和集群的不断演进有着十分重要的作用。

2. 区位交通的便捷性是航空产业集群的基础

大型客机是目前世界上最为复杂、技术含量最高的产品之一,被誉为"工业之花",其零部件数量巨大,达 300 万~600 万之多,而且供应商分布全球化,因此飞机的总装生产对该地区的交通运输需求比较大。波音公司全球拥有 3000 多个供应商,要想让供应商的零部件能够顺利到达飞机的总装线,没有通畅快捷的交通运输条件几乎是不可能完成的。波音的故乡——西雅图,拥有美国第二大集装箱港的西雅图港;塔科马国际机场、飞机总装厂附近的两座伦顿机场(Renton Airport)和雪松河(Cedar River)机场 3 个机场,有定期飞往世界各地的航班;贯穿西雅图南北和东西的 5 号和 90 号州际公路。这些完善的交通基础设施促进了飞机零部件在西雅图的顺畅运输,保障了波音零部件的全球化供应和飞机总装的生产。

3. 研究机构、专业培训机构、高等院校等为航空产业集群提供技术和人才支持

技术和人才是高新技术产业实现长远发展的关键,同属于高新技术产业的航空工业的发展离不开高新技术的支撑和各种类型高素质人才的支持。而高新技术的出现,以及高端人才的培养需要一定的载体,充当这些载体功能的当属于各种类型的教育机构,高等院校以及各种科研院所,这些地方为人才和技术的产生提供土壤。航空产业界需要与这些高等院校及教育、研究机构建立长期的合作关系,推动产学研的高效运转,利用各自优势,共同研究高端前沿技术和制造产品,培养高素质人才,形成区域性航空产业科技创新体系,进而推动当地航空产业的发展。高等教育非常发达的法国图卢兹,拥有4所世界著名大学、400多家研究机构和25所高等专科院校,研究人员一万余人,每年为法国培养16%的工程师,这些机构和院校为世界航空产业培养了众多的人才。

4. 政府的政策支持和组织保障是航空产业集群的重要支撑

航空产业的高风险、高投入和高附加值等特性,要求其在起步阶段和发展的关键时期需要政府的强有力的支持。高投入、高风险提高了一般性企业进入航空产业的门槛,使得航空企业在融资方面面临很大的困难。但其也有高附加值的特点,辐射面广、关联产业众多,其快速发展有利于带动电子、化工、机械等其他产业的发展,进而推动地区产业升级,这对人民和国家都是一件有利的事。所以政府可以通过直接投资、研发项目资金支持、出台税收补贴优惠、项目产品出口补贴相关扶持政策等形式支持航空企业的发展。此外,为了促进区域航空产业集群发展,政府可以牵头建立政、产、学、研等共同参与的产业联盟组织,探讨、研究、制定实施针对区域性航空产业发展的政策。巴西航空工业的发展就带有很明显的政府主导的色彩,从资金筹集、一级供应商的引进和飞机产品的销售等各个方面都有政府的影子。

5. 相关基础产业的发展是航空产业集群的重要条件

大型客机产业涉及众多技术领域,如材料科学、大型装备制造、仿真技术、电子设备研制、计算机集成技术等众多门类的基础科学和应用科学,先进的航空产品的研制和生产极大地依赖冶金、材料和机械加工领域的技术进步。这些产业的发展一方面可以为航空工业的发展提供配套,另一方面也可以从航空工业那里获得知识溢出,从而促进这些产业自身的发展。西雅图地区除了航空产业之外,软件开发、互联网产业、造船、材料加工等产业在全美都处于领先地位,这无疑都会为西雅图航空工业的发展助上一臂之力。另一方面,这些行业从航空产业获得先进的技术,巩固自己在本行业中的领先地位。所以说相对完善的产业基础对于当

地航空产业的形成具有积极作用。

6. 相互合作、专业化发展和全球化配套是国际民机产业发展的大趋势

大型客机产业投入大、风险高、研制周期长，这一特点不仅给飞机的研制主体带来巨大的风险，而且还提高了飞机研制的技术门槛和资本门槛，就算是欧美资本主义发达国家，在面对这类产业时也不得不抱团取暖，多个国家在研发、生产等领域展开合作，从而降低各自面临的风险。另外，伴随着民用飞机产业分工的不断细化，产业链上不断涌现出专业技术主体，波音、空客等民机巨头也不得不考虑转变角色，将公司的非核心任务转包出去，逐渐从传统的飞机制造商角色向系统集成商的角色转变，集中自身全部力量，大力发展产业链中最核心最重要的两个业务：研发和组装，从而提升核心竞争力，提高相对于其他竞争对手的竞争优势。波音787"梦想飞机"是目前为止大型客机研制领域中全球化生产与合作的最典型的例子，在研制过程中，波音公司主要负责飞机制造中最核心且附加值最高的集成总装工作，而一级供应商则以风险合作伙伴身份参与到各分系统或部件的研制中去，零部件的制造则由分系统承包商再往次一级分包商分配，以此类推。总体算下来，波音公司控制整个飞机制造的10%的业务量，而其他90%的业务量全部由其他供应商完成，这些供应商分布在全世界，包括中国、欧洲、日本等。国际合作使得全球的民机资源为研制主体所用，这是民用飞机产业发展的大势所趋。

7. 培育核心企业、加快技术创新、完善集群的持续创新和扩散机制

由于核心企业在集群网络中的角色和任务是异质的和不可替换的，它是整个网络的战略制定者、引导者和监督者，起着主导作用。在集群网络的萌芽与成长阶段，核心企业一般是网络中成长最快的企业。事实上，在集群网络形成的初期，核心企业往往也是年轻的、最有活力的企业，位于价值链的高端，集中从事具有高附加值的研发创新和销售服务，因此也就具有较强的技术创新、营销创新和服务创新的能力。此外，和普通企业不同，核心企业不仅与集群内部企业有多层次联系，而且与集群外部企业包括国外企业进行技术合作、信息沟通等业务往来，能够提出具有共享价值的商业理念，具备吸引和选择优秀合作伙伴的实力。这些特点使得核心企业的成功成长模式成为集群区域内其他实力薄弱的企业竞相模仿学习的典范，后者通过不断学习来开发和挖掘自己的关系网络，乃至发展成为新的核心企业。因此上海应努力发展航空基地的区域核心优势，培育核心企业，在集群内形成示范效应，创造良好的集群氛围，推动产学研结合，带动产业链不断创新，同时防止中心迁出风险，合理化专业分工，使龙头和零部件生产商相辅相成，互相支撑，并通过大飞机项目吸引国内外投资向这里聚集，形成更高层次的产业聚群和网络创新扩散机制，使整个集群网络有序健康发展。

## 8. 完善航空产业链、推动相关产业互动集群

在经济全球化的国际环境下,航空工业发达的国家通过产业升级和战略选择,逐渐将以民用飞机工业为主体的次级研发中心、航材零部件/特种设备制造加工业、区域销售服务网络向低运营成本且有市场需求的国家和地区转移,而将关键研发技术和终端销售体系始终掌握在本土企业手中。基于价值链这一角度而言,现阶段我国航空工业企业在全球客机价值链中承担非核心零部件转包生产业务是目前不可避免的一个环节,但从长远发展看,仅限于无自主知识产权、低附加值的加工制造环节是不可取的,应立足于在客机制造业全球化进程中承担总部、自主研发、市场营销等增值显著的环节,进行产业链双向延伸的整合。横向向航空产业链各个关联产业延伸,带动材料、机械、电子、仪器仪表、运输、旅游等产业的发展;纵向向价值链上附加值高的环节转移,在航空转包上提升价值链层次,实现部分重大装备国产化目标和关键技术的突破等,从而延伸产品链、缩短供应链、提升价值链,培育现代航空产业链,全面推进航空产业与航空配套产业、其他集群产业的互动,共同建立群体优势,获得集群效应,实现规模经济和外部范围经济。就目前上海地区客机制造产业的集群过程来看,应是政府宏观引导、企业自主集群共同作用,并将国外引进和自主研发紧密结合起来。

## 9. 完善全球协作平台、增强对平台的重视

在 C919 项目当中,COMAC 提出了采用"大集成"的方式对飞机进行设计及制造。类似达索公司为波音提供的"全球协作平台"系统。在波音的全球协作平台中,产品的设计和制造是一个整体,互不分离,并且全球各地的供应商可以随时随地地在平台上进行有效的沟通,但是,COMAC 的集成系统尚处于完善阶段,产品的设计和制造分离开来,这必然导致了设计和制造之间"隔阂"的存在。其次,发动机、机载设备等一些重要飞机组成部分的尖端技术都在国外的供应商手中,但是国外的供应商并未参与到协作平台中,国内外间的技术合作因协作平台的缺失而具有一定的局限性。除此之外,有些大的供应商会听从管理按时在协作平台上完成自己的作业,但是一些小的供应商由于其工作量较小、任务较轻而忽略了协作平台,这些供应商并没有严格按照规定对工作包负责,其重视程度不高影响了协作平台的运行。

## 10. 加强人才引进力度、减少地区人才流失

上海位于中国大陆海岸线中部长江口,作为中国第一大城市,上海是四大直辖市之一,也是中国国家中心城市、国际经济中心和国际贸易中心。现在,上海拥有中国最大的外贸港口和最大的工业基地,已成为国际大都市,并致力于在 2020 年建设成为国际金融和航运中心。近年来,上海市的房价在中国房价排行榜中久

居前三,令不少国内顶尖人才望而却步。并且,与国外的西雅图、图卢兹不同的是,上海本土并没有优秀的航空科研院校,其人才需要从外地引进,然而 COMAC 难以为员工解决户口等一系列生活中的现实问题。所以,很多一流的技术、管理人才不得已离开 COMAC,很多优秀的毕业生离开原来的工作,另谋高就的人才不予以考虑 COMAC。上海市的优越条件从另一方面而言,为 COMAC 带来了人才流失和人才引进的风险,使得以上海为中心的产业集群带难以形成。

## 7.5 本章小结

自新中国成立后,我国航空工业在极其薄弱的基础上发展了起来。经过六十多年的建设与发展,我国航空工业从无到有、从小到大,从修理仿制到自行设计制造,目前已经拥有研发、生产、销售、维修等完整的航空产业链,建立起了相对完整的航空产业体系,产业集群初具规模,并形成了一定规模的航空产业园区。本章梳理了波音、空客大型客机协同研制的组织管理模式演化过程;分析了大型客机协同研制的产业集群现状;结合大型客机的典型机型探究了大型客机虚拟产业集群的地域集聚和网络结构;最后提炼了一些相关的对策与建议;以便为我国大型客机协同研制的产业集群培育及发展提供借鉴与参考。

## 思考题

1. 简述波音、空客协同研制的组织管理结构演化过程。
2. 分析波音和空客产业集群模式的特征及其优缺点。
3. 你对我国大型客机协同研制的产业集群模式有哪些建议?

# 参考文献

[1] 纽豪斯.最高的战争——波音与空客的全球竞争内幕[M].宁凡,译.北京:北京师范大学出版社,2007.

[2] 傅明波,柳宝卿,刘忠.中国航空产业园研究及园区综合评价指标体系构建设想[J].竞争情报,2019,15(3):35-40.

[3] 王钟强.嬗变与图强——俄罗斯民机工业的发展与未来[J].大飞机,2015(2):30-33.

[4] 菅利荣,刘思峰,张瑜,等.基于产学研知识集成的ITRI网络型模式研究[J].科学学研究,2014,32(11):1689-1697.

[5] 曹颖赛,刘思峰,方志耕,等.供应链间寡头竞争背景的大型客机研制主制造商:供应商超界博弈模型[J].管理工程学报,2020,34(1):233-241.

[6] 袁文峰,何利芳,刘思峰,等.主制造商—供应商模式下民用飞机研制供应链努力程度协调模型[J].上海管理科学,2011,33(06):51-55.

[7] 吴光辉,陈子坤,田永亮.大型客机信息化研制支撑体系架构研究[J].航空学报,2019,40(1):1-12.

[8] 邱菀华.国产首架大型客机研制项目的风险管理研究[J].中国工程科学,2014,16(10):31-38.

[9] Liu Sifeng, Zhang Shaoguang, Jian Lirong. Performance evaluation of Large-Commercial aircraft vendors[J].Journal of grey system,2015,27(1):1-11.

[10] Jian Lirong, Liu Yong. Analysis of the technology innovation and technology transformation capacity and network-based optimization pattern for regional.Industry-University in China[J].Kybernetes,2012,41(5-6),pp 674-685.

[11] Jian lirong, Zhao huanhuan, Liu yong. Civil aircraft suppliers selection based on grey target and grey cluster decision method[J]. 2014 IEEE international conference on system, man, and cybernetics,1706-1711.

[12] Jian lirong, Zhang yu, Liu sifeng. Evolution Mechanism of Cooperative R&D Network Based on University-industry Cross-organizational knowledge Integration[C], 2015 IEEE international conference on system, man and cybernetics.

[13] Jian lirong, Yu hanzi. The Restriction Mechanism on R&D Result Transfer Performance for Chinese Universities Based on Grey Incidence Analysis and Optimized GM(1,1)[J]. The journal of grey system, 2014, 26(3): 12-22.

[14] Zhao huanhuan, Jian, Lirong, Liu Yong. A maximum Entropy Incentive model for "Main Manufacturer-Suppliers" cooperation relationship of large civil aircraft[J]. Journal of grey system, 2015, 27(3): 151-164.

[15] Jian lirong, Yu hanzi. The Restriction Mechanism on R&D Result Transfer Performance for Chinese Universities Based on Grey Incidence Analysis and Optimized GM(1,1)[J]. The journal of grey system, 2014, 26(3): 12-22.

[16] 王大澳, 菅利荣, 王慧, 等. 基于限制合作博弈的产业集群企业利益分配研究[J]. 中国管理科学, 2019, 27(4): 171-178.

[17] 刘思峰, 郭本海, 方志耕, 等. 系统评价: 方法、模型、应用[M]. 北京: 科学出版社, 2016.

[18] 菅利荣, 刘思峰, 张瑜, 等. 产学研协同创新的网络型模式研究[M]. 北京: 科学出版社, 2017.

[19] 菅利荣, 王大澳, 王迪飞, 等. 社会网络视角的大型客机主制造商—核心供应商协同研制比较研究[J]. 南京航空航天大学学报(社会科学版), 2019, 21(1): 72-82.

[20] 菅利荣, 张瑜, 于蒟子. 复杂产品协同创新专利管理研究[J]. 科技进步与对策, 2015, 32(14): 11-16.

[21] 菅利荣, 于蒟子, 金怀玉, 等. 高校跨组织集成化社会服务网络的运行模式研究[J]. 中国科技论坛, 2015(2): 43-48.

[22] 张瑜, 菅利荣, 刘思峰. 基于优化 Shapley 值的产学研网络型合作利益协调机制研究——以产业技术创新战略联盟为例[J]. 中国管理科学, 2016, 24(9): 36-44.

[23] 刘勇, 菅利荣, 赵焕焕, 等. 基于双重努力的产学研协同创新价值链利润分配模型[J]. 研究与发展管理, 2015, 27(1): 24-34.

[24] 菅利荣. 国际典型的产学研协同创新机制研究[J]. 高校教育管理, 2012, 6(5): 6-11.

[25] 王君. 俄罗斯航空工业发展及未来动向[J]. 宏观经济管理, 2019(06): 84-90.

[26] 张玉来. 日本民机产业逆向整合"三部曲"[J]. 大飞机, 2016(04): 56-58.

[27] 刘远."主制造商—供应商"模式下复杂产品供应链质量管理模型及应用研究[D].南京航空航天大学,2012.

[28] 韩小霞,王钢.供应链管理[M].北京:清华大学出版社,2016.

[29] 秦曦.波音与空客专利布局分析及其启示研究[J].民有飞机设计与研究,2012,(2):1-5,21.

[30] 王安宇,司春林,骆品亮.研发外包中的关系契约[J].科研管理,2006,27(6):103-108.

[31] 王利平,苏雪梅.非正式组织及其管理和控制[J].经济理论与经济管理,2007(5):57-60.

[32] 孙佰清,唐坤,王新欣.航空航天企业专利管理效果评价研究[J].中国科技论坛,2010(07):64-68.

[33] 包丽.大型民用飞机制造业供应链发展研究[D].对外经济贸易大学,2015.

[34] 张铁纯,刘珂.人为因素和航空法规(ME,AV)[M].北京:清华大学出版社,2017.

[35] 王俊彪,晏祥斌,蒋建军,等.民机适航管理体系分析及其发展浅议[J].机械设计与制造工程,2014,43(4):1-5.

[36] 何静,耿延升,何永为,等.民用飞机协同研制模式下的适航管理体系建设研究[J].航空工程进展,2018,9(2):288-296.

[37] 菅利荣,王大澳,王迪飞.基于反择优退出机制的战略性新兴产业集群网络演化分析[J].情报杂志,2020,39(5):202-207.

[38] 菅利荣,王大澳.政府调控下的战略性新兴产业集群企业知识共享演化博弈[J].系统工程,2019,37(4):30-35.

[39] 陈小勇.产业集群的虚拟转型[J].中国工业经济,2017(12):78-94.

[40] 李艳华,刘杰.基于产业互动和根植性的天津航空产业集群培育探索[J].软科学,2008,22(12):97-101.

[41] 赵海山.航空产业发展的模式选择及其治理逻辑[J].科学学与科学技术管理,2009(6):125-129.

[42] 张陇东.国内外民机适航管理体系浅析[J].民用飞机设计与研究,2013(4):6-9,63.

[43] 王俊彪,晏祥斌,蒋建军,等.民机适航管理体系分析及其发展浅议[J].机械设计与制造工程,2014,43(4):1-5.

[44] 何静,耿延升,何永为,等.民用飞机协同研制模式下的适航管理体系建设研究[J].航空工程进展,2018,9(2):288-296